叢書・ウニベルシタス　748

近代政治哲学入門

アルノ・バルッツィ
池上哲司／岩倉正博 訳

法政大学出版局

Arno Baruzzi
EINFÜHRUNG IN DIE POLITISCHE
PHILOSOPHIE DER NEUZEIT

This book is published in Japan by arrangement with
Wissenschaftliche Buchgesellschaft, Darmstadt
through Tuttle-Mori Agency inc., Tokyo.

第一版への序

アウクスブルク大学の同僚である政治学教授テオ・シュタメン博士に感謝したい。学術図書出版組織から私に「一九世紀政治哲学入門」の依頼がなされたのも、シュタメン教授の提案と仲介によってだからである。本書は「啓蒙期以後の政治哲学入門」というタイトルで予告されていた。だが仕事を進めていく過程で、一九世紀について書く能力もなければ、書く気もないことがはっきりした。リュッベの『ドイツ政治哲学』(一九六三年、改版一九七四年)やジュヴネルの『近代国家の登場　一九世紀政治思想史』(一九七六年、パリ)を含めた多くの関連論文があり[1]、そのこと自体、いかに異質な素材が扱われ、いかに異質な解釈がなされうるかということを示している。ジュヴネルの書はドイツでもっと知られてよいと確信する。彼は一九世紀を、一九世紀から二〇世紀への発端と運動と考えている。このことをジュヴネルは、すでに一〇年前(一九六六/一九六七年)講義として書かれたこの一九世紀の政治理論においてだけでなく、同時期の著作『権力の文明化』(一九七六年、パリ)においても指摘している。リュッベもジュヴネルも私の試みも、一九世紀を批判的に考察している。もっとも、各々においては異なった仕方で異なった事柄が捉えられているのである。ジュヴネルは一九世紀から二〇世紀の政治的思考形態が生まれたと考えている。そうではなく私はむしろ、一九世紀さらに二〇世紀へと至る近代政治哲学の合流と頂点として一九世紀を捉える。このような観点から四つのステップないしは章が置かれる。これはもちろん政治哲学の展開の全景を提示しようというものではなく、せいぜいその覗き窓を開こうとするものである。このような入門書の出版を引き受けてくれた学術図書出版組織に感謝したい。

また、タイプ原稿を作成してくれたA・グラープナー女史、人物および事項索引を作製してくれたP・フンガー政治学士、校正を手伝ってくれたU・ヴァイス博士にお礼を述べたい。

第三版への序

本書『近代政治哲学入門』に対する質問に、私は講義やゼミナールでつねに第1章の注(2)、つまり「解釈の際、源泉たる典拠に容易に当たることができるように、十分に考え抜かれた基本テキストだけを援用することにする。」を指摘してきた。なぜなら、これこそが私にとって本書で最も重要な注だからである。

ドイツ哲学は多かれ少なかれ哲学史にかかずりあっていて、そもそもいかなる独自の哲学も追究していない。今日このような批判がアメリカからなされ、それを受け売りしてドイツでもこの手の批判が聞かれる。特にK・ヤスパースは晩年のライフワークとして『偉大な哲学者たち』を書き上げ、M・ハイデガーはどの講義においても偉大な哲学者たちと対決した。言うまでもなく、哲学史のための文献は日増しに増大する。タイトルからすると大きな問題を扱っているように見えるが、サブタイトルにはそこで論じられる特定の著者が示されているといった、難解な二次文献が存在する。

少なくとも近代以来の伝統として、繰り返しわれわれは歴史から離脱しようとしてきた。デカルト、ベーコン、ホッブズらは新しい哲学を始めようと骨折った。このことは、とりわけベーコンの『新機関』という標題にも保持されている。結局のところマルクスにとって、これまでの哲学は程度の差はあれイデオロギーであった。マルクスとともに、これまでの歴史はイデオロギーではないかという普遍的な疑惑にさらされることになる。歴史に対する普遍的疑惑とイデオロギーとがどのように連関しているかを、十分に考えてみねばならないだろう。近代哲学において、またそれ以来目指されているのは、科学的哲学なるもの、ないしは哲学から科学への進歩である。これについては、ホッブズからヘーゲルまでのほとんどすべての哲学者を挙げることができよう。このような伝統が今日まで続き、分析哲学において頂点に達しているように思われる。こうしてイデオロギー疑惑ないしは歴史疑惑が生じる。その際注目に値するのは次の点である。この疑惑とともに歴史哲学なるものが生まれ、『歴史哲学』というタイトルが一七六五年ヴォルテールによって作り出されたが、今日われわれは啓蒙からマルクスまでの『歴史哲学の難点』(Odo Marquard 1973) を抱えており、そもそもこの歴史哲学とは正確にはイデオロギーと呼びうるようなものであるとさえ主張できるのである。

本書緒論において二つのことを私は説明しようと思う。第一は、近代政治哲学は近代の一般的哲学と並走しているのでなく、その核心に属しているということ、あるいは、重要な諸問題を純粋に哲学的な事柄と純粋に政治的な事柄とにそれぞれ分割することはできないということである。第二は、今日これまで以上に問われているように見える諸問題の哲学的政治的連関を問題にするということである。この連関を歴史と呼ぶことができる。しかし、それは単に語られうるような物語ではない。この歴史の中にわれわれはいるのである。

本書では近代政治哲学の歴史は語られない。もしそれをするのであれば、本書では言及されない、あるいはほとんど言及されていない近代哲学者たちをも引き合いに出さねばならないだろう。四つの章において私は、今日から見た政治哲学上の四つの問題を提出する。これらのうちには、「理性と力」という問題、「国家と社会」という近代に典型的な問題、あるいは特に「人間の尊厳と人権」という現在の問題など、すでに古典的となっている問題が含まれている。今日われわれは労働権を問題にし、また貧富問題の増大に関して所有の問題をもはや見過ごすことができない。特にこの点において、「労働と所有」は近代から現在にまで突出しうる問題であろう。ここに挙げた四つの問題圏のために私が典拠を指示するのは、それらが、哲学と思考の流れを扱う学問が現在戦われている諸哲学間の塹壕戦のうちで途絶えるまさにそのとき、ほとばしり出てくる源泉だからである。

本文および注の変更と補足とがわずかな箇所でなされた。これまで注に組み入れられていた文献指示は文献目録に取り込まれている。なおこの文献目録では、マキアヴェリ、ホッブズらについて、より多くの文献が指示されている。索引が点検され、改善された。これらの校正にあたって協力してくれた哲学博士候補K・アールト女史と文献の相談に乗ってくれたU・ヴァイス博士にお礼を述べたい。

目次

第1章　緒　論

政治哲学なるものについてわれわれは、それが少数の賢明な指導者達によって作られると期待すべきでも、要求すべきでもないだろう。また、賢明な指導者達が、たとえば時代の政治的必要とやらに従って、政治上の直取引に哲学的仕方で携わると期待すべきでも、要求すべきでもない。プラトンからハイデガーまでわれわれの知るところでは、なんとか哲学と政治とをそして逆に政治と哲学とを直接連関させたところで、そこに政治哲学の本質的事実があるわけではないのである。なるほどポリスの危機からプラトンの『国家』は生まれた。しかし、たとえプラトンが日々の政治に影響を与えようと欲していたにせよ、『国家』は結局のところ日々の政治の産物ではない。われわれの知るように、彼は僭主の友に哲学を教えることに失敗した。しかし、それだからといって彼の政治哲学が失敗であったとは言えない。そしてまた、プラトンの政治哲学を、時間を超越した哲学と日々の政治との隔たりに住みつかせるというのも不適切である。

政治哲学という事柄は、政治哲学の専門家に想定されるのでなく、哲学者に求められねばならない。政治哲学とは哲学の基礎をなすものである。政治哲学は一方で哲学内部の学問分野である。他方あらゆる偉大な哲学者においては、彼らの哲学的重要問題と政治哲学の問題とが本質的に連関し合っている。プラトンによる哲学の開始同様、ニーチェによる哲学の終焉にあってもこのことをはっきり示す例が見られる。

ニーチェの力への意志という説は、同時に彼にとっては「偉大な政治」である。(1)

政治哲学入門を試みるにあたって私は、マキアヴェリ、ピコ、ホッブズ、ロック、ライプニッツ、ルソー、カント、ヘーゲル、マルクス、ニーチェ(2)といった、見たところ全く異質の哲学者たちの主要問題を手掛りにして、ある一つの政治的哲学的連関を示せたらと考えている。その際われわれは次のように理解するようにしたい。すなわち、本来的に政治的なるものが生じるのは、政治的事実や全くの日々の出来事においてではなく、むしろ往々政治とはかけ離れたものと見られている哲学者達の学説においてなのである。この例を手短に述べるなら、ライプニッツの能動的力（vis activa）についての思弁は、周知の政治芝居以上に政治的には内容豊かなものであると明らかになるであろう。この例では、政治的出来事とはかけ離れて思弁的と見えるものが、政治的なるものそれ自体に対する鏡となっていて、その内で各人は己れの姿を見て取ることができるのである。

私が示そうとしているのは、近代ヨーロッパ哲学の歴史は同時にある意味で政治学の歴史であるということである。というのは、すでにマキアヴェリやピコ・デラ・ミランドラといった人々をその嚆矢として、近代ヨーロッパ哲学の歴史はますます核心に迫り、われわれの政治的具体的現存在を概念にもたらすからである。マキアヴェリやピコといった哲学者たちは大抵いかなる政治的歴史をも作り出しはしない。しかし彼らは自らの哲学の内に政治的歴史を描き出すのである。マキアヴェリからニーチェまでの例が示すように、再三にわたって彼らに様々な責任が帰せられようとしている。しかし実は彼らに政治に対する責任を負わすことはできない。彼らは思索の内で、ちょうど時代が歩んだのと同じだけ歩みを進めたにすぎないのである。哲学とは追‐思考であり、したがって後から遅れて生ずるという原則はなお生きている。この哲学の定位づけと自己評価にあたって、ミネルヴァのふくろう(3)は夕べに飛ぶというヘーゲルのイメージがまずもって考えられているのではない。古来からのテオーリアという名称が指し示すのは、哲学とは世界を観ることとであり続けるという事態である。しかしこのテオリイということが近代ではそのような形ではもはやなされないという反論が出されもしよう。すなわち、むしろわれわれはあらかじめわれわれ自身によって作られたもののみを見ようとするのであり、なぜならそれのみがまたわれわれに見ることができるからである、というものである。となると、哲学者達の歩みは観るということから観えるように立てる(Schau-Stellung)ということへとなるだろう。

実体から主体への革命は近代になってヘーゲルとともに完成する。しかしその際、実体の役割すべてが主体の内で共に担われねばならないという困難が、依然としてあり続け、また強まりさえするのである。自然を越えた、すなわち形而上学的であったものが、今や自然それ自体の内へ取り入れられる。自然はそれと共に生きていかねばならない。このような形而上学的負荷によって、人間は哲学的重要性だけでなく政治的重要性も獲得する。ヘーゲルによれば主体が勝ち誇り、ライプニッツでは能動的力の構造の下にわれわれは生き、マキアヴェリにおいては力量(virtù)が人間の重要な事柄となる。そのとき、このような人間の解釈が意味しているのは、各人が主体としての実体の役割を引き受けたということである。この引き受けは個から全体への乗り越えであり、人間から世界への乗り越えである。そしてこの経過が世界政策という意味での政治である。この要求は大きすぎて、人間が応じることは難しい。しかし、こちらにはポリスあちらには野蛮人というような逃げ口上はきかない。

部分は全体より大きいのである。各人は世界を単に表出しているのではなくて、世界を提出するのである。このように歴史が様々な出来事から編み出される。この様々な出来事が本来の歴史である。それゆえまた歴史を物語ること(historein)は、たとえ不可能でなくとも、難しくなったのである。歴史はポリス時代のギリシア人においては、偶然に考え出されたものではない。その人々の出来事が重要であり、まさに歴史であるという、そのような少数の人々によって担われた、一目で分かる状況があったのである。

歴史を物語る純粋な形が叙事詩である。叙事詩という形は疑わしいものとなった。昔からの形相理論で知られているように、形は本質と関わる。留まるもの、完結したもの、われわれの背後にあるものが一緒に考えられている。もはや形を与えることができない質料の洪水の前にわれわれは立っているのである。歴史を物語る形は出来事という質料の内へと姿を消したのである。

各人が歴史であるなら、それぞれの歴史は物語られねばならないだろう、あるいはどれ一つとして物語られる必要はないだろう。人類全体が世界‐歴史であるなら、他の出来事を代表しうるだろうというので、ある一つの歴史をわれわれは選び出さなければならないだろう。事態は全くそうではない。むしろ各人は、出来事の大小は別にして、数ある中の一つの歴史である。それぞれの歴史は他の歴史を排除する。世界歴史へ向けての横奪が生じる。ライプニッツが能動的力の理論において初めておそらく最も上手く記述したことであるが、各人は一切を自分自身から引き出すのである。ある一つの宇宙の内に人間がいるのではない。人間自身が世界全体なのである。ここで考えられていることは、特に道徳をめぐるカントの「私の内なる世界」によって推し量ることができよう。

政治哲学を企てるにあたって、一つの歴史を提出するという野心などもちえない。その一つの歴史は、古い意味での歴史以下のものでなければならない、しかしまたそれ以上のものでなければならない。何が存在したか、何が生成したかという、古くからの問題設定はもはや当たらない。歴史をなお支えた最後の学問的場所が現在という立場であって、その立場から歴史は繰り返し書き直されねばならないということが言われもした。こうして各々の現在はその歴史をもち、これまでの歴史すべてが現在へと至る。ここに新しいより広い立場として未来という次元が侵入した。しかしこれは、そこにしっかり立つことができるような立場ではもはやない。純粋な運動への突入である。本質をそして留まるものを暗示する何（Was）を問うか、それは何であるかという哲学の問い方はずっと以前から疑わしいものとなっている。つまり、何が存在したか、それはどのように生じたかという問題設定に従って、今やわれわれは生じたものからさらに何が生成するかとついつい問うてしまうのである。何が生成するかと問うことはあまり役に立たないか、全く馬鹿げている。この問いにおいてもまた本質的関係が前提とされている。しかし未来の次元とはまさに本質が解消されているということに他ならないのである。

単なる過去の歴史に尽きるものでなく未来の歴史でもあろうとする歴史に取り組むとき、今日の哲学者は歴史の傾向を察知せねばならない。哲学が思想の内に時代を捉えたのは、なにもヘーゲルの有名な言葉(4)を待つまでもない。時間とは今やとりわけ未来であるということになると、次のことが見て取れるであろう。つまり、歴史の傾向すなわち未来についての新しい時間了解をもっていればこそ、近代のすべての哲学者は哲学者であったのである。近代は進歩の時代である。そしてそれゆえに未来の時代である。未来においてー切が変わるために、また哲学が変わるために、そのためにのみ結局デカルトは筆を執ったのである。デカルトが書いたのは未来のための入門書にすぎない。どれほど未来に対して役に立つと考えられていたかを示す、すぐれた直接的証拠がデカルトにはある。(5)デカルトがスケッチした哲学なるものが全行程を歩み切ったとき初めて、彼は真に実践的な哲学への可能性を見出すのである。そしてこの実践哲学において生が遂行されるが、まさにそれが根本において実践と呼ばれることなのである。

今日われわれの認識しうるところでは、間接的証拠が近代哲学全体に見られるのである。というのは、マキアヴェリの力量説とかライプニッツの能動的力説などが未来に関して包含しているものが、今日——

主次元たる未来からわれわれが規定されているように見える——の視点から追-思考されうるからである。こうして近代の思想家達を未来のわれらが思想家として発見することが可能となる。後に一般的運動となったもの、自由主義とか社会主義の大衆運動とよく呼ばれたものも、その基礎は近代において置かれたのである。それらの運動が一九世紀に始まることは知られているとおりである。しかし、一九世紀が打ち倒すのは、近代がわれわれに築いてきた諸構造にすぎない。必要とあらば、一五世紀から一九世紀までの数世紀間の歩みにおける個別的思想運動から、今や政治的なるものに入れることが可能な哲学的営為が成し遂げられてきたのである。個別的思想運動から一般的運動あるいは大衆運動が生じた。今日なおわれわれが位置している流れの中で、一九世紀は、一切がそこに集まり政治的なるものへと変わる、そのような世紀として際立っている。それゆえ、ヘーゲル、マルクス、ニーチェは政治哲学者の最たるものである。彼らとともに哲学はある仕方で政治となった。それはつまり、ある一つのポリスをあてにしてではなく、人間の一般的状況へと位置づけられるという仕方でである。換言するならば、これは哲学の自己現実化（自己実現）への移行である。

哲学の現実化すなわち秘教的現実から公教的現実への移行がなされた。このような意味で、哲学の政治化ということが言えよう。だからといって、現実が何人かの思想家たちによって前もって構成されたと言うことはできない。ここでは思想史の影響なるものが問題となるのではない。そのようなことが言われるとしたら、いずれにせよ政治と哲学との連関が誤解されているのである。哲学の政治化とは、哲学が人間に位置づけられるということである。これはデカルトのコギトに始まる。「人間とは何か」というカントの中心問題にもそれは見られる。『精神現象学』の場合もそうであり、その帰結は国家である(6)。あるいは最後にマルクスによる哲学の廃棄と現実化もそれである。これらは異質の立場である。これらの統一ということは簡単に主張できない。しかしまさにこの統一にこそ、今や哲学は多種多様な人間活動の全体に携わろうとするという哲学の政治的運動（movimento）の本質があるのである。古代哲学では観想の生を、人間が神に接する生の最高の可能性と考えた。今や重要なのは、哲学を人間自身へと限定すること、すなわち人間自身がそうであるところのものを人間から取り出してくることである。これが政治的規定としての哲学の位置規定である。今やポリスの定住地は神的なものの宇宙ではない。人間が政治的なものの席を確保するのであり、新しいポリスの場所そのものなのである。人間性そのものが政治的原理となる。この人間性ということが、近代における人権の発見と実定化に向けて生じた覚醒にも反映していることは言うまでもない。人間を人間として見る。ここから特殊な権利の問題が、そして人間という資格での人間の要求という意味での権利一般の問題が出てくるのである。

全体へと向かうというこのような人間の包括的傾向に対する近代哲学の基本概念が自律である。歴史に眼を向けるならば、われわれは自律の道筋を見出す。つまりピコ・デラ・ミランドラ、デカルト、ホッブズに始まる近代初頭の哲学者達によって最初の足跡がつけられ、今日においては拡張されて大通りとなりあらゆる人々がそこを通っているのである。

したがって、近代の歴史を哲学的に考察するなら、歴史からわれわれに輝き出てくるこの自律という理念のみをわれわれは持ち出してくることができるのである。今日誰もが自己実現（自己現実化）と呼んでいることを、かつてライプニッツは彼なりの仕方で能動的力の構造において記述した。われわれは哲学を、そして偉大な哲学学者たちを引き合いに出す。これは今日の状況に矛盾するだろうか。というのは、各人がずっと以前から哲学を酷使し、そうすることで哲学を解体修理したからである。しかし、自己実現の際に反映していることは、自己実現を為す個人の生からよりもむしろその哲学から解釈することができるのである。たとえ各人が自己解釈をしようとしたところで、この自己実現の構造は哲学によって前もって思考されているのである。これを洞察することが依然として重要であり、まさにそれが哲学の持ち出してくる理念である。このような意味で、哲学者は単なる追 - 思考者なのではなくて、われわれの時代の先 - 思考者なのである。このことをマキアヴェリからニーチェに至るまで示すことが要となる。

第2章　理性と力

政治哲学の歴史においては、理性と力という二原理を見て取ることができる。相反し、互いに矛盾し合う原理が問題になっているように思われる。これらの原理を前提とするなら、一方にたとえばソフィストの力による政治を、他方にたとえばプラトンの理性による政治を、あるいは近代では一方にマキアヴェリの力による国家を、他方にヘーゲルの理性による国家を考えることができよう。これらの原理を反省する際、われわれは一方に理性、他方に力ということを前提することができるのだろうか。

最初の政治哲学の一つであるプラトンの場合には、哲学者とソフィストとの、理性による政治と、力による政治との対決が見られる。しかしこの場合哲学者は力を欠く者としてあるわけではない。哲学者は理性の力というものを考える。すると、ソフィストの場合とは別の力なるものがあるのだろうか。われわれは理性と力とを一方で二つの原理として、他方で唯一つの原理としてもつというのであろうか。こういった問題はマキアヴェリの場合にはより一層難しくなる。というのは、マキアヴェリに始まる力による政治とは、なるほどこれまでの意味での理性による政治に対立するものではあるが力によって理性から離れていこうとするものではなく、力によって理性そのものの内に身を置こうとするものだからである。近代になってマキアヴェリに始まるように、力は理性に代わって人間を現実的に前進させる、新しいより優れた原理として折紙をつけられる。プラトンにあって理性の力ということが言いうるなら、マキアヴェリにあっては、また近代に関しては力の理性ということが今や主張されうるのである。力による国家から理性による国家への道として知られている、マキアヴェリからヘーゲルまでの歩みはこの点に関わっているのである。

理性と力との絡み合った複合体に取り組むにあたって三つのステップを踏みたい。(1)理性と力との対決。この古典的な例として、プラトン対話篇『ゴルギアス』中のソクラテスとカリクレスとの対決が挙げられる。(2)理性の力。理性の原理（アルケー）について論じるアナクサゴラスを始めとして生まれてくる、ギリシア哲学の理性理解を参照されたい。プラトンのイデア論がこの理性理解を展開し、そこで理性の力が顕になる。結局この力は「勇気」という政治的徳においてとりわけはっきりと現われる。(3)力の理性はマキアヴェリの力量（virtù）に現われる。それをわれわれは、古典ギリシアの政治学におけるあの勇気を継続するもの、ないし変形するものであると主張する。力から理性への革命はヘーゲルで完成する。しかしヘーゲルは、マキアヴェリ以来の画期的な転回を完結するだけでなく、同時に理性と力とを互いの内へと止揚することを企てる。これをニーチェはさらに越えるのである。

1　理性と力との対決

理性的な人間は相互に話し合う。力にものを言わせる人間は議論もせずに自分の考えを押し通す。このことがプラトンの『ゴルギアス』で扱われている。人間は互いにそしてあらゆるものに共通の関心をもつということから哲学者は出発する。とすると、プラトンが対話をわれわれに見せてくれようとしても、ソフィスト達がその対話に加わるということが一体どのようにして可能となるのであろうか。

ゴルギアスが語った後にソクラテスが登場する。彼は対話をしようとする。語ることとその語りに対して語ること、それが対話である。ソフィストは対話など一切望まない。ソフィストにとって大事なのは、語るという立場を崩さないことである。聴き手はもともとその語ることから締め出され、ありうべき共に語るものとして認められていない。かくして、語ることが戦争や戦闘に比されることになる。(1)

対話をぎりぎりまで先鋭化することによって、プラトンは哲学者とソフィストとの根本的に異なった類型を際立たせる。ソフィストたちはゴルギアスの長大な独白（モノローグ）の後、ソクラテスによって一歩一歩対話の内へと強制され、対話に対する批判的な立場へと導かれる。このときこれまで聴き手としてその対話の周辺にいたソフィスト、カリクレスがソクラテス自身をそのような脇役の立場へと追い込む。ソクラテスに語らせておいて、カリクレスはソクラテスの言うことが分からないと言う。にもかかわらず彼は問いを投げ掛けたりして、ただただ続けてもっと長く語るようソクラテスを励ますのである。(2)そこで哲学者ソクラテスは思いもかけず対話と独白という内的矛盾に陥る。ゴルギアスの場合には、その場に哲学者がいるわけでも介入してくるわけでもなく、邪魔されずに語ることができた。同様に独りきりにされて今やソクラテスは語ることができる。まだ耳を傾ける人がいるのだろうか。この哲学者が何かを言おうというのは誰に向けてなのか。ソクラテスはロゴスのもとに留まる。彼は単に自分自身に語るのではない。そうでなくソクラテスが求めているのは、すでにヘラクレイトスの人間にではなくロゴスに耳を傾け、ロゴスと一致せよという警告によって語られている（断片50）同一性である。求められているのはロゴスのもとに留まることである。ロゴスの内で、すなわち語ることと語ることによる命名の内で理性が現れる。

理性は邂逅、一体化、統一を求める。ほぼ一致（Eintracht）と訳せるホモノイア（homonoia）、そしてその概念から発展した理性における統一、これが古典ギリシアの政治哲学によって強調された政治上の根本概念である。[3] 理解の内で結ばれてあること（ホモノイア）、語ることにおいて一致していること（ホモロゲイン）、これが理性による政治の基礎である。理性によって支えられることで人間は結びつく。人間は互いに語り合う。語ることの、すなわちロゴスの可能性を利用することで、人間は一つの共同体をつまり政治的共同体を形成する。古典ギリシア政治におけるアリストテレスの、人間とはポリス的（政治的）生物であると同時にロゴスをもった（理性的）生物であるという有名な定義は相互的な規定である。[4] 語ることがある所でのみ政治が生じるのであり、そして政治がある所でのみ語ることが生じるのである。

ことごとく共同体と統一とを目指す、これが政治的徳である。共同、友好、公正などが特に挙げられ、哲学者はソフィストに対して、ソフィストはその時々自分自身のためにより多くをのみ望むと非難する。より多くを所有することを望む、これがソフィストの徳（プレオネキシア（pleonexia））である。[5]

政治（Politik）という名称は理性的な共同体的行為にのみ当たるものではあるが、にもかかわらず理性と力との対決がポリスの状況である。まずもって政治とは人間を政治的徳へと向けることではなく、むしろ力を回避することである。哲学者はソフィストと語ろうとする。ソフィストという題名によって政治的状況が際立つ。力ある者、強き者については語られない。近代になって初めて、君主（マキアヴェリ）とか強者（ニーチェ）によって力というものに直接関係することになる。ソフィストは消息通である。それに対して哲学者は、まさにソクラテスのように智者を引き合いに出すにしても、自らを賢者と呼ぶことは決してない。哲学者は自らが理性を所有しているとは考えない。ソフィストは、ソフィストつまり考え出す人という意味でなんとしても理性を所有したいと考える。こうして哲学者とソフィストとの間に進行する、理性と力との対決の内にそれぞれの立場が相互に分離してしまっていると考えるならば、それは根本的な誤解であろう。たしかにここでは人間的危機が目の当たりに示されてはいる。しかし両極に分離してはいてもそこには依然として人間的なるものが張り詰めているのである。プラトンは人間の根本状況を指し示している。その根本状況とは、理性と力とが区別されてはいるが、しかし両者の間でどのような異議が申し立てられ矛盾が生じようとも両者の結びつきが切れることはないというものである。この緊張状態は最終的には次のような基本定式として言いうる。すなわち、神があらゆる事物の尺度である、さらに人間があらゆる事物の尺度である、と。(6) ここで根本的に区別されるものは認識されている。しかしこの区別は思惟の内でしっかりと保持されている。このしっかりと保持すること、これが哲学に携わるということの本来であり、哲学というものがなす努力の一切である。マキアヴェリからニーチェに至る近代になって、理性と力とが重なり合う、すなわち理性と力とが一枚の判じ絵となるという決定的な革命が生じる。その結果、理性から力が、力から理性が前面に際立ってくるのである。プラトンにあっては、まずもってこのような理性と力とのアマルガム化が企てられるわけではない。その反対である。

人間についての知識を、一定の人間的枠組みそれ自体からのみ取り入れるような智者、それがソフィストである。人間とは、自らのもとに留まろうとする者、中心を自らの中に置く者、自らの内を観る者ないしは自らの限られた手段によって世界を観る者である。アイステーシス (Aisthesis)、すなわち諸感覚が人間を充たし、満足させる。そうすることで人間は自らのもとに留まり、思惟が駆り立てるであろう所などへ自らを越えていくことはない。それはちょうど、思惟を通じて聴き分ける能力が一層広がることを意識的に拒絶するようなものである。理性の進入は知覚されない。知覚が届くのは、人間のその時々の個人的な感覚が届く範囲に限られている。感覚によって世界が環境野へと限界づけられる。哲学者は知覚を人間の第一のそしてまた基本的な可能性として認める。しかしこの可能性とは留まるためのものではなく、断固として進んでいくためのものである。知覚は真理のある一つの段階である。しかしそれは人間の尺度に自らを限定した真理である。哲学者は一方で人間の限界を顧慮する、しかし他方でそれはより先の段階へと敢えて越え出ていくためなのである。(7)

哲学者によるこの大胆な企てを知るために、われわれはもう一度ソクラテスとカリクレスとが置かれている状況へと向うことにしよう。ソフィストはより多くを望むが、同時に自らのもとにあることのみを望むのである。ソフィストはあえて他者に不当な干渉を加えようとはしない。同時に他者からソフィストへ力による脅かしがなされるときには、自らを貫徹することが重要となる。自らを貫徹する人の言うことが正しいのである。ここに、生まれつきの強者の権利を唱える宿命的な自然法理論が接続することになる。(8) しかし私の所有しうるものが結局欲せられるにすぎない。このような意志とは決して大胆な行為などではなく、安全に自らを貫徹する力である。ソフィストは、この知識をもっているが故にソフィストなのである。自分に与えられているすべてのものにソフィストは力を、より厳密に言うなら力への手段を見る。彼は五感をもち、欲求をもつ。ここが彼の力の及ぶ範囲である。そして言葉を語ること、すなわちロゴスは理性の才ではなく、力へ到達するための、より広範囲にまで及ぶ抜きん出た手段（Mittel）である。知は力である。近代におけるベーコンのこの原則(9)は、知が力への途上に組み入れられうるというように形を変えてすでにソフィストにも当てはまるのである。修辞術に組み込まれることによって学問は力の展開に役立つことになる。近代において、たとえばホッブズの人間は自分自身が作成するもののみ理解するのであるとか、(10) カントの人間は自分の頭の中で自ら作り上げるもののみを認識するとかいった原則の内に展開を遂げた力が表現されている。(11) その力がすでにソフィストにおいてくっきりと浮き出ているのである。人間に直接的にあらかじめ与えられた諸構造の中心に力を置くということである。ソフィストのパースペクティヴからすると、この構造とは感覚的構造であり、近代のパースペクティヴにおいては構成的構造である。

ソフィストは力を展開することを企て、それに反して哲学者は理性を展開することを企てる。だからこで哲学者はある原理的な困難に陥る。ソフィストは哲学者に、君と話し合う余地はない、なお語りたいというなら自分と同類の者を捜すことだ、と明言する。同類の者がいないときには、哲学者は自分自身と話し合わねばならず、理性と自己対話せねばならない。そして最後には、哲学者は人間と語るのではなくて、人間を越えて神的な者と語るのである。この対話ということが、哲学者が陥っている立場を少なくとも画定しているのである。哲学者が自分に何一つ手だしできないことをソフィストは知っている。自らの力についてのこの知をソフィストはもっている。そこでソフィストは、哲学者達に語らせることが自分にできることを知っているのである。ソフィストは哲学者が語るのを邪魔する必要はない。なぜならば、理性の立場に身を置くことによって哲学者自身がそこに居合わせる人々から遠ざかるからである。ロゴスに耳を傾け、ロゴスと一致しよう（ヘラクレイトスの断片50参照）とせず、ひたすら自分にのみ耳を傾けようとする人間の内で、誰が一体なお哲学者に耳を傾けるというのか。ソフィストは哲学者の知を問わない。ソフィストがすでに所有している知が彼にとって必要で十分な力なのである。

知はソフィストを力に導き、哲学者を理性に導く。ここにこそ知における相違がある。さらにまたそこに、ソフィストとして力のもとに留まり続けようとする人々と関わる際の哲学者の困難がある。力によって立つ人（Machtmensch）は、理性によって立つ人（Vernunft-mensch）に対して、自らの力のもとに留まり続ける。ここに以下のような緊張状態が見られる。つまり、理性は力に対する力を握ることがなく、力によって立つ人には理性の力は姿を示さないのである。人間と神との基本的関係から見ると、一方で人間は自らのもとに、すなわち感覚（aisthesis）のもとに制限されて留まるものでなく、むしろ神的な者に達するということができる。他方ソフィストは、ソフィストの所では人間は徹底的に人間のもとに留まり続けることを要求するであろう。事実ソフィストにあっては、人間が自らの純粋な自己関係性の内に足場を固めようと意志することによって人間は自分自身の内に根を下ろそうとするのである。

2　理性の力

力に対峙して、プラトンは理性の立場から政治に次のような要求を出す[12]。

(1)　どの人間も他の人間を必要とする。人間であるとは、公正、友好（連帯）、慎重、勇気等の政治的な徳を獲得することである。

(2)　政治とはポリスの内で人間を秩序づけることである。したがって政治の意味とは、人間がポリスの住民として教育されねばならないということである。政治とは人間をより良くすることである。

(3)　すべての者にとって政治上での根本の問いとは、誰がある一人の人間をより善くしたかというものである。このようにソクラテスもまたカリクレスに問う。それは哲学者のソフィストへの問いである。政治的な基準そのものである。

(4)　ポリスが経済と国防技術にかまけ手一杯であるとき、われわれは善きポリスをすでにもっているのかどうか、これが問われねばならない。

(5)　政治とは力に属するものでなく、理性に耳を傾けることである。ソクラテスは、政治が神々による魂の法廷の基準に従うものであると考える。この点についてソクラテスは一つの神話を語ることによって、カリクレスに次のように述べる。君はこの「話（ロゴス）を一つのお伽話と見なすだろうと思われるが、しかし私は真実であると考えるのだ」[13]と。こうして哲学者の立場すなわち理性の立場が強調されている。この立場は力なる此岸から理性なる彼岸へと身を置き換える。彼岸での罰を信じない者にとって、今ここで怯むものは結局何もない。理性の支配を受けないとき力は放縦となる。人間のより広い地平が神的な者の内に輝き出すときにのみ、国家は人々を一つにまとまったものとして保持するのである。(プラトンはこのことをとりわけ『国家』篇第一〇巻において究極的な形で詳述した。)神的な者の決定的な言表を哲学者は神話と称し、真理であると考えるのである。ソクラテスは、いつでも人間に姿を現す理性それ自体にのみ測鉛を下ろす。理性は神を指し示す。神話を通して理性は語る。ここでわれわれは理性の力を強く経験するのである。

2・1　理性――命名・把握・表象

われわれは理性の能力を三つの領野に画定する。つまり、表象することと概念によって把握することと命名することとである。もし私が何かを精確に表象することができるなら、ある事柄は、私がそれを単に命名するだけのときよりもずっと私にとって明瞭となる。表象には「より多くの」真理があるように見える。しかし、表象すること、概念によって把握することあるいは命名することによってわれわれが理性へより近づくことになるのか否かは疑問である。プラトンは彼の理性を最高に使用することで神話に到達するように思われる。これが命名としての理性の古典的事例である。魂の法廷を表象しうる、あるいは概念によって把握しうると主張することはできない。魂の法廷とは神話であり、命名である。もし理性の力について語るなら、それによって私は神話の特徴をより詳しく描き出したい。理性は自らの姿を命名の内に、概念による把握の内にそして表象の内に現す。そこで、表象の内で理性の力が最大に示されると推定することができよう。というのは、私が何かを表象することができるなら、それは自らの輪郭の内に精確に確定されているからである。それは自らの内で完成し完結している。つまり定義されているのである。このような仕方で何かを私が精確に規定できるということが、理性の能力にもし属するのであるならば、たしかにここに理性の力が現れている。しかしその「何か」として自由とか人間の尊厳とかをもってくると、途端にわれわれは困惑してしまう。というのは、この場合表象によってそれを生み出すことがほとんどできないからである。もちろん人間の尊厳を敢えて表象しようとすることも可能である。たとえばすでに述べたように、人間の尊厳をもって生きるとは二足の靴を所有することである、という具合に。表象は一方でまさしく何かを明確にしっかりと保持する。しかし表象にはそれ以上のことが含まれている。というのは、表象は他方で表象を越えて人間の尊厳の問題を指し示すからである。二足の靴の例によってさらに言うなら、表象は二足の靴を越えて表象の全系列をなお強制するのである。ある一つの表象によって多様性が、あるいは無限の表象可能性さえもが突然姿を現す。人間の尊厳をもって生きるためには、一体何が必要なのか。少なくとも一足以上の靴、一着以上の衣服、必要ぎりぎり以上の食料である。一義的で明白な表象は、根本の所で指示するものとして多義的である。そこにこそ表象の働きがある。すなわち表象は表象が様々な仕方で可能であることを突然明らかにし、それによってさらに人間の尊厳の問題を指示するにすぎない。表象が人間の尊厳を表象するのではなく、むしろ表象は人間の尊厳の問題を命名するのである。その点で、人間の尊厳といったようなものは原理的に表象されえないことが明らかとなる。問題が表象されることによって、人間の尊厳それ自体がより強く命名されるにすぎない。表象は命名のために働くのである。

命名、把握、表象の諸レベルを動く理性の困難を見ることにする。今や単純な区分をすることができよう。何を表象しうるのか。何を概念によって把握しうるのか。何を命名しうるのか。そのように問うならば、命名の平面でたしかにすべてが可能であると言えよう。一体命名できないものが何かあるか。明らかに命名において理性はすべてをなすことができる。理性の能力は概念による把握ではほとんどの場合それに劣るし、表象ではなお一層劣る。表象は重要である。表象の世界は相対的に精確に測定された領域であると言えよう。しかし人間にとっては明らかに表象は重要である。人間の現実は諸表象に依っている。人間が自らを実現するためには、そのつど生を表象できねばならない。ここに困難がある。一つの家を表象のレベルでわれわれはたしかに思い浮かべることができる。しかしわれわれはまた自由をも表象することができるだろうか。自由の実現に際してわれわれは場合場合に応じて自由を表象することができる。しかし自由の問題は原理的に表象の領野を越えている。それではわれわれは自由を少なくとも概念によって把握できるのだろうか。われわれは自由をたとえば自律としてより詳しく把捉することによって、自由についてのある概念を得る。それでもわれわれは、自由について概念が唯一つしかないというのではなく、むしろ歴史が生み出してきた一連の概念があるということを知っている。こうしてまた自足（Autarkie）も自由についての一つの概念である。[14] したがって自由という提出された問題をわれわれはつねにそのつど歴史的に別様に解くことができる。概念における一義性が、そしてそれによって正確さが獲得されることになるであろう。ポリスにとって自足という自由概念がそうであったし、近代にとって自律という自由概念がそうでありえよう。しかしある一つの概念にどれ程固定しようとも、つねになおより広い地平がもれ見えてくるのである。もしわれわれがある一つの固定にしがみついて離れないなら、この地平は実際遮られてしまうことになる。とりわけ自由の最高形態として考えられている近代の自律において、このことが妥当する。たしかに自由は概念である、しかし自由は命名の圏域を示す。表象と概念と命名との間は明らかに連結されている。その連結においてまた、場合に応じてはなお概念ばかりでなく表象も最も広い意味で命名のために賭されることになる。

理性の最も包括的な支配をわれわれは命名の内に見る。そしてそうであるがゆえに命名において理性の力ということが語られるのである。しかし最初の理性理解、すなわちギリシア哲学の内で生じた理性理解を思い起さねばならない。というのは、そうして初めて理性の力を語ることが意味をもつからである。

2・2　理性——根源と侵入

アナクサゴラス以来理性はアルケー(arche)[15]として理解されている。アルケーは根源（Ursprung）とか支配（Herrschaft）とか読み取ることができる。（アナクサゴラスの考えでは世界一般の）根源であることによって、理性はわれわれの生活全体をあらゆる点で意のままにし、支配し尽くすものである。したがってこの意味での根源ということで、同時に支配とか力ということが語られうるのである。理性の根源とか力についての根本経験として、理性が侵入する（nous thyrathen）[16]ということがある。理性は外から来る。理性は人間の内に単純に存在しているというものではない。哲学において、人間の超越を語るとき、われわれは理性が外から来るということの構造をそのまま反対向きにしようとするのである。超越、したがって踏み出でが可能となるのは、その前提として上昇の可能性が予めわれわれの内に与え入れられていた場合だけである。超越ということを誤解すると、人間と理性との関係が即座に逆さまのものになってしまうであろう。

2・3　理性――イデア

したがって理性について最初に経験するのは、理性が根源であるということ、われわれは理性へと引いていかれ理性によって担われるということである。理性のこのような過程を詳細に記述しようとする初めての試みがプラトンのイデア論である。プラトンは、理性が侵入し、イデアの内に自らを示すという哲学的根本経験から出発する。そこでイデアがわれわれの根源であり、イデアから人間性を新しく秩序づける可能性が生じてくる。この新しい人間性の秩序づけをプラトンはとりわけ『国家』篇で命名し、概念によって把握しようとする。理性、イデアはわれわれの根源であり、われわれに浸透している。このような仕方でイデアが支配しているが故に、すぐれてイデアを経験する人間が他の人々を支配すべきであるということにもなる。すぐれてイデアを経験する人間とは哲学者のことである。これがプラトンの哲学者支配説の核である。[17]

理性が聴き取られる様態、それがイデアである。イデアは理性の指針、明るさ、輝き、光である。[18] イデアはわれわれを明るくし、われわれが見えるようにする。イデアの内で理性からの三つの贈与が結合している。(1)見ること一般の、すなわち洞察の贈与。(2)見られうるものの贈与。すなわち差し込んでくるイデアそれ自体。(3)見えること一般の贈与。（イデアの）明るさはあらゆるものに放射する。イデアはあらゆるものの内で輝き出し、あらゆるものを開き、あらゆるものを貫き輝く。この構造が今日のたとえば人間の尊厳ということにおいても現れている。たとえ人間の尊厳という理念（Idee）と戦うにしても、その理念を離れることは何人にもできない。そこではまさに人間の尊厳という理念が現れ出ているのである。プラトンがイデア説の内で主として詳述していたところであるが、イデアは明るさ、輝きとしての光

（Schein）と、光輝少なく曖昧で曇った明るさとしての見せかけ（Schein）との弁証法の内にある。イデア説はイデアの力すなわち理性の力を確信している。

政治的状況が理性の無力さの完全に犠牲になっていると見えるとき、とりわけそのとき古典的政治哲学者の代表者たるプラトンやアリストテレスにとって理性の力が姿を現わすのである。理性が無力であるという状況は僭主支配にあって見られる。僭主が支配する所では、明らかに理性の支配は破壊されてしまっている。しかしプラトンやアリストテレスにこのことは当てはまらない。たとえ力がすべてを自分で所有しようとするにしても、またたとえより多くを所有しようとする欲求が政治状況を規定しようとするにしても、理性はポリスの公共福祉という理念の下から輝き出すのである。そこでアリストテレスは、ポリスで僭主は能う限り正義の輝きで自分の回りを囲む方がいいと説く[19]。根本の所で民は僭主など欲していない。したがってそもそもポリスでの僭主として自らを保つために、僭主は見せかけの契約を結ばざるをえないし、そのことで一定の契約による正義の内に生きざるをえないのである。僭主は心の中では自分にのみより多くを手に入れたいと思っている。たとえそうであっても、一般公共福祉を欲しているという見せかけの行動の内で彼は、最低限少なくとも公正な行為という理念の具体化を強いられているのである。そこでアリストテレスの説によると、単なる見せかけという外面的な存在を通して、しかしなお善くなることへの中途につねに僭主はいるのである。さらにアリストテレスの言葉に従うなら、僭主は「悪いのではなくて、半分悪い」のである[20]。アリストテレスによる僭主の形態学は、一方で国家論内部での僭主についての冷静な一つの地形学である。他方そして根本の所でアリストテレスによる僭主の形態学は、根底において善なる人間的なもの——これはまたいかなる簒奪の内にあっても悪しきものを貫いて輝き出てくる——から悪しきものへと傾く人間についての一つの地勢学である。かくして、『政治学』第四六巻においてとりわけそうであるが、経験主義者アリストテレスは、政治的事実を手掛りとして国家体制の形態を記述するにあたって究極的には理性の原事実を基礎とするのである。

3　力の理性

3・1　マキアヴェリ

今や力を理性の代わりとすることをマキアヴェリは決断する。協調とか弁証法とかは全く重要でない。力は理性の位置を完全に引き継ぐ。マキアヴェリにとって理性は顕現、すなわちあらゆる現出の内で、また世界の最後の光明の内で差し透る輝きではない。彼にとって理性は、何かを現実であるかのように見せかけるにすぎない上辺だけの輝き、偽りの光である。だからこそマキアヴェリはあのように決断するのである。理性の力、政治的に言うなら公共福祉、これが歴史的に与えられているとマキアヴェリは考えない。反対に、まさに彼の時代にあって彼にとって支配するものとは理性でなく、力のみである。すなわち、そのつどただただより多く所有することを欲するという力に他ならない。このような力関係の内で生存するために必要なのは力、それもとりわけ政治的力だけであり、これを規定することがマキアヴェリにとって重要となる。

3・1・1　ソフィストから無知の人へ

力に直面して人間に残されているのは力に頼ることだけである。マキアヴェリがいるのは、哲学者とソフィストとの対話になぞらえるような状況である。ソフィストとの対話にあってその力に直面したソクラテスはひたすら理性のもとに留まった。理性はいかなる力ももたず、神を指し示した。それに対してソフィストは、力が現実に人間を指し示すと主張した。そのとき各自は自らの立場に留まった。理性と力とは、緊張状態のいわば両極のごとく互いに向かい合って位置していた。しかしマキアヴェリは自らを知識あるものと呼ぶことは決してない。彼は全く非ソフィストである。彼は自らを無知という人間的特徴をもつものと考える[(21)]。われわれは知識を欠く者である。われわれは自らを無知の罪によって冒された者としてさえも見ねばならない。しかし、その罪によって人間は生きることができるのであり、生きねばならないのである。罪によって困難が永久にもたらされるわけではない。むしろ罪が刺激となって、理性不在の状況がまさにまた理性抜きで形成される、すなわち状況がまずもって変更されるのである。最初の変更とは理性に対する拒絶である。すなわち、われわれが無知な存在であるということが認められる。Die verità effettuale der cose moderne[(22)]、すなわち近代の現実的な真理とは、生の内で力に直面して自らを主張する力である。それは、より多くを所有することを欲し、各人を各人に敵対させる力である。そして結局、相手を殺さぬまでも排除しようとするならば、各人は自らの内に力としての新種の理性を生み出さねばならない。すなわちそのような理性の内で、力は最後にはお互いに引き裂き合うのでなく、身を保持し、結合し、増進しようとさえするのである。このとき近代の自己保存と自己増大の理論が生まれる。そしてそれはニーチェによって完成されることになる。ニーチェ自身はマキアヴェリの占める地位を理解していた。というのは、彼はマキアヴェリ、すなわち彼の『君主論』、あるいは「無制約的な意志」が何一つ自分を誤魔化さず、理性を現実（Realität）の内に見る——「理性」の内にではなく、いわんや「道徳」の内などではなおさらなく——ことを認めるからである[(23)]。

自らのもとにのみ留まり、そして現実の内では道徳的要求としてしか働きえない理性。そのような理性をニーチェは、彼がたびたび激しく反駁を加えるソクラテス‐プラトンに見ているのであろう。理性を理性の内に見る。一体これはどういうことか。人間よりもむしろ神を指し示すとソクラテスが非難されることのある理性は、この理性の内に留まる。ニーチェから後方を振り返ってソクラテス‐カリクレスの立場について言うならば、カリクレスは彼なりの仕方で現実の内に理性を見ているのである。というのは、彼は力の立場からソフィスト的理性によってまさに力そのものを繰り返し示そうとするからである。カリクレスの場合力は力のみを示す。それに対して、ソクラテスは理性との自己対話において神の声に耳を傾ける。換言すれば、ソクラテスは理性に最も理性的なものそれ自体を示させ、それによって力との結びつきを失ってしまうのである。そこでは理性は理性のもとに留まる。それは力が力のもとに留まるのと同じである。理性と力とは決して結びつかず、いわんや調停されることもない。ギリシア人の根源的根本経験、すなわち理性の力を政治の内で再び話題にしようとして、そのとき初めてプラトンの新しい発想が必要になるのである。というのは、独り力にのみ語らせるソフィストに対して理性は口をきけないからである。ソフィストには神話は何も語らない。

仮にニーチェから見るならば、ソフィスト達、特にカリクレスになぞらえるような状況にマキアヴェリはいることになろう。ソフィスト達は世界の内での純粋な力関係を目標とし、力の現実の内に人間的な理性を見ようとする。理性の内に理性を見るとは、とりわけマキアヴェリのような人間の時代では力それ自体が人間の根本状況であると承認され、そのようなものとして認識されるということに尽きない。にもかかわらず、力の現実の内に理性の支配が見られるということが重要なのである。力によって規定されたこの現実はある一つの理性的な現実である。これが証明されるべき命題である。したがって、われわれが力の布置関係の内にあるとしても、それはきわめて理性的なことである。力それ自体が理性的なのである。われわれはもう一つ別の理性を必要としない。近代政治哲学では、力の問題すなわちより多く所有しようという欲求の問題がどのように解決されるかという点に、この力の理性がすぐさま現われてくる。理性が無力に陥ることなく、理性がまさに人間をその自己中心的で個人主義的本性のままに保ち、さらに高めるように、力は理性を生み出す。契約説が生じ、国家論が生じる。力はそれ自らの内で力独自の理性を獲得する。このことから次のようにさえ主張されうることになる。つまり、人間にはいかなる理性もないからこそ、——そしてこのことを今や一層明確に言うなら——人間は非社会的で不公正で悪であるからこそ、このような事情から今度は必然的に善、正義、社会性、理性性が生み出されるのである、と。

力が理性を生み出し、創造し、作る。古代の見解に従うなら、外から、神によって与えられ、創造によったものは、今やわれわれ自身からの成就であり、自己創出の作用である。外から理性が侵入するのではなく、今や理性は力自身から力のために作られる。まさにこの点において力は、元来人間のもとには無いものを成し遂げるというその力を示すのである。理性はアルケーではない。今や理性は生み出されたものであり、原因でなく結果である。理性は現実的な真理そのもの、すなわち力によって実現された真理である。

哲学者とソフィストとによる理性と力の抗争において、ソフィストは知の点から依然として自らを哲学者の上に位置づけ、自らに知者の称号を冠する。それに反してマキアヴェリの無知の人は知識との不均衡に陥っているように見える。しかしここにこそソフィスト的立場の継続と断絶がある。マキアヴェリそして近代の思考の方が首尾一貫している。というのは、超哲学的であるとの名称を要求しながらもソフィストは哲学者に秋波を送り、知識能力の点で哲学者を凌駕しようとしたからである。当時ソフィストは対話を打ち切りながらも哲学者に語ることだけは許しておくことができた。なぜならば、ソフィスト自身が哲学者以上の語り手だからであり、理性からの知識を他人に委ねることができたからであり、力に関する知識をもっているからである。いずれにしろソフィストは、人間的状況において貫徹するに十分な知識をつねにもっている。知識が感覚あるいは経験的構造にどれほど制限されていようと、相対性の核には全体性が含まれているのである。すなわちソフィストはもはや知る必要はない。ソフィストは、相対的な知識の内に全体としてどうしても必要な知識をもっているのである。

ソフィストは哲学者と優劣を競う。無知の人はそんなことをしない。一方が理性から語り、他方が力から語るといった対話などもはやなされない。ただ力からのみ語られる。しかも今や理性が述べることはすべて力の立場それ自体の内に吸収されるという条件付でである。そしてこのような姿勢から、理性自体が自分自身から人間的理性を生み出すということが可能となる。そのときの理性が、近代にとって決定的に重要な意味をもち、マキアヴェリからデカルトを経てヘーゲルに至るまで拡大強化されたのである。マキアヴェリ、ホッブズに従うなら、理性が我作ると言うのであり、デカルトに従うなら理性が我思うと言うのである。自らの内にすべてを担い、生み出すと、ライプニッツのような人が主張している能動的力。ロック言うところの、私に世界を生み出す労働。これらを経て理性は、マルクスにおける世界生産性そのものとしての労働あるいはニーチェの力への無制約的な意志へと至る。もっともニーチェの場合力への意志そのものが認識されるのは、われわれが理性を現実の内に見る、すなわち理性が力の内で最終的に決定的な仕方で自らに耳を傾けるのを見るときに限られるのである。

3・1・2　理性の原理から力の君主へ

古典的政治哲学によればソフィストも僭主も理性との関わりを堅持せねばならない。彼らは力の立場に徹底的には従うことができない。こうして僭主は、それを欲すると否とにかかわらず、ポリスにおける善の存在たる公共福祉に縛られ続けるがゆえに、見せかけを強いられることになる。たとえ実際善であることをと言わぬまでも、それが見せかけの内にもほの見えることを、ポリスから強要されるのである。

マキアヴェリの考えでは、君主や無知の人は善や知識を見せかける必要がない。なぜならばマキアヴェリは知識を備えた善き人間など一つの政治的現実として考えに入れていないからである。悪徳一般に従いそしてそれを凌駕するために、君主は悪くなることができねばならないし、そうなることを欲さねばならない。もし可能であるならば、君主はあれこれの徳をひっくるめてもっているように見せかけることができる。つまり「寛大であるとか、信義に厚いとか、人情があるとか、誠実であるとか、敬虔であるとか見せかけることはできる。しかし必要とあらば君主はそういった在り方を逆転させることができねばならない。」[24] 君主は人の気に入られるために、法を守る人間を演ずることもある。しかし法もまた暴力同様一つの武器である。「二種類の武器」がある。法という武器と暴力という武器である。[25] 法という武器で戦うとき君主は人間を演じ、暴力という武器で戦うとき君主は獣を演ずることになる。この区別をした上でさらにマキアヴェリはそれをもう一度結び合わせる。この統一がまさに君主にはっきり知られ、教えこまれねばならない。「君主が半人半獣を教師にするとは、まさに君主はこうした両方の性質を結合することを会得せねばならず、さらにどちらか一方だけでは長続きしないということである。[26]」これがまた、マキアヴェリが現実の内の理性と認めようとする人間の条件の現実的真理[27]である。このような理性の見地からすると、マキアヴェリにとって重要な意味をもつ二つの経験がある。

一　理性は、明るくする光ではなく、上辺がピカピカで中身のない見せかけである。理性はわれわれを欺き、われわれは理性によって失望させられた者である。マキアヴェリは人間が理性から欺かれ失望の度合を深めていくというその長い歴史を目のあたりにする。デカルト[28]が人間によるそれまでのあらゆる思考努力に対して唱える非難もまたその長い歴史に含まれる。つまりこれまでの努力では、人間に本当に与えられているものを理性から現実に取り出すことが依然としてできなかった、というのである。しかしそこでデカルトが、人間に典型的に見られる理性に測鉛を下ろし、理性の現実的可能性と人間的力とを確かめるという道を進み始めた以前に、マキアヴェリは近代における決定的に重要な問題へと突進する。

二　力がわれわれの理性である。これはどういう意味か。今ここでわれわれが成し遂げられるものそして成し遂げねばならないものは、それがどんなものであれわれわれにとって現実の内で最善を達成しうる好機である。欺瞞は欺瞞として見抜かれねばならない。それを通して欺かれた者の怒りが生まれ、さらに失望という貧困の内で彼は人間的富という新しい活力を手に入れるのである。この人は、この世で人間として生きるために何が必要なのだろうか、と問う。それは人間的徳といったようなものだろうか。古典的な答えにあっては、政治的諸徳が指示されるが、それらの徳も理性からのみわれわれに与えられたものなのである。現実は別のように見える。大事なのはある一つの政治的徳、すなわち力とか勇敢さといった力量(virtù)である。政治的諸徳が必要なのではなくて、君主が必要なのである。結局各人の内に力量という唯一の根本的徳が必要なのである[29]。

理性はもはや持ちこたえられない。新しい根拠が必要となる。理性に力が、厳密に言うなら君主がとって代わる。われわれはマキアヴェリのこの答えに対してすぐに気を苛立たせてはならない。今やマキアヴェリが理性という失われた広がりの内に人間を置くのでなく、ある一つの新しい原理を人間に与えようとするのであるなら、とりわけ以下のことが考えられねばならない。すなわちそこでは、理性の巨大さから全く規定された人間、すなわち君主への狭小化が単に生じているのではない。われわれは本質的なことを見て取るようにせねばならない。それはつまり君主なるものが、人間についての近代になって開ける新しい自己理解とどのように連関しているかという点である。

歴史的に見ると、マキアヴェリのイタリアにおいてもホッブズのイギリスにおいても、人間は戦争による絶望的情勢の内にいる。生きることが直接脅かされ、非常事態が経験され、公共福祉の展望など通常の政治状況のはるか遠方へと消え失せている。このような歴史的経験と平行して、人間的なものについてのある自己経験が形成される。つまりそこでは、人間が自らを情熱、それも究極的には力という主情熱によって引き裂かれた存在であると見ているのである。近代の思想家の内で、政治的人間学的問題としての力に新しい仕方で最初に立ち向かおうとするのがマキアヴェリでありホッブズである。第一根拠としての理性が役に立たないのなら、われわれは人間になんとか可能な仕方で理性を新たに持ち込むことこそが重要となる。戦争や人間の自己経験からも分かるように、根拠を奪われるとわれわれはどうしようもない危機あるいは苦境に陥る。根拠が役に立たないとき、人間が自分自身の内で力を発揮していけない理由はない。どのように深刻な危機に見舞われても、人間は落ちぶれた理性からなにがしかのものは引き継ぐことができるし、根拠を置くということを自分自身で自分の世界の内に貫徹しようとすることもできる。したがって、すでに水平線へと没し去ったかに見える古き理性が、今や新しき理性として再びそれも人間自身から出現する。これこそ、まさに決定的に失われたかに見えることをも今や持ち来たらせようとする、人間による根拠作成という途方もない行為なのである。

力は人間を試す。力という環境の真っ只中で人間自身が力に対する関係を規定せねばならない。その規定を行う活力も理性から人間に生じるわけではない。人間が力それ自体から力との関係を規定せねばならない。人間と力とのこの新しい関係を私は、あるテーゼを極端化することで明示したいと思う。すなわち、古き理性の力とは命名、要するに神話であり、力の新しき理性は表象に現れ、マキアヴェリの君主とはこの力の新しき理性が表象されたものなのである。君主にあっては、命名の広がりの内へと消えるものは何もなく、すべてがある一つの精確な表象へと収斂する。表象された君主の理性とは、力量すなわち人間に残された最後のそして新しい政治的徳である。さらにこれによって君主は、相変わらず、そしてこれまでより善く――とさえ考えられているが――すべてをなすことができる。マキアヴェリの場合に注目すべきは、理性の倒壊から生ずることが、人間的なもののいかなる消失でもなく新しい人間であるという途方もない出来事である。

力の非理性的事実を人間によって作られた事実性という枠組みの内へと連れていくことができるが故に、力の君主は君主と自称しうるのであり、自らを原理と類似の者とすることができるのである。君主の力の本質は、力を根拠とすることができる点にある。そしてそれぞれの根拠形成行為が一つの理性の行為なのである。

古典的状況では、理性が結合し支えるものであり、力が裂目を生み散り散りにさせるものである。それに反して近代では、理性と力についての理解の構造が決定的に変わる。マキアヴェリは君主の力すなわち力量をさらに詳しく秩序づけられた力量と書き改める(30)。これが君主の秩序づけ規則を与える力であり、この本質的な新しい根拠形成の行為(この名前に名誉と内実を与えて君主と言うことになる)によって人間によって新しく作られた地盤の上に人間が立つことになる。底の無い理性という奈落に直面して、人間自らによる根拠形成行為が生じる。近代におけるそのような根拠形成行為は、マキアヴェリにあっては君主であり、デカルトにあっては我思うであり、ホッブズにあっては人間自らに理解できるのは人間自らが作るものだけであるという原則であり、ライプニッツにあっては能動的力であり、ロックにあっては労働である。それはマキアヴェリとデカルトにおいて、すなわち近代の最初に最も明確な形で表象される。

どのようにマキアヴェリは君主に辿りつくのか。ニーチェ流の答えなら、現実の内に理性を見るがよい、さすれば汝人間は君主とならんということになろうか。理性を欠いた現実がそれとして見られねばならない。理性を欠いたこの現実に対して、われわれは一つの新しい理性をもたねばならない。理性に見棄てられ力に委ねられた現実を意のままにできるのは、表象する理性である。理性の原理を引き継ぐとされる、この表象の君主に対して、マキアヴェリは一つの装置を開発した。それは、理性の構造と力の構造とをそれらに共通な働きの内に記述しようとする一つの試みとして評価せねばならない。理性ないしは力をめぐる正方形ということが言えるだろう。というのは、運命（fortuna）、力量（virtù）、必要（necessità）、機会（occasione）これらが互いに入り交じりあるいは一緒になって、君主の行為を導く構造契機として働くからである。

3・1・3　マキアヴェリの力量とプラトンの勇気

力の新しい理性は運命、力量、必要、機会の内にある自らを君主として解釈する。したがってこれら四つはこの新しい理性の徴である。これら四つが協働するところで、人間を取り巻く力の現実の内での理性が作られる。これらの徴のうち力量が、人間に直接現れるものであり、したがってその人の人格における君主を際立たせるものである。そうではあるが力量はつねに他の三つの徴と結合させて見られねばならない。力量の人であっても、彼に運命が委ねられていないなら、この力量を働かすことは決してできないのである。力量を備えた君主としてこの人間は、ある状況において何時そしてどのように行動すべきかを知っている。彼は運命と共に行動すること、ないしは運命に応えることを知っている。この点を不当に重要視しないためにも、このことははっきりさせておかねばならない。というのは、君主の力が最終的に依拠するのは、君主が力の君主であるという点だからである。われわれが四つの構造契機として限定した力の構造全体が集まる、その新しい根拠が君主である。力の君主にとって事態は次のような在り方をしている。つまり、事態は必要、機会、運命として現れ、その後それらの内で力量が共に働くことができるというわけである。

力量（virtù）という名前がすでにそれ自体で言い表しているように、力量は徳と、さらに言うならある特定の徳、すなわち勇気と関連がある。するとマキアヴェリは、友情、知恵、正義、勇気等々といった数多くの政治的徳から一つの徳すなわち勇気を受け継ぎ、彼のやり方で考え直したのであろうか。ある一つの徳のために、あらゆる政治的徳が降級されるだけでなく、除去されるのであろうか。そうであるならば力量とは簒奪であり、肯定的に言うならばそれまでのすべての政治的徳の収斂であろうか。マキアヴェリが徳という言葉をさらに用いながらも、徳という言葉によって若干異なったことを考えていたという点に注目すべきではなかろうか。たしかに力量は徳と呼ばれうるが、全く特定の仕方での力として、すなわち君主の暴力として表象されねばならない。力量（virtù）という言葉には、一方で暴力（vis）が含まれ、他方で男が（vir）が含まれている。

マキアヴェリの場合、力量によって力は表象を獲得し、プラトンの場合、勇気は理性の命名すなわち神話に留まる。このことを示すために、ちょっと勇気についてのプラトンの説を見ておくことにしよう。[31]プラトンは徳と知との連関を示そうとする。勇気といった徳の場合明らかにこれは難問である。知恵、正義、理性においては、ある連関が存在しているように思われる。しかし徳の場合はそうではない。

勇気は政治的元徳である。勇気は戦士や、兵役に服する者の徳である。しかし勇気を必要とするのは、戦争や対決だけではない。生において自己を主張していくためにも勇気は少なからず重要である。それは何故か。結局生はつねに不安定であり、いくつもの脅威が待ち構えている。それもとりわけ時の歩み一般という脅威がつねにわれわれを不確実な未来の内へと立たせるのである。たとえ政治というものが本質的に計画を含むとしても、それどころかとりわけ計画を意味するとしても、個人あるいはポリスの経歴たる生の歩み全体を見通すことはできない。そこでは、生の歩みを聞き分けることのできない理性自体が窮地にあるのである。

もし生を眺めやり、一体どうなるのか、すべてはこれからどうなるのかと自問するならば、私は絶えることのない生の不安を味わうことになる。しかしその生の不安から生の勇気への転換がなされることが大事なのである。戦いの窮地における勇気をもつだけでなく、生の勇気一般をもつときにのみ生は可能となる。このことをプラトンは示そうとする。生の勇気すなわち勇気が必要とされる。このような経験からすれば、勇気は政治上の基本的な徳である。しかしその際理性はどのような役割を果たすのだろうか。

プラトンの考えによれば、われわれが勇気をもつことができるのは、生はわれわれに何一つ手出しできない、たとえばここでは不当な扱いを受けても最後には正義を期待しうるとわれわれが知っているからなのである。来世の生における遅ればせの正義が信じられている。この生における勇気の理性は理性の神話を主張する、したがって生における精確な表象というマキアヴェリが望む点に関しては来世という単なる命名のみを主張するということがここで明らかとなる。プラトンに従うことで、われわれは何が来ようと持ちこたえることができる。それをわれわれは耐え抜くことができる。最小でありながら結局最大の知、すなわち魂の法廷でなされる最終決済における正義についての知を当てにすることになるのである。理性の原理に従って生きる人間にとって、未来は見通しのきく展望の内にはないが、未来に対する希望がつねに与えられている。人間とは理性（Vernunft）を根拠とした聞き分ける（vernehmen）存在であり、過去、現在、未来によって包含され担われ、そしてつねに人間としての行動が向かうべき正しい方向から逸脱することがない、とプラトンは考える。根本の所でこの人間はつねにすべてを勇気をもって行う。なぜならば、生の理念が彼にとっては透けて見えているからである。

今やマキアヴェリはそれに対立する。「それにもかかわらず私は、なるほど運命がわれわれの活動の半分を支配しているにしても、運命もあとの半分か半分近くはわれわれの営みに任せていると考える。(32)」運命とは理性の新しい形態である。上述の力の布置をめぐる正方形においての役割担当が生じる。ここが理性の根拠から人間の力の根拠への決定的な転換点である。そして力の根拠に基づいて人間は自らが新しい表象力の内で支えられているのを見出す。すなわちそれは人間が自分自身から受け取る力であり、その力に注意をすべて集中することで初めて運命に耐えることもできるのである。運命の思いがけなさには思惟が、運命の恣意には人間の意志が、運命の予測しがたさには人間による精確に計画された表象が、運命の狡猾な攻撃には大胆な人間の策略が対する。運命に対応するもの、それが力量である。とすると運命はもはや車の輪の恣意的な浮き沈みではない。近代においては、人間が舵を握る帆によって運命が象徴される。マキアヴェリがはっきり言うように、運命が半分、力量が半分である。単純に運命が優勢であるというわけではない。

運命は気紛れ、すなわち隠されている。彼女は自らを開きもすれば隠しもする。運命は世界の現れである。もし理性が世界における光としてあらゆるものの上に輝きあらゆるものを貫いて輝くのであるなら、運命は半分明るく半分暗い一種の薄明として一方では引き裂かれつつ明るみを与え、他方でわれわれを暗闇へと連れ行く。運命は半分開かれ半分閉じられている。運命は一種の半分にされた理性である。しかしここに、理性の代わりにそれと同格の原理が試されるにあたって近代の思惟に生じる困難がある。運命の下にあって人間の状況はたしかに一層容易にというよりもむしろおそらく一層困難なものとなった。しかしマキアヴェリは断固として力の構造を切り開こうとする。『君主論』の最終章でマキアヴェリはイタリアにおける力の掌握を呼び掛ける。その際、人間にふさわしい行いに移るためにわれわれは一体この世界でなお何を期待すべきかという問いに答えて以下のように言う。「海は分かたれ、雲はあなたに道を示し、水が岩から噴き出し、マンナが降り注いだ。すべてがあなたの偉大さへと一つになった。あとはあなたが活動することだけです。なぜならば、結局神がすべてをなさろうとされないのは、われわれから自由な意志をそしてまさにわれわれにふさわしい栄誉の取り分を取り上げてしまわれないためだからなのである。(33)」「マキアヴェリについての覚え書」でメルロ゠ポンティはこの箇所に言及し、「マキアヴェリのヒューマニズム以上に徹底的なヒューマニズムがあるのか」と問う。(34) 人間が自らの責任分担を引き受ける点にマキアヴェリのヒューマニズムの徹底性がある。力量を備えた者としての人間が世界的課題を自らに引き受けるのである。さらにマキアヴェリの詳しく説くところでは、人間の形成能力たる力量によって人間は形を与えらるべき材料としての運命に挑むことになる。(35) 人間と世界との関係を半分ずつ二つに分けるとしたら、一方には運命と必要と機会とがあり、他方にはただ力量のみがあるということになろう。しかしここでそれぞれ半分を数量で表わすことはできない。むしろ注意すべきは、力の布置関係がいわゆる正方形の内でどのように絡み合っているかであり、人間の重要さを強調することがマキアヴェリにとってどれほど大事なことであるかである。ここに、理性の構造の代わりに今や力の構造を据えるという彼にとっての決定的な点があるのである。マキアヴェリは歴史の内で君主すなわち力の構造を表す人物像として、モーゼ、キユロス、ロムルス、テセウス等々を挙げる。彼らによってマキアヴェリは以下のことを示そうとする。つまり、彼らは「運命には機会以外何も負ってない。そしてその機会も彼らにいわば材料を与えたのであって、その材料を用いて彼らが自分達の思い通りに運命に形を刻印していったのである。そうした機会がなければ、彼らの活力（forza）と力量（virtù）が働く可能性もなかっただろうし、またそうした能力と力量がなかったならその機会は無駄であったであろう。[36]」運命が機会を与え、その機会を力量が仕上げる、すなわちその機会を摑み利用するのである。活力と力量という二重の概念によってマキアヴェリは人間の役割を際立たせる。私の考えでは結局、まさにメルロ＝ポンティが言っていた意味において力の構造を人間から考察することが重要なのである。したがって、運命によって世界のそして神の重要さが表現されているにせよ、運命がその固有の関係を手に入れるのは、力量によって世界の内へと侵入しつつ自らを主張せんとする人間からによってのみなのである。

3・1・4　力量と表象

現実の内に見出さるべき理性というニーチェの言葉をわれわれは思い出す。それは人間が受け入れる現実、そしてその内で人間が世界を表象することができると思うような現実である。現実の内にある理性は、表象の活力を発展させ、表象作用によって純粋な命名作用としての理性を追い越してしまうのである。プラトンの勇気では、最終的に人間は理性が与える命名に頼ろうとすると主張される。そこでは人間がもつのは理性の表象する力ではなく、理性の命名する力のみである。明日にでもまさに降り懸かってくることであれ、生一般についての見通しであれ、表象することに関して人間はなんとすることもできない。そこで生ずるのは理性への跳躍、すなわち此岸での未来すべてをも含んだ此岸での生を越え出て行く理性への跳躍である。それに対してマキアヴェリの力量はその場で明瞭な表象を強要しようとする。プラトンの場合の理性は今ここでは私に何も与えてくれないが、おそらく後になってすべてを与えてくれるのであろう。しかし運命は自分から、人間が摑むことのできる根底的な可能性を人間に与える。古き理性が遠くにのみ光を当てるのに対して、少なくとも運命は薄明が支配するといった程度には近くを明るくするのである。この薄明の内へと私は力量の照明をたよりに歩み入ることができるのである。

遠くへ向けられた緊張は止揚されねばならない。それが最もうまく止揚されるのは、その張り詰められた間隔が単に取り除かれるのではなくて人間自身の内へと取り入れられるときである。人間と世界との間に張り詰められた緊張から、人間の構造それ自体の内での緊張が生まれる。ここでは、ある一つの世界構造が人間自身の内へと移し入れられていると言うこともできよう。したがって、世界を引き受けること、換言すれば理性が示していた遠くを自分自身の内で担い抜くことをも人間はあえてする。そしてこの担い抜くとは表象するということなのである。人間をある一つの彼岸へと指示した命名は、人間によって表象による近くへと強制される。

これを為すのが、命名というすなわち神話という外的事態を人間的事態一般へと構造変換する君主である。たしかに以前の意味での運命はつねにわれわれを凌駕する命名であろうし、したがって外部構造そのものであろう。しかし近代になってわれわれが運命の舵を握ることによって、運命は命名のレベルから表象のレベルへと追い落とされる。数量化することによっては理解しえない二つの半分について語ることでまた、力の構造ないしは表象の構造からの問題への取り組みが示されているのである。古き理性にあっては、神的な面や人間的な面については語られえない。二つの半分などというものがないのである。理性は命名することができ、力は表象することができる。理性は遠くへ突き進み、力は近くへ突き進む。しかしどれほど人間が遠くへ向けて緊張させられていようと、理性は存在から人間をそして人間と人間とを隔てるものではない。したがってその緊張が引き裂かれることもない。全くその反対で、理性とは一致の出来事である。それゆえ、実にホモノイアすなわち理性の一致という名称があるくらいである。それとは逆に、力は一体化をではなく裂目を生じさせる。それもまさに近くで、そして近づくことにおいてである。もし私がコギト（cogito）を確信するならば、たしかに私は人間を結合させる一つの根本契機を見出したのである。しかしその根本契機も発端において私が考えるということを前提にしている、したがって共通に行われる思惟さえも結局そのつどの私から生じるということを前提にしているのである。根拠となるのは私であって理性ではない。すなわち個別化はありえても統一はなされない。この問題に直面してマキアヴェリは、運命と力量と必要と機会とを構造化することでその解決をはかる。運命はもはや優位を占めていない。それは人間自身の手中に陥り、したがってある一つの力へと逆転させられる。要求から供給が生じる。運命が表象される。人間が近づく術を手に入れる。まさに力量の人とは、運命を表象しうるための表象力を今やもともと持って生まれてくるのである。運命は力量とともに表象に協力するようになる。こうして最も遠くが最も近くへと来る。外部構造としての運命は人間的内部構造としての力量と堅く結ばれる。運命によって今や人間はいつでも勝利を収めることができる。勝ち試合あるいは負け試合といった浮き沈みなどない。原理的に人間は自分に都合の好い運命に対する潜在力をもっているのである。

　そしてこれら以外の布置関係がここには含まれている。すなわち、この新しい人間の力構造ないし表象構造をマキアヴェリが言い換える際、さらに必要と機会とが用いられる。ヘーゲル、マルクスにおいて凱歌を奏するに至る、必然性への洞察という近代になって形成される哲学的な言い回しがここに始まるのである。力を前にして運命は直接的な接近を勧め、力量は確証を求める。マキアヴェリによって、人間が本質的に置かれている必要ということが言われる。この必要ということからマキアヴェリは、力の恐怖には恐怖政治を、悪には悪業を、世界における犯罪には君主の犯罪を対応させねばならないと考えることになる。これは力の必然性への洞察である。ここに人間の置かれた比類なき状況がほの見える。つまりそこにおいて人間は力と関り合おうとし、力のみによって持ちこたえようとし、状況から強いられて力の固有な理性という必然性の説を自らに与えようとするのである。

古き理性やその遠くからの命名という力にあっては、必然性への洞察ということを言った所で無意味であろう。というのは、その場合人間は、哲学者として理性の地平から応答しようとするからである。そこでは力は理性に対決させられる。力に直面して君主は力それ自体のもとに留まる。そのようにしてのみ君主の悪に対する応答や犯罪等々に対する応答が理解できるのである。犯罪という所与から、すなわち人間の極度の危機と危急から君主はそれに対応した応答を引き出す。その応答の本質は必然性である。つまりそれは、犯罪という力に直面したとき、犯罪それ自体に持ちこたえることができるような様々な人間の行為の可能性を表象することである。必要とは力の固有な理性である。必然性の経験とは、避けることのできない決断の経験であり、今ここで直ちに処置せざるをえないという経験である。運命と力量とがその相手の半分へと互いに開かれ耳を傾け合うという協力に君主の理性の本質があるが、それと全く同様に必然性の経験とは君主の理性の本質なのである。状況の危急性と避け難い必然性とを目前にはっきりと見ているのが表象の理性である。この理性は、古き理性のように遠くへはもちろん何事をも先送りせず、今ここで状況をはっきりと表象しながら実行に移るのである。

緊急事態として表象された状態に世界の内で人間が置かれているという見解と必要ということが連関している。永続的なあるいは少なくとも永続的に人間を脅かす危機と危急の内にあるというのが人間の通常の現実である。こういう考えをおそらく歴史的に最初に主張し、さらにいずれにせよ事柄においてその典型となるのがマキアヴェリでありホッブズである。人間を結びつけることをせず切り離し引き裂く、そういった力の現実的状況が明らかになる。一方で力はわれわれを一致団結させはしないが、しかし他方でまさに危機ということそれ自体から一致団結をもたらす場合もある。自らの危機を表象する力には、危機に持ちこたえる力さえもがあるのである。支えを欠いた不安定さに力は支えを与える。そして人間の置かれた力の状況という危機に対する本質的な支えが国家である。その語がすでに十分に表しているように、状態（Status）とは支え、安定させる力である。このような力の理性は意味からして国家理性 ragione di stato と呼ばれる。国家理性というこの説[37]は、たとえこの言葉がまだ無いにせよマキアヴェリから始まり、ヘーゲルの理性国家にまで至るのである。君主というのは、この種の力の理性をもち、力それ自体から理性を受け取り、国家理性つまり国家を建設するための力の委託を引き受けることができる人である。力に立ち向かう人は、力を破砕してしまうこともできれば、力から人間の状況に対する運命を知ることもできる。意識的に力を掌握する者として彼は、運命から好都合な状況を闘い取る力量を持って生まれている。そしてこの好都合な状況というのも力量によって運命から譲り渡されるのである。運命と力量とが最終的に機会という形を取る。機会は君主に向かって、今ここが政治活動にとって適切な時機であり、適切な手段であると語るが、しかしそれは必然性の真っ只中でのみ現れる自由なものであり続けるのである。

近代の国家論（国家理性）は、必然性の説として始まり自由の説として終わる。結局ヘーゲルはこのように考えようとして、力による国家を理性による国家へと考え直すことを目指す。この点については最終章で扱うことにしたい。しかしここで次のことはすでに確認されよう。つまり近代における自由の理解は、自由と力との、すなわちまた自由と必然性との持続的な連関において考察されねばならないのである。すでにマキアヴェリ以来明らかであるが、力が必要と機会として表象されるところで君主が可能と見なす人間の自由とは、必然性の内へと身を置き、その必然性から人間の可能性を聞き取る自由のみである。自由とは、最後には開かれたものへと通じているような理性の自由ではない。自由は人間を力それ自体の内へのみ受け入れねばならないし受け入れることができるのである。

近代における自律という自由概念の中心は人間の自己措定である。その際われわれは二つの経過を区別できる。

(1) 人間の状況はその核心において必然性として経験される。近代の内戦や宗教戦争による混乱の内でたとえば政治的な力に支配され、激情が優位を占めるという人間学的に新しい根本経験へと引き渡され引き裂かれるとき、そのつど問題になるのが他によって規定されること、他律である。こういった様々な他律の経験が先鋭化し、その結果自己規定を最高の必然性として経験することになる。他によって規定されることからまさに自己規定が生ずるのである。

(2) 自律とは経験された他によって規定されることに対する逆襲であるが、しかし他方でそれなりにある一つの自由な、すなわち私のそのつどの自己強制なのである。外から予め措定された必然性の代わりに、私によって自由に選ばれ規定された必然性が今や措定される。マキアヴェリの政治的基本カテゴリーについて以下のことは確認されよう。つまり、そのカテゴリーにあっては力が人間に対抗するとは、事物や政治的布置関係や事情が優位を占めているという意味においてではなく、したがって要するに全く異他的で手に負えないといった外部構造という意味においてではないのである。その反対で、必要とは政治的状況とその内にある人間との間に張られた緊張構造なのである。君主はまさに、ある政治状況が必然性として彼に現れるという経験をする。しかしそれは政治状況が外から人間にやって来るからという理由につきるものではない。むしろそれは人間が、人間にとっての力の現実性たる力量と力の可能性を開く運命とによって、人間の現実性と政治的可能性とを必然性へとしっかりと結合させるからである。そこでマキアヴェリにあっては、必要というものが力の構造をしっかりとまとめている政治的に固有な基本概念であると言えよう[38]。

運命の可能性と力量の現実性とが結びついて、君主によって自己規定の自由すなわち行為の自律の自由として解釈される必要となる。君主が自らの行為を正当化するのは、つねに、必然的行為が問題となっているということによってである。君主はゆるぎない確信をもち、政治状況の必然性の決定に完全に自ら参加しようという絶対的な意志をもっている。

要旨をまとめてみよう。理性を現実の内に見るとは、理性を人間の内に、力の内に見るべきであるということである。後にカントによって初めて人間理性の強調と呼ばれた理性批判なるものはマキアヴェリから始まる。これは神的理性とその理性の力からの離反である。力の理性に対するマキアヴェリの基本概念において二つの特徴を確認することができる。

(1) それらの基本概念によって人間の役割が強調される。理性の位置が基本概念によって人間自身にこそして人間自身の内に定められる。

(2) マキアヴェリの基本諸概念の内にはある格差が存在し、それによって人間の力の理性が確立されるその度合が場合によって異なるのである。基本概念によって指示されるのは人間の行動の仕方である。そしてこれが力に携わる際の人間の行いというものであり、それによって人間は力を意のままにする者として現れるのである。力量とは一定の行いである。つまりそれは、努力、対決であり、全力を傾けることを要求する。力量とは総体としての力それ自体である。運命のもとで人間は舵を握ろうとする。必要において人間は自律を通して自分自身を必然性を措定する人間として貫徹させようとする。しかし、どのような運命が、運命から好都合な偶然が生ずるという意味で革命を起こすか、そしてどのように必要が、必要から自己規定が生ずるという意味で革命を起こすかは、とりわけ力量に依存しているように思われる。

3・2 ライプニッツ

3・2・1 能動的力

「第一哲学の改善と実体概念」というタイトルからしてすでに人の注意を引くものである。この短いテクストにおいてわれわれが扱うのはわずかに冒頭の部分にすぎない。しかしわれわれの考えでは、そのわずかばかりの行に問題全体が輝いているのである。ライプニッツは形而上学の基本概念としての実体を新しく把握し直すことによって第一哲学を改善しようとする。これまでずっと「真なる実り豊かな概念が全く隠されてきた。したがって、第一哲学という名前で現れ、アリストテレスによって切望される哲学あるいは求められる哲学と呼ばれた最も重要な学は、今までずっと求められる哲学に留まり続けてきたとしても驚くに足らないのである。」(39)ライプニッツが実体概念によって遂行することが、近代においてあらゆる所でなされる人間の行動にとってのモデルとなるように思われる。それは理性に対する新しい態度である。つまり理性は、それによって人間がとりわけ自己を与えることが出来るようになる一つの天賦の才として受け取られているのである。すべてのものを人間に可能であり人間にとって実りをもたらすものとして把握すること、これが重要となる。すでにライプニッツにおいて、後にヘーゲルが概念の努力と呼んだことの多くが跡づけられる。今や自由とは概念であるという意味で(40)概念の自由についても語るヘーゲルの裏づけとなるものの多くは、すでにライプニッツに見られるのである。

ライプニッツによると彼のやり方からは人間の学一般に対して大きな効用が生じるが、それを示すためにライプニッツは「予感」を与えようとする。「その予感を与えるために第一に私は、力（Kraft）という概念すなわち（ドイツ人が Kraft、フランス人が la force と呼ぶ）潜勢的なものという概念によって、実体という真なる概念の認識のためにきわめて多くの光がもたらされるとだけ言おう。すなわち能動的力（vis activa）が、普通スコラ哲学において扱われる単なる潜勢力（potentia nuda、裸の可能態）と区別されているのである。というのはスコラ学者の能動的可能態［潜勢力］とか能力とかは、作用の直接的に目前に迫った可能性にほかならず、その可能性が実際に為されるためには外的刺激いわば拍車の刺輪を必要とするからである。しかし能動的力は一定の活動性すなわちエンテレケイアを含み、作用の能力と作用それ自体との中間的なものである。つまり能動的力は作用への傾動（conatum）を含み、かくして自己自らによっていかなる助けをも必要とせず、妨害するものが排除されさえすれば活動へともたらされるのである。[41]」

われわれがここで手にしているのは、近代における傑出したテクストである。つまりそれは、テクストの密度が高いという形式においてだけでなく、その内容においても言えるのである。なぜならこのテクストは、マキアヴェリの「君主」[42]以来課題とされ、最終的にはヘーゲルが真理を実体の内によりもむしろ主体の内に見ることが肝要であると定式化しようとした問題を、おそらく最もよく描出しているからなのである。

ライプニッツは能動的力をこれまでの哲学における実体問題に対する解決と考える。アリストテレスによって創始されついでとりわけ中世のスコラ哲学によって仕上げられた古くからの可能態‐説によって古典的実体概念が与えられてきた。今や第一にその古典的概念から際立たせることによって、ライプニッツは新しい実体概念としての能動的力を徹頭徹尾強調しようとする。ライプニッツは、スコラ哲学そしてそのいわゆる単なる潜勢力（裸の可能態）を名指し、それから今や能動的力を厳密に際立たせねばならないとする。このテクストにあってライプニッツは裸の可能態説についての知識を前提としている。そこでちょっと時間を割いてこの説の概略を紹介することが必要となる。

3・2・2　古典的可能態－説

裸の可能態が実体に対して決定的な役割を果たしているという、実体存在論の特性がはっきり出ている一例をまずもって挙げることができよう。それは実在性（Realität）と現実性（Aktualität）との区別である。以前からこの区別はなされていたが、今日両語が同義的に使用されている限りではそうこうするうちに忘れられあるいは曖昧なものとなった。しかし哲学の歴史からいうと、言葉遣いの上でのこの区別が少なくともカントまでは厳密に守られていた。したがって実在性も現実性も一義的な意味をもち、ここでは精確な概念が見られる。たとえば、あらゆるもの（res）には、そのつどの現実性に関してほとんど無限ともいえる実在性がある。私は鉛筆を手にして書く。このことを私は現実性の契機と呼ぶことができる。そしてその際、私が人間の実在性のこの現実性をどこまで広げようとするかは二次的なことである。その実在性をわれわれは、例えば書いている人とか鉛筆を持ちそれで書いている人等々といった現実性へと先鋭化することができる。簡単に言うなら、書いている一人の人である。これが現実性である。それに比してこの人は全く別の実在性をもち、そこから彼はそのつどの何かを現実化することができるのである。またこの問題の核心により迫って言うなら、現実性とはある有限な状態とされる。つまりものの根本において多様でおそらく無限でさえある実在性、それの目下現れている有限な可能性（可能態）である。こうして実在性と現実性という点に、人間はその実体において有限かつ無限な存在であるという問題が模範的に現れているのである。この例から今やわれわれは、実在性に含まれる無限の可能性への言及にまさに現れているように、実体存在論の構造へと立ち戻ることができる。

古典的実体存在論の語るところでは、可能態の展開は、形而上学的すなわち対象的可能態、次に自然学的すなわち基体的可能態、最後に裸のすなわち受動的可能態という実体の高低差の内でなされる。その際つねにわれわれは、自らの実体の可能態に従ってこの高低差の内に留まる人間を考えることができる。ライプニッツが思い出させるのは裸の可能態だけであって、彼は受動性をさらに記述しその特徴を挙げることとすらしないのである。おそらくここに、ライプニッツによる実体構造の主体への、すなわち彼の言葉で言うなら受動的力から能動的力への転換の核もまたあると思われる。今やわれわれは、実体についての古来の説、すなわち存在の解釈がそれぞれの現実性からどれほど遠くまで出て行っているのかを測定することができる。実体存在論は本来、超越されるということを説く。存在論すなわち存在の解釈・思惟において、実体が概念の内で即座に取って来られるわけではない。ライプニッツにあって、さらにヘーゲルに至るまでしだいに強く概念について語られるのは偶然のことではない。実体の広がりが形而上学的可能態にまで越え出て現れ、存在するものの存在が結局形而上学的可能態となり、この存在が存在するものすべてに対する根拠［基底］を与える。このとき存在論において存在の広がり、すなわち存在の起源は、思惟が存在の内へと超越するという形ではっきりと姿を現すのである。この起源が可能態である。実体は存在の広がりを命名し、主体はその広がりを収斂させ、収縮する。しかしその収縮なるものは、例えて言えば、まさに人間の内でそして最終的には各現実性の内であらゆる実在性を集約するのである。

しかし、ライプニッツがこの短章で正確には何を詳述しているのかをさらに考えていくに先立って、対象的可能態から裸の可能態へという構造の高低差について若干の解釈を加えておこう。古来の理論では、形而上学的可能態と自然学的可能態との間ないしは対象的可能態と基体的可能態との間に第一の区別がなされる。なぜ対象的可能態が形而上学的可能態と呼ばれるのであろうか。古典的存在論では、(また例を用いて言うならば)各人がある(無限の)能為‐可能性(Könnens-Möglichkeit)の内にあるということが前提されている。つまり各人は実体からして原理的にある能為へと開かれており、その能力によって各人は存在がもつ、他を圧倒し、巨大で、普遍的な、すべてをつねに包括する可能性の内に存続しているのである。この存続が実体である。これはまたエッセンティア、本質とも呼ばれる。そしてこの形而上学的能為‐可能性から、一定の個々の可能性を普遍的可能性から取り出す自然学的能為‐可能性が生じる。形而上学的存在‐能為から自然学的存在‐能為への移行が生じる。

実体が個々の可能性をさらに自然学的に形成するのであるから、実体はまた基体的可能態と呼ばれる。このことを主観という近代的概念と取り違えてはいけない。特にヘーゲルが、そして今日ではハイデガーが注意を促しているように(43)、概念上の区別が厳密に守られねばならない。基体的可能態とは、たとえば人間といったような個別的存在の基底に能為があるということである。基体[下に置かれたもの](Subjektum)すなわち基底にあるものである。それぞれに固有の主体性あるいは個別性という意味での人間の主観的可能性のことではない。また近代においてヘーゲルを頂点として完成することであるが、人間が存在するために自らに自らの存在それ自体を与える、あるいは自らを存在させるということでもない。近代の主観が意味する、下に置く(subicere)という意味でのこの主観が今問題になっているのでは決してない。しかしこのことがライプニッツにあっては重要なのである。この下に置くということを彼は能動的力という実体概念によって捉えるのである。

存在－能為が存在から、存在の可能(posse)から、そして存在と呼ばれる純粋な可能態一般から贈られる。そのつどのこの接近が古来の実体的存在論では、一方では形而上学的可能態と自然学的可能態というレベルで、他方では対象的可能態と基体的可能態というレベルで区別される。基体的可能態に比して対象的可能態が意味するのは、自然学的に可視で有体的にそこに在るという能為が不可視のさらに広い地平に基づくということである。すなわち、具体的に存在するものの基底にある能為(可能態の基体あるいは基体的可能態)が、実体の外的状況すなわち実体の可能性に開かれたさらに広い領野といった外から前もって与えられているものに基づいているのである。このことが対象的可能態ということである。したがって対象的とは、近代において主観がある客観に向かい合うという意味でのものではない。つまり、経験(主観と呼ぶことができよう)の可能性の制約が同時に経験の諸対象(客観と呼ぶことができよう)の可能性の制約であるという、認識における主観性の役割をカントが考えているときの客観的という意味ではない。古来の意味での基体、基体的可能態とは、存在するものに個別的に基底としてあるもののことである。それに対して対象的可能態、対象とは、人間の内に基底としてあるものすなわち基体が、さらに基体を越えたより広い基底ないしは外から与えられたより広い基底領野と結びついているということである。対象的普遍的形而上学的可能性がそのつどの個々の基体的自然学的となった可能性の内へと現われるのである。形而上学的可能性が本質性であるならば、そうなると基体的可能性は実在性と考えることができる。たとえばそれは、人間におけるその可能性についてすでに述べたごとくである。存在の無限の重量に比して実在性は小さい。しかしそれでも実在性自体がまた相対的に大きな広がりをもっているのである。

そしてここで、実在性における裸のすなわち受動的可能態をめぐる次の区別が問題となる。自然学的可能態として人間は多様な単なる可能性、裸の可能態をもつ。そしてライプニッツが対決するのはここである。われわれは人間として視力という裸の可能態をもつ。われわれの目にはわれわれの見るという可能性がある。人間は具体的に人間の目をもつのであって、鷲の目や蠅の目をもつのではない。さてまさにこれこそ形而上学的可能態と自然学的可能態とのあるいは対象的可能態と基体的可能態との差である。可能態-説はさらに進む。私は可能性を休止させたり投入したりしうるある与えられた可能性をもつ。自らの内に休息する純粋な可能性とは、まさにこの裸のすなわち受動的な可能性である。われわれは見るという生まれながらの純粋な可能性をもっている。しかしわれわれが目を開けるということはさしあたりこの可能性に属しているわけではない。もちろんここで、可能性を確証し検査するためにつねに現実化が加わるのかと問うことはできる。しかし、この問いは間違っている。この裸の可能態は自らの内に休息しながらも現実性全体を表しているということが確認されねばならない。そしてここでもまた可能性についての説がつねに現実性の図式と一緒に働いてきたのである。（見るという）純粋な可能性は現実態（actus）という意味で一つの現実性であるが、活動（actio）ではない。それは何故か。現実態から活動の内で形を与えられた現実性が生まれる。そこで活動は働き（operatio）という意味での形相（forma）である。存在論に基づいてこの段階的差異において以下のことが明確となるはずである。つまり、目は完全にそこに現実的にあるのであり、目の完全な形相ということで主張されているのは、たとえわれわれが目によって何を見ることがなくともそれはまさに目であるという点なのである。このことが可能性それ自体の第一の純粋な現実性である。次にこの現実性から初めて可能性が投入される。そしてこれによって可能性の現実性から能力の現実性が生じる。可能性は自らの内に休息することもあれば、能力の内へと踏み入ることもあるのである。

3・2・3　エンテレケイア？

ライプニッツのテクストに戻って、能動的力をスコラの能動的可能態［潜勢力］から際立たせることが今や可能となる。能動的可能態とは活動の可能性（possibilitas agendi）に対する能力である。可能態から表象された活動の可能性にとっては、それが現実に活動させられるためにはつねに外からの刺激を必要とする。ライプニッツが第一に指摘しようとするのは、実体は最初から能動的力を蔵しているがゆえに自分から活動の全可能性を展開させることができ、このようなそのつどの実体に活動のための全活力が基づいているということである。「しかし物質の中に存する運動の究極的根拠は、創造の際そこに刻み込まれた力であり、それはどの物体にも内在する。(44)」とライプニッツは言う。

したがってまず最初に次のことが確認される。ライプニッツは可能性と現実性とを内と外との分離という連関で考えていたのではない。むしろ可能性の現実化への傾向が可能性それ自身の素質としてあるのである。外からの刺激が実体を動かすのではない。実体がそれ自身で動くのである。ところが次にこの自己運動が概念へともたらされる。ライプニッツは能動的力をエンテレケイアと呼び、そうすることで全く意識的にアリストテレスに、そして彼の根本諸概念に依存するのである。エンテレケイアとは文字通り自らの内に目的をもつことである。したがって実体の能動的力は目的を外部構造にもたないといえよう。能動的力たるこのエンテレケイアを彼はまた原始的力（forces primitives, vis primitiva）と記述し、そうすることでこの力の特性をなお一層強調する。

このことをライプニッツは次の論文「新説」においてとりわけはっきりと前面に押し出しているが、この題名も偶然のものではない。「アリストテレスは実体的形相を第一エンテレケイアと呼んでいるが、私はそれよりも理解し易いつもりで原始的な力と呼ぶことにする。これは現実性すなわち可能性の充実を含むだけでなく、なお根源的な活動性をも含んでいる。[45]」可能性‐現実性‐関係は、一方を可能性、他方を現実性とする両極から可能態へと単純に取り戻されるわけではない。原始的力は完全に先取りされた現実性そのものというだけではない、つまり自分の内に完全な可能性を含んでいるというだけではない。重要なのは、原始的力が根源的な活動性であるという点である。ライプニッツはこれまでの可能性と現実性との連関をめぐる思惟を乗り越える。ここで彼は形而上学のこれまでのエンテレケイア図式全体を破壊しているとわれわれは主張し、思惟がエンテレケイアとしての存在（アリストテレス）からエンテレケイアなしの存在（ニーチェ）へと転換する決定的な点にライプニッツが立っていると考える。

　ライプニッツがアリストテレスを引き合いにだそうとするのは、自らをアリストテレスからきちんと際立たせるためである。このような狙いをもったライプニッツの文章において、近代的思惟の発展が明瞭となるのである。現実態と可能態とが単純に一緒にされるわけではない。それらをめぐる革命ともいえることがなされた。つまり、今や実体に関しては、外からの刺激とか、内からの活動可能性というすでに完全に設えられた活動性とかが、問題とされない。実体は原本的原始的したがって根源的な能動性である。根源的で能動的である限り、この能動性はつねにその能動性の絶え間ない流れと動きの内に在り続ける。したがって、この能動性が終息し完成するということはありえない。以下のごとくわれわれは主張する。ライプニッツはすべてのエンテレケイア的存在を越えて根源的能動的存在へと飛躍する。しかし存在概念ないしは実体概念に固執するが故に、ライプニッツはエンテレケイア概念に固執するのである。

　事実ライプニッツは小論文「第一哲学の改善」において能動的力を、「作用の能力と作用それ自体との[46]」中間態、媒介としてのエンテレケイアと呼んでいる。第一に、可能性‐現実性‐図式が三項図式へと考えが進められていると言えよう。すなわち、可能性、可能性と現実性（＝能動的力）との間の新たな中間的なもの、そして活動（actio）それ自体である。古典的な言い方をすれば、能力（facultas）と能動的力と活動であり、あるいは受動的可能態（potentia passiva）と能動的力と能動的可能態（potentia activa）である。しかし、この組み合わせによって事柄の上での混乱が生ずる。能力も可能態も実際それ自体で一つの現実性である。つまり、活動しておらず、実現へともたらされることをなお必要とするような現実態である。たとえば目はそれ自体で現実態でありながら、見るということで活動に入るのである。一方に可能性そして他方に可能性の実現というこの二面性から完全に抜け出るために、ライプニッツはこれら二つを中間において引き合わせようとする。こうして、媒介として働き、まさに能動的力として全く新しい仕方で結合を行う中間態について語られるのである。しかし上で引用したこの条に含まれる困難さは、すぐ次に続く条で解決される。そこでは以下のように言われている。能動的力は（作用それ自体への）傾動を含み、かくして自己自らによって活動へともたらされるのである、と。能動的力とは傾動である。このように理解することで、すでにエンテレケイア的な把握は粉砕されることになる。

これまでの考察から次のように要約できよう。

(1) 能動的力とは原始的力である。すなわち、根源において与えられ、それ以後自己実現によって現実性を獲得する力である。原始的力によって存在は、目標たる他の一切のものに先んじて自己自身を構成することから出発し、しまいには自己構成にまで至るのである。

(2) このことと結局は連関しているのだが、それぞれの現実性はすでに可能性そのものである。換言するならば、現実性と実在性との違いはなくなるのである。

3・2・4 可能態から力へ

たとえライプニッツが相変わらずエンテレケイアというイメージを使用するにしても、結局彼の実体解釈によってそれまでの存在論すべてが打ち捨てられ、ないしは考え直されることになる。可能態というような形而上学的な基本概念がもはや用いられないのにもそれなりの理由がある。そのような概念ではもはや問題に沿わないのである。

さらにアリストテレスの神についての説と比較することができよう。今や各実体が、したがって人間もまた、なんらかの仕方でかの不動の動者（動かないで動かす者）にとって代わることになる。ただしここでは、各実体が、したがって人間もまた、動かされて動かす者であるという条件付きでのことだが。動かされて動かす者として、各実体が、したがって人間もまた、自己運動である。創造された創造者として、それらは自己創造である。

外部構造としての目標が今やたとえば人間という実体の内部構造となるということが、ライプニッツの新しい存在論にとってははっきりと確認されているといえよう。相変わらずエンテレケイアということが語られはする。しかし、根本のところで問題となるのは、人間が自らの内にもつ目標においてエンテレケイアについて語ることで十分なのかどうかということである。というのは、ライプニッツのような実体理解を基に人間は自律というような自己運動を始めるからである。今や、実現とは自己実現であり、規定とは自己規定であり、自らの内に目標をもつとは自己を目標として措定することである。もつということは、ほとんど所有として理解することができる。具体的に言うなら、人間は根源の力、運動の力、措定の力をもつ。それ以前の存在論に対して可能態はそれ自身、現実性そのものという最高の位を要求するが、その可能態の無限の特典は能動的力として各実体の内へと取り入れられる。それはまた人間においても同様である。すなわち、人間は能動的力という自分の新しい現実性に、まさに次のような能動性があると考えるのである。それは、自らのもとに全可能性を完全に持ち合わせ、それらを自らのもとで生み出し、そうすることで根源的な実体の活力をここに現実的にもつような能動性である。力量を具えた君主とか、思惟を基礎づけ思惟に付随するコギトとかが示しているのは、可能性と現実性という存在の両極が単に包括されるのではなくて、むしろその緊張が除去されることなく止揚される革命である。自然学的可能態は形而上学的可能態に背負わせられる。人間の自己実現の各行為は自らの内に可能性を集結させる。これまでの古い理性という意味での形而上学的可能態から輝き出、すべてを輝き透すものが、今やそれぞれ自身の内で灼熱して光を発するのである。フランス革命を見てヘーゲルは、ひとつの太陽が昇ったと言う[47]。理性の光はそれぞれの実体から輝き出す。このようにしてのみ、そこに居合わせるそれぞれが実体なのである。マキアヴェリの君主とニーチェの超人とは、その新しい存在論の基本構造を必要以上にはっきりと指し示すものにすぎない。近代の人間であり、近代の歴史過程の内にある限り、すべての人にその基本構造があてはまる。したがって、結局誰ひとりとして近代の人間であることを免れえないのである。

可能態か力か、あるいは可能か意欲か。これが存在論の革命において問題となる点である。二者択一が重要なのではない。能為は意欲へと構造変換されねばならないし、可能性は現実性に依らねばならない。そもそも可能性が実現されるためには、たとえば生において人間によって実現されるためには、その基礎に人間の内にすでにつねに存在し働いている現実性がなければならない。外部構造は全然問題とならない。形而上学的可能性は含蓄されている。いやそれどころか、受肉されているとさえ主張できよう。そこで、超越関係を意味し、外部へと引き寄せられている信仰は、今やなんらかの仕方で内部から克服されうるのである。信仰は意識され、願望は企てられ、希望は待ち望まれうる。それは能為の存在論から意欲の存在論への構造変換の問題である。近代においては死後の生の可能性が希望されているのではない。たしかに

このことも また希望されているのかもしれない。しかし第一に重要なのは、生そのものの内で生の現実性を完全に維持し、保持し、増すことである。ここではデカルトと近代哲学に対する彼の展望に言及するだけにしておこう。つまり、デカルトの考えによると、哲学のあらゆる分野を完全に改造し、最後には医学と実践哲学一般によって生を維持するというのが近代哲学の歩むべき道なのである(48)。単に生の内で希望がもたれるだけでなく、それ以上に生に対して期待されている。生が実体においてしっかりと約束しているもの、すなわち完全な生動性を手にすることが期待されているのである。ライプニッツの言葉を用いるならば、能動的力としての生はその能動性と根源をもつことによって、生それ自体を所有することができる。古い存在論にあっては、一切のものが、したがって人間もまた、可能性と現実性との緊張の内に保たれていたが、この緊張が単に取り除かれるのではない。むしろ全体が目指されている。瞬間瞬間の現実性の内へと可能性全体が押し込められ、止揚される。こうして現実性におけるそれぞれの歩みは極度に緊張したものとなる。なぜならばその歩みは、一方でそのつど完全な現実性をもたらしながら、他方で今や現実性の内に与えられた全可能性の爆発力がその歩みの内でそのつど共に働いていることによって震撼させられているからである。

このことは新しい生においても見出される。その内に立ち止まったり、滞在したりできるような現実化の停止状態などない。現実化の過程は引き攫《さら》う。各状態が同時に運動である。このような新しい存在の理解と生の理解にあっては、人工的な支点が国家の内に包括的に求められるのも偶然のことではない。人間の歴史において初めて国家が形成されることになる。それまでは国家や国家論が論じられることは決してありえなかった。新しい存在論が国家論をもたらす、あるいは必然的に伴う。あらゆる支点が取り除かれ、すなわち外部構造からの重大な外部支点が取り除かれるならば、新しい外部支点が求められる。しかし、近代の政治学および哲学がもたらされるのも、根本においては人間の自己実現からのみ生じる構造によってである。こうして政治学は国家論へと発展し、哲学は体系学へと発展する。政治学において国家にあたるのが、哲学においては体系である。事柄の核心においては、なんら区別する必要はいささかもない。国家論は体系学としてのみ可能であるということは、もともと最初から明らかなはずであり、実際ホッブズのような思想家はこのことをはっきりと認識していたのである。

古い体系学に由来しながらも、変更が加えられたわれわれの体系学とは、次のような問題への見通しをさしあたり与えるものである。その問題とは、われわれの体系学においては、自己実現一般の爆発力によってまず第一に傾動がそれ自身を稼働させねばならないということである。可能性が溢れ出て現実性の内へと侵入するところで、傾動は自分自身に圧力を加えるように見える。能動的力の傾動が働きうるのは、それが流動的にバランスを保つときに限られるのである。これらの概念を私が意識的に導入するのは、それらが体系学の基本概念であるからである。私の考えでは、体系学においてこれらの概念がすでに可能であるのも、全くライプニッツの能動的力という思惟によってなのである。ライプニッツがすでに決定的なことはすべて先取りしてしまった、などと言うつもりはさらさらない。そのように歴史的に遡って先取りすることは全然問題ではない。しかし、体系と国家の問題に取り組んだ二人の思想家がライプニッツとホッブズなのである。国家論と体系学の基礎を置いたのは彼らである。まさに哲学者ホッブズにあっては、体系学を欠いた国家論は不可能なのである。[49] ホッブズを存在論的に扱うことで彼の格上げを意図しているのでもなければ、ライプニッツの存在論を政治的に扱うことを意図しているのでもない。われわれの主張は、まさにライプニッツがホッブズ同様政治哲学者であるということである。[50] それも、ライプニッツ自身自覚的な政治論文においてだけでなく、むしろまさに彼の論理学や数学の論文においてそうなのである。

ライプニッツについて以下のように要約できよう。政治哲学が問題となるというのは、世界の内に留まりながら全存在が現われ出、現実性の全活力が破り出、人間の自己実現がなされるからである。存在するものは今ここにあり、各々が全体でありうる。個は一つの全体である。このことは、政治的にもまた使用しうるような一つの存在論ではない。この存在論それ自体が、正しく理解されるならば、一つの政治学なのである。

3・3 ヘーゲル

3・3・1 理性と自由

「理性と自由、これがわれわれの合い言葉であり続ける」と、フランス革命を目の当たりにしてヘーゲルは一七九五年シェリングに呼び掛けている。(51) しかし、後に「歴史哲学講義」においてヘーゲルが述べているように、(52) 自由の「燦然たる日の出」が実現するためには、理性の没落という代価が支払われねばならないようである。理性なき自由はテロルとなる。こうヘーゲルは『精神現象学』の「絶対的自由と恐怖」の節で批判している。(53)

歴史とは「自由の意識の進歩」である。(54) その重要な道程として古代ギリシア哲学とポリスが、キリスト教とりわけ宗教改革が、そして最後にフランス革命があるのである。歴史は自由に関わる。逆から言えば、自由の歩みが全歴史を形成するのであり、歴史そのものである。この過程をヘーゲルは、哲学および政治学に関して、すなわち哲学史と歴史哲学において記述している。しかしこの合い言葉をヘーゲルは、哲学と政治学に対してだけでなく、哲学的思索それ自身に対しても明示するのである。彼の『精神現象学』においては、まさに理性と自由との現象が精神から哲学的に解明されている。理性と自由は自己意識において具体化する。精神の現象学の結果が哲学的思索という出来事であり、一つの歴史をもつ理性すなわち歴史における理性という出来事である。

この歴史の歩みは哲学においても政治においても見られる。ヘーゲルの見るところ、この歴史によって、最初はまだ裂目をもち隔てられているが、つまり自由が理性の内に隠されているが、しだいしだいに統一されていくことで一つの統一が形成されるのである。最後には、すなわちヘーゲルの時代には、哲学と政治学それ自体において見られるように、いかなる区別ももはや存在しない。両者は混じり合い、政治学は哲学的となり、哲学は政治的となる。このような点から、精神現象学の結果が実際のところ国家であるというヘーゲルの命題は理解されねばならない(55)。「両側面の運動が相会するこの最後の点」すなわち理性と自由が、「人倫的世界であり、国家である。そこでは、精神の自由が……。同様に、ここでは意識もまた完成せられ、各人は国家というこの世界において自己を仕上げられたものとして見出し、この世界において各自の自由を得る。意識すなわち対自存在と実体的本質とは一致したのである(56)。」

3・3・2 主体性(主観性)

ヘーゲルの作品を概観すると、同一の問題をめぐってそのつど明瞭に表現しようと試みられた三つの歩みが見出される。それは、「理性と自由」、「主体性の原理」、「具体的自由」である。精神の現象学によって、「真なるものを実体としてだけではなく、主体としても把握し表現する」ことがもたらされる(57)。「意識は精神の概念としての自己意識において初めて転換点に立ち、ここで感覚的此岸の色とりどりの仮象から、また超感覚的彼岸の空虚な夜から、現在という精神の昼の内に歩み入るのである(58)。」哲学的に思索することで、思惟はこの転換点に辿り着く。すでに哲学が始まるときにそうであった。つまり、ソクラテスの

「精神の大転換点はそれ自身の内に」あるのである。[59] 精神の転換は精神自身の内に、精神の「より根底にある原理」[60] すなわち主体性の原理にある。

理性はアナクサゴラスによって初めて何よりもまずアルケーとして考えられた。しかしヘーゲルの考えでは、理性原理の内に第二のより根底にある原理、すなわち「主体性」が隠されている。[61] ギリシア哲学全体にわたって、理性は実体であり続け、あらゆるものの下に、視点を代えて言うならばあらゆるものの上に休らう。つまり、理性は超感覚的彼岸であり、おそらくソクラテスとともに突然精神の昼の焦点となり、哲学者を形成するが、世界をそして人間を形成しはしないのである。ポリスの哲学者達とともに理性は原理となった。しかし、その理性はまずもって実体として把握されたにもかかわらず、もともと理性は原理として当てられていたことによって、すでに顕在的にではないにせよ主体という性格をもっていた。というのは、すでに原理という名前が示しているように、問題なのは、支配を貫徹し一切を貫いて確固たる地歩を占めるような初原（Anfang）だからである。そしてそれは主体ということであり、とりわけ自己-貫徹の原理として翻訳される主体性というヘーゲルの概念である。言葉の点でさらに進んで、主体性と原理との親縁性を示すこともできよう。そのような連関において少なくともヘーゲルはこれらの言葉を見ていた。そこで、一方について述べさえすれば、問題全体が言い表わされたことになるのである。

ヘーゲルが理性の原理を主体性の原理と解することで、理性のこれまでの実体力ないし理念力は新たな事実的力となった。理性と力とが一致する。ここでは、主体性としての理性が他の原理に出会うというのではなく、むしろ理性が力なのである。したがって理性の原理とは力の原理である。理性と力との対決というきわめて古くからの問題をヘーゲルは、一方を他方へと転換することで解決しようとする。つまり、両者が同じものとして現象するという仕方で、ヘーゲルは力を理性の内に、あるいは理性を力の内に浸透させるのである。しかし、理性と力とがこのように現象するということは単なる仮象ではない。理性が現れ自己を貫徹することによって、理性はそして力もまた自由となるのである。これこそ哲学に固有な革命である。そのとき哲学は自らの内で理性と力とを転覆させ、理性と力との内に潜んでいるもの、すなわち自由に立ち返るのである。

理性的なものは力あるものであり、力あるものは理性的なものである。このようにわれわれは、ヘーゲルの「理性的なものは現実的であり、そして現実的なものは理性的である」という、理性と現実性との同一性テーゼを翻訳する。[62] この文章によって、世界の内に事実的に存在するものの正当化あるいはそれどころか神聖化が言われているわけでもないし、理性はつねに現実性の内で貫徹するということが単に主張されているわけでもない。それは自由の哲学の原則である。ヘーゲルによれば、自由の哲学の発想には歴史的に見て二つある。古代ギリシア哲学の発想とキリスト教の発想である。

3・3・3 具体的自由

3・3・3・1 自由の歴史

ギリシア哲学では、理性の原理は直ちに自由と連関させて見られている。アナクサゴラスはヌースを自ら自身のもとにあること（Bei-sich-selbst-Sein）と述べる。[63] それに対してアリストテレスは、観想の生において哲学的に思索する人間に、その内で自由が体験される一つの生活形式を開く。[64] それ以来、自ら自身のもとにあることというこの自由の構造が哲学の内で終始一貫しているのである。その間、哲学的思索それ自身においても、哲学的自由についてのこの最初の経験で済まされるわけではない。自由は人間一般の根本経験となるのである。「この理念はキリスト教を通じて世界にやってきた。キリスト教にあっては、個人そのものが無限の価値をもち、……人間は自体的に最高の価値へと規定されている。[65]」

ヘーゲルによれば、歴史的に見て二系統の自由の経験がある。上で引用した『エンチュクロペディー』の箇所では、自由はもっぱらキリスト教の根本経験として強調される。それに対して歴史哲学や哲学史においては、自由の理念はずっと一般的なものとして見なされている。「精神とは……自己自身のもとにあることであり、このことがまさに自由である。[66]」この自由こそ、精神が「追い求める」「中心点」である。つまり、精神は「自らの自由を完全なものとする」ことを追い求めているのである。ヘーゲルは何を考えて、自由一般の根本構造のほかに特にキリスト教における自由の根本経験を強調するのであろうか。

『エンチュクロペディー』の中で、自由の歴史、ないしは自由としての歴史についての簡単な見取り図[67]にほぼ当てられている本文を取り上げることにする。「一般によく知られていることであるが、自由の理念以上に、無規定で多義的で、最大の誤解を受けやすく、そのため現に誤解を受けている理念はない。自由の理念ほど、それと意識されずによく用いられている理念はない。[68]」人間は自由へと規定されている、しかしこのことは、それと意識されずに全く無規定のままに受け取られる。とりわけヘーゲルは「その誤解から実際に生ずる結果はとてつもなく巨大なもの[69]」であると付言して、仮借のない批判を行う。とてつもない結果というのは何故か。それは、自由の理念ほどに人間を支配している理念は外にないからである。自由の理念によってどのみち人間は規定されており、それはまさにヘーゲルにとって、途方もない誤解の歴史の内でのことなのである。それどころかヘーゲルは次のようにさえ主張する。「アフリカや東洋などの大陸は全体としてこれまで自由の理念をもったことはないし、今でももっていない。ギリシア人やローマ人、プラトンやアリストテレス、それからストア派もそれをもっていなかった。」そしてさらに、批判のトーンが落ちるどころか実際には一層高まる。「反対に彼らはその生まれによって、または性格の強さ、教養によって、哲学によって現に自由であるということを知っていたにすぎない。」批判を通してヘーゲルはキリスト教の自由概念に至り、そこから他の一切を際立たせる。つまり、キリスト教の自由概念に比すとき、たとえばまさに「哲学を通しての」暫定的でよく耳にする自由概念は無価値なものとして現れるのである。

ヘーゲルが指し示しているのは、自由をめぐる分岐点・新時代をもたらす歴史的切れ目である。人間は人間として自由である、これがキリスト教的経験である。しかしこの自由はさて何に基づくのか。ヘーゲルはまず第一に「人間は最高の自由へと規定されている」と言う。テクストの内で彼が種々言い換えをしている最高の自由とは、人間が神に対する自分の絶対的関係を見出し、神という「この精神を自らの内に住まわせることができる」ということと考えられる。しかしヘーゲルにとって、キリスト教的根本経験が問題になるのではさらさらなく、むしろそれを経験の世界［現世］へと移動させることが最終的に問題となるのは一目瞭然のことである。ヘーゲルはキリスト教的な自由の経験から現世的な自由の経験へと飛び移る。キリスト教信仰において生じることは、まさに「現世的現実存在の領域」すなわち国家、家族において出現しうるのである。(70)

われわれの見るところ、ヘーゲルは世界および歴史をキリスト教的信仰経験から考えるのではなく、本来その逆でキリスト教をも自由の原理から考えようとする。明らかにこの自由の原理は、キリスト教においてのみはっきりと現れる包括的原理である。キリスト教は、一方で自由の現実性を指し示すのであり、他方で世界全体へと広げられねばならない新時代の痕跡にすぎない。「歴史は自由の意識における進歩である。」この点においてキリスト教は根本的な新時代である。しかし、ヘーゲルが可能と考えたように、これまで哲学の内に隠されていたが今やとりわけ意識においてしっかりと捉えることによって、現世における今、ここで実現されうるような自由の根本経験が人間にはあるのである。人間は自由の理念をもつだけでなく、自由なのである。[71] キリスト教はこのことを明確にした。人間が自由であるのは、人間が自由についての「精神的意識」[72]をもっているからである。[73]

自由は「本質、目的および対象」であり、ヘーゲルのより詳細な性格づけによれば、まずもって概念として人間に対して存在するものであり、現実的なものである。この概念からヘーゲルは、自由をさらに法的、人倫的、宗教的そして学的現実へと展開せねばならない。[74] ポリスは理性の概念をもたらした、そしてキリスト教は自由の概念をもたらした。重要なのはこの自由をさらに一層実現することであり、これこそ歴史の歩みなのである。自由の概念の実現が歴史の最初の出来事であり、そして以後の歩みはすべてそこに含まれている。

3・3・3・2　自己-知

今やわれわれはヘーゲルの思想構造に関して、人間の理念とは自由のことであると確認できよう。自由がその第一の決定的な実在性をもつのは、人間が自由の概念を形成できるという点においてである。人間が概念についての意識をもつことで、人間は概念それ自体である。「自由、すなわち概念。」[75]

概念は魂、芽[76]といった起源であり、法的、人倫的、宗教的そして学的レベルとして実現された現実性において生ずる形態化にまで今や押し入る。ここでヘーゲルが概念の現実性とその他の「対象性」とを区別して考えているとしても、根本の問題は、人間が自らを自由に概念によって把握し、この自由獲得の本質が概念であるという点である。このことは、人間は自らを人間として概念によって把握して初めて人間として自由となるという定式に含まれている。人間と見なされることによって、人間はすべてである。ここにすでに最高の自由がある。人間が自らを人間と知ること、これが肝要である。人間の存在は意識によって規定されている。「精神の本質にとって最も重要な点は、精神が即自的にそうであるものと精神が現実的にそうであるものとの関係ではなく、精神が自らをそうと知るものと精神が現実的にそうであるものとの関係である。この自己知は、精神が本質的に意識であるが故に、精神の現実性の根本規定である。(77)」自由の意識における進歩は自己‐知における進歩、あるいは概念における進歩である。

したがって、歴史とは自己知の歴史に他ならない。その歴史において、即自と対自、実体と主体、人間と神、あるいは理性と力といった分裂は克服される。というのは、要するに自由というより深い原理が支えとなるからである。主体性の原理、自己‐知のあるいは概念の原理という意味での自由は、上のような意味での歴史において今やつねに一切を一瞬に実現する。他方またこの自由は、努力の総体であり続けうるし、あり続けねばならない。歴史は進歩を、すなわち「完成可能性(78)」をもたらす。これは別様に表現されうる。つまり歴史はまさに歴史をもたらすのである。歴史は、キリスト教で考えられているように、自らを越えていくのではなく、むしろ自らの内へと入っていくのである。歴史によって人間の自己知が与えられる。人間に到達可能な知の水準において、歴史は終わることになろう。

精神の働きは自己‐知において終結する。しかし人間がその際自らを自由として経験することによって、精神の働きの終結点はつねに同時に新しい出発点でもある。理性のエンテレケイアという構造が弁証法的構造へと組み直される。そのときエンテレケイアは完全に取り入れられる。自らの内に目標をもつということは、今や私が目標それ自身であるということを意味する。据え付けられた構造から構造化が生まれる。私が目標であるのは、目標を目標として不断に私が措定することによってである。こうも言い換えられよう。目標が私をもつのではなく、私が目標をもつのである。さらに言うなら、私が目標なのである。その際私は常に目標を貫いて進む。ここにこそ弁証法の本質がある。私は至り着く、自己‐知において。

しかし私は途上にある、自由としての自己‐知において。ヘーゲルによって強調されているのはこの構造である。つまりヘーゲルの見るところ、哲学においては理性だけではなくて自由が、善や完全だけではなくて完成可能性が支配しているのである。同様に主体性という言葉も適切な言葉である。精神が地盤、基体として解されるのは、精神が自らをあるものの下に置き、その意味で主体的〔sub(下に)-jektiv（置くもの〕〕だからである。下に置くということが生じる。これが働きとしての精神である。かつてこれはエネルゲイアの内に見られていたが、現在は主体性として見られる。このことによって精神は一切のものを目指し、一切のものを貫いて進む。それもただ自らに至るためである。主体性の原理とは、主体それ自身への突き進み、すなわち主体へと至る形成、批判、前進である。観想の生のエネルゲイアは最終的には完成を観想の遂行に求めていた。今や、遂行を維持することそれ自体が完成である。

3・3・3・3　意　志

ヘーゲルの三つの根本語として、理性と自由、主体性の原理、具体的自由を挙げた。これらの内に、ヘーゲル以来見られる理性の力が反映している。理性の力とは自由のことである。結局、合い言葉となっているのは自由ということに尽きる。自由によって理性の地、とりわけ哲学へ足を踏み入れることが可能となるのであり、その地において理性を自由に経験することになる。

これまでわれわれは、ヘーゲルにおいて終始中心的役割を果たしているある概念、つまり意志というものに触れずにきた。意志は理性と力との結合であり、両者を互いのもとへともたらす道であり十字路である。ニーチェ以来力への意志はわれわれの知るところである。それと類比的にヘーゲルにおける理性への意志を言うことによって、主体性の原理において自由にまで上昇した理性を強調することができよう。私が自由であるのは、私が理性を意志するときにのみ限られる。ヘーゲルはこのことを彼の法哲学の国家論において詳しく論じている。しかし、ニーチェにおいて意志とは総じて力の内的規定あるいは充実であるのと全く同様に、ヘーゲルにおいても理性への意志はもともと精神に固有のものである。「意志としての精神は自らにおいて完結し、それ自らにおいて自らを実現するものとして自らを知っている。[79]」終結は概念にあり、充実は対象の実現すなわち法とか国家といった客観的精神の圏域にある。理性としての精神は理念のもとにのみ留まった。それはたとえばプラトンが抱いているような理念であり、そこでは理念が生の実体となるのである。現実的に決着がもたらされ、そしてその決着が自らを客観化しつつ実現しうるためには、意志が付け加わらねばならないが、ヘーゲルにとっては意志はつねにすでに付加されているのである。「意志の道……は、自らを思惟する意志へと高めることにある。つまりそれは、自らを思惟するものとしての意志がもちうる内容を、自らに与えることである。[80]」

ヘーゲルのテクストに頻繁に現われていることだが[81]、理性的意志あるいは意志の理性ということを話題にすることもまた可能である。いずれにせよ、意志の道は力の道ではなくて理性の道である。精神を地盤としてあるのは、まさにまた理性への意志なのである。意志は単に主観的で利己的なのではない。「真の自由とは、……意志が主観的すなわち利己的な目的をもつのではなく、普遍的な内容をその目的としているという点にある。しかし、そのような内容は思惟の内において、そして思惟を通してのみ存在するのである。[82]」ヘーゲルは意志を力と理性とを架橋するものと考える。彼は理性と意志を弁証法的に見ている。つまり、意志は理性的であり、理性は意志である。これこそが主体性の原理である。そしてこれは、ヘーゲルが働きとしての精神について語っていることによって、すでに十分言い表わされているのである。意志によって特徴づけられることで、理性はもはや力に対立するものではなく、逆から言えば、同様にまた力は理性に対立するものではない。理性の力とは、理性が意志となることである。これは逆から言えば、力の理性が一定の理性的意志の内に現われるのと同じである。このことは、結合の一切の契機を力がもはや切り離すことなく引き受けることにはっきり見ることができる。力は統一を意志する。それを力が最高に達成するのは、結合が本来的力、つまり力の意志となるときである。力というものを単に人間の立場から人間的原理と考えている限り、このことは思いもよらないことと見えるだろう。へーゲルやニーチェにおいてはそうではない。むしろ力は、今や理性と同等の単に対をなすものとしてではなく、より一層根源的な原理として考えられている。そのことは主体性の原理という概念にも見られる。実体原理から主体性原理へと高まることによって、理性はそれ自体力となった。そして同様に、理性の役割、つまり統一と結合とを引き受けることで、力は理性となったのである。このことをへーゲルは彼の意志の思想において考え、意志によって理性を基礎づけ実現するのである。

さらに、人間に自由を、つまり「具体的自由の現実性[83]」をもたらすのは国家である。「さてこの本質的な事柄、すなわち主体的な意志と普遍的なものの統一とは、人倫の全体であり具体的に形をとった国家である。国家は現実性であり、その内で個人はその自由をもち、享受する。しかしそれも個人が普遍的なものの知、信、意欲であることによってである。こうして個人は、他の具体的な側のもの、つまり法、芸術、人倫、生を快適にするものなどの中心点である。国家において、自由は自らに対象的に、そしてその点で積極的に実現されているのである。[84]」

3・4　ニーチェ

3・4・1　エンテレケイア――存在から生成へ

哲学は存在を目指す。[85]これまで様々な意味での存在の批判が問題となっている。一方では、存在それ自体を際立たせ、そうすることで存在それ自体を分化させるような探索が。そしてさらに爆破という意味での批判が。アリストテレスにあっては、存在はエンテレケイアとして考えられている。これは存在それ自体を際立たせ、その意味で存在それ自体に対する批判的な概念である。存在はエンテレケイアという一つの構造として現われる。この構造についての思索が哲学の歴史の中で引き継がれていく。その一つの重要な宿駅がライプニッツである。さて最後にニーチェは、一切の存在者に生成という性格を押し付けようとする。彼は存在から生成への革命を成し遂げる。

　ニーチェによれば、特にライプニッツ、カント、ヘーゲルといったドイツ哲学では存在批判の方向で思索がなされてきている。そのつど問題になっているのは、意識の関係においても、別の観点から言うと根拠づけの関係においても確定できないような、存在の構造を開示することである。存在は意識の構造や根拠の構造を越え、人間の経験に対する見通しのよい見取り図を与える。こうしてニーチェが思い出す「三つの場合がある。第一に、ライプニッツの……あの比類なき洞察。すなわち意識性……、したがってわれわれが意識と呼んでいるものは、単にわれわれの精神的・心的世界の一状態をなすのであり……。第二に、カントが「因果性」の概念に付与した巨大な疑問符を想起しよう。……第三に、ヘーゲルの驚嘆すべきやり口を、……「発展」という決定的な概念を初めて学問に持ち込んだこのヘーゲルの革新に……[86]」

　その上にしっかり立ちうるような根拠があってこそ、われわれは認識することができる。遅くともヘーゲルとともに根拠としての存在は破壊される。したがってヘーゲルとともに哲学は、ついに存在という足場を取り壊すまでに至ったのである。「われわれドイツ人は、たとえヘーゲルが存在しなかったとしても、ヘーゲル主義者である、――われわれが……「存在する」ものよりも、生成に、発展に、一層深い意味と、一層豊かな価値を本能的に与える限りにおいてそうなのだ――われわれはほとんど「存在」の概念の権利を信じないのである。[87]」ニーチェはヘーゲルの地位を強調する。「なぜならヘーゲルがなければダーウィンもないからだ。[88]」ニーチェ自身発展という概念を採用し、特にダーウィンおよびダーウィンの発展概念と様々な仕方で対決するのだが、この点についてここではこれ以上立ち入らないことにする。注目すべきは、ニーチェがライプニッツからカントを越えて、ヘーゲル、そしてまさに彼自身にまで引き延ばす連続線である。

ライプニッツ以後エンテレケイアとしての存在という思想が徹底化される。ライプニッツの考えるエンテレケイアでは、存在と生成とが結びついている。生成は存在それ自体によって受容され包含される。それぞれの存在者は一つの存在者である。なぜならば、それは自らの内に存在への全活力をもち、産出し、一つの終わりまで歩み抜くからである。これが能動的力という根本思想である。エンテレケイアは実体である。アリストテレスにおいてもそうである。そこでエンテレケイアは一つの外部構造であり、そこから一切のものに、したがってまた人間に目標が前もって与えられているのである。近代においては、目標がそのつどの存在者の内に、したがってまた人間の内に置き入れられ、目標は存在者それ自身から立てられる。目標のないものはない。ライプニッツの重要な原則が言うように、[89]存在者それぞれがその根拠をもっている。それは、根拠が遠くではなく、むしろ存在者それぞれの内で存在者それ自身から存在者の構造全体へと発出するということである。存在者それぞれが目標の構成を企てるのである。それゆえ、存在者は今や新しい種類の、つまりもはや実体としてではなくむしろ主体としての存在者なのである。この能動的力はヘーゲルと彼の主体性の原理によってさらに広げられる。目標をもつだけではなく、それどころか今や目標それ自体である。つねにそしてそのつど、目標に達している。それゆえ、それぞれの存在者は、つねに存在へと自らを浸透させ、自らを存在の内へと措定する存在者である。さらに、ニーチェ流に言うなら、存在の生成である。ニーチェにおいて重要なのは、彼が言うように、存在に生成の刻印を押すことに尽きるのではなく、存在を完全に排して生成に代えてしまうことなのである。これは次のような仕方でなされる。つまり、エンテレケイアが存在者それ自体の内へと取り入れられ、展開あるいはヘーゲルの言う発展の純粋な働きとなることによってである。

自らの目標を定める。このことの大部分あるいはすべてが、自律としての自由という思想にこめられている。しかしヘーゲル同様ニーチェにあって結局のところ重要なのは、存在が発展であるということである。アリストテレスのエネルゲイアがここでは極端にまで押し進められる。それぞれの存在者の内に全存在が隠れている。発展の一瞬一瞬において、単にある一つの段階が達成されているだけではなく、つねにすでに一切が達成されているのである。それぞれの現実性が全可能性である。発展においては、起源を目標へと結びつけることも、始めを終りへと結びつけることも重要ではない。ヘーゲルの場合には「主体性の原理」が、ニーチェの場合には「発展」が支配しているのである。

このことによってヘーゲルを哲学の一つの完成として単純に切り詰めることはできない。たしかに精神の現象学は絶対精神へと展開する。しかし、絶対精神が獲得されたときでさえ、それは依然として現象学の全体性のもとでのことである。つまり、たしかに完成をみたが、しかしそれ自体で運動し、ただそのように静止しているにすぎない働きという点は変らないのである。今やエネルゲイアとは、目標それ自体の内に実際に留まること、すなわち目標の内で働きつつ運動することである。それは精神の完成された実在性——これは国家すなわち「具体的自由」の作用において明らかとなり、そこでは実体が主体性の原理と結合している——の他面たるヘーゲルの論理学の意味での「概念の努力」の働きである。

だがニーチェ以前の思惟に対するニーチェの批判を確認しておくことが重要である。彼はその批判を特に「途方もない失策」というタイトルの下に集中的に列挙している。

「(1) ばかげた意識の過重評価。
(2) 原因としての精神、特に合目的性、体系、並存状態が現れるいたるところでの。
(3) 到達しうる最高の形式としての、最高の存在としての、「神」としての意識。
(4) 結果のあるところ、いたるところに意志が持ち込まれる。
(5) 精神的世界としての、意識の事実によって到達しうるものとしての「真の世界」。
(6) およそ認識が存在する限り、あくまで意識の能力としての認識。
そこからの推論――

あらゆる進歩は意識化への進歩である。……

ひとは実在に、「真の存在」に弁証法によって近づく。……

すべての善きものは精神性から由来しなければならず、意識の事実でなければならない。

より善きものへの進歩は意識化における進歩としてのみありうる。[90]」


これはとりわけヘーゲルへの批判と読むことができよう。つまりヘーゲルにあっては、進歩が自由の意識において捉えられているが、その自由も結局自己意識にのみ存するのである。そこでは存在はたしかに生成、発展、進歩へと移行していたであろう。しかし他方で、そしてさらに重要なことに、存在は統制や支配を受ける生成へと移行していたのであろう。そこで存在の開かれた全体性は自己意識の全体性からの強制を受けることになろう。

3・4・2　力への意志

存在は、完成という意味でのエンテレケイアの構造ではなく、今はむしろ上昇という意味でのエンテレケイアの構造である。存在するものは、発展、上昇であり、ニーチェの典型的概念を用いるなら、力への意志である。この革命の内に価値の転換を見ることができよう。あるいは、価値の転換によって存在に革命がもたらされると逆から言うこともできよう。しかしこのパースペクティヴは短すぎる。というのは、すべてにおいて価値評価がなされるとき、革命が問題となるからである。

パルメニデスによる哲学の起源的命題に言われているように[91]、存在者は存在する。最後にニーチェはそこまで突き進むことになるけれども[92]、生成者が存在すると言うのは不適切であろう。存在は存在する、そして生成は存在しない。プラトンによると、生成したものは真にあるものとあらぬものとの間の中間的な状態にあるとされる[93]。このプラトンの教説が力をもっている中で、ニーチェは一貫して反プラトン主義の立場から、存在の構造を生成それ自体のものとして獲得しようとする。ニーチェは彼の思想の「総括的約言」を繰り返し試みる中で、次のように書いている。「生成に存在の性格という刻印を押すこと、これこそ最高の力への意志である[94]。」ここで強調されているのは刻印を押すことである。この働きが力への意志である。たしかにこれは決定的な価値の転換であろう。しかし価値の転換とは、すべてにおいて価値評価がなされ、一切のものが価値と価値評価の光学の下にあるということに他ならない。したがって力への意志の働きは、価値の転換というよりも、むしろすべてにおいての価値評価なのである。価値評価がなされるとき、そこではいつでも価値の転換がなされる。価値評価は、発展、上昇、力への意志というパースペクティヴを目指す。価値評価の際、なにかがより善きものとされるはずである。このパースペクティヴとは、一切の事物をつねにより一層よく見ることを開くものである。

「「価値」という観点は、生成の内部における生の比較的持続する複雑な構成物に関する、保存条件ないし上昇条件の観点である。[95]」「あらゆる価値評価はこの一つの意志に仕える結果であり、より狭いパースペクティヴであるにすぎない。価値評価それ自身がこの力への意志に他ならない。[96]」力への意志とは価値評価である。ここには、そこから価値評価が生じる始まりもなければ、そこへと価値評価が向かう終わりもない。価値評価は永続的過程である。価値評価とは生成のことである。この生成に属することとして、価値の引き上げも価値の切り下げもある。これら両者において力への意志が形をとるのである。

ここでは、活動としての思惟、存在のエネルゲイアが完全に受け継がれている。この思惟のエネルゲイアは価値評価として現われる。思惟とは価値評価であると言うことができる。このパースペクティヴから見ると、世界のいかなる事物に対しても、それが存在するとか、存在者が存在すると言うことはできない。むしろ、発展が生じる、移行が続く、歩みが前進すると言うことができる。思惟と存在は、能動的力から主体性の原理を越え、力への意志に到達した。

ニーチェの原則を用いて、われわれはマキアヴェリを考察した。マキアヴェリにあっては、人間の新しい理性が力から発展するという仕方で、理性が現実の内で支配していた。マキアヴェリの場合には力量の理性が、ホッブズの場合には産出の理性が。操作可能性（Machbarkeit）という近代の原理が初めて表明される。そのとき力の理性と呼んだものを、今やわれわれはニーチェにならって力への意志と言うことができる。現実の内の理性とは、力への意志が支配するということである。

ハイデガーの解釈以来、力への意志は意志それ自体へ向かう意志であると解釈できる。[97]意志への意志の意味とは、力への意志がどこかに至りつこうとするのではなく、むしろ意志の内で自らを維持し、高めようとするということである。この力への意志によって、力の構造は自己自身から新たな理性を生み出し、その理性を用いて発言するわけである。力は、力の上昇の内に自らを知る。力は新たな存在者を実現しない、ことによると新たな人間も実現しない。実現することそれ自体が実現される。重要なのは、実現を維持し、上昇させることである。そこに本来的な力が起因する。力とは操作可能性である。

今やエネルゲイアは操作可能性のエネルギーとなった。ここにおいてエンテレケイアは放棄されていない。その反対である。意志への意志という構造の内に、世界生成の純粋なエンテレケイア性という構想が見られる。各瞬間はそれぞれ自らが目標性を構想する。目標に向かって何かが運動するのではない。運動が目標そのものなのである。

3・4・3 「総括的約言」による要約

一八八〇年代のニーチェが、力への意志の問題を把握しようとして繰り返し企てた数々の発想の内、後期の「総括的約言」[98]を選ぶことにする。そこでニーチェは書いている。「生成に存在の性格という刻印を押すこと、これこそ最高の力への意志である。（略）一切が回帰するというのは、生成の世界の存在の世界に対する極度の接近である。考察の頂点。（略）捏造、意欲、自己否定、自己超克としての生成。主体ではなく行為、設定、創造性なのだ。「原因と結果」は存在しない。[99]」

この総括的約言は現代のニヒリズムの確認に行き着く。ニーチェのニヒリズムについてのテーゼの細目に至るまでに、前もってこれまでの認識理論、認識一般が批判される。批判されるのは、存在者の理想（主要理想）と「存在者の転生」（物体、神、自然法則、定式等々[100]）であり、ここで定式とは本質的に因果性の定式と考えられねばならない。人間の根本経験においてこれらのことは否定される。認識、存在者一般などというものはもはやない。こうして、ヘーゲルにおいて自己意識の内で勝ち誇った認識は、ニヒリズムと性格づけられる。「これまでの人類の一切の理想主義は、ニヒリズムへと逆転しようとしている。

絶対的な没価値性、つまり没意味性への信仰へと。[101]」人間は新しい価値評価へと移行し、存在は人間にとってまさに無として現れる。こういったことをニヒリズムは基盤としている。ニーチェにとって、新しい価値評価という事件はこれまでの諸価値のニヒリズムとして始まる。しかし、ニーチェのニヒリズムは多層的に把握されねばならない。そのために、ニヒリズムという思想から出発し、ニーチェの思惟の全体構造へと区分構成をして、以下のように言うことができる。

(1) これまでの諸価値はもはや妥当してはならない。新しい価値が目指されねばならない。存在に抗して生成が歩みでる。ただし、新たな存在として。ニヒリズムが目指すのは諸価値の価値転換である。

(2) 価値評価一般のパースペクティヴはニヒリズムを含んでいる。何かが価値となったときには、つねに何かが善としては没落したか、ないしは、まさに価値として価値転換がなされたか、善として価値切下げがなされたかである。価値設定、つまり価値評価としての思惟は、存在と善のニヒリズムに基づいている。[102]

(3) ニヒリズムと価値評価との連関は、力への意志から生じる。力への意志は存在と善への意志ではない。それはむしろ、存在と善の上昇への意志である。つまり、存在が生成の内で、新たなより高き存在へと、あるいは善からより善きものへと移行するわけである。価値とは力への意志の観点である。そして、ニヒリズムはつねに力への意志に同行する。というのは、無みすることがなければ、力への意志も存在しないからである。

(4) 何も存在せず、一切が生成するのであれば、力への意志が支配する。しかし、これもまた、生成の永久に続く運動において、生成の存在を最高の力と見なすことになる。この最高の力への意志は、一切は反復するという、「考察の頂点」としての最高のパースペクティヴを獲得する。永遠の反復、あるいは永劫回帰[103]というニーチェの思想は、彼も言うように、力への意志のパースペクティヴに対応する。永劫回帰というのは、発端でも結果でもなく、同時平行の経験である。生成は、終末論とか目的論という意味での一つの目的に向かって進行するわけではない。生成は活動し続ける。生成が存在する。それは繰り返し生じる。等しきものの永劫回帰とは、意志が意志の内に留ることである。すなわち、価値評価によって、いかなる最高の価値も、したがっていかなる低い価値ももたらされず、一切は等しく評価される。等しく高く、あるいは等しく低く。とは言っても、生の各瞬間に最高の価値が思い描かれていないということではない。反対に、われわれがいつどのように生きていても、価値評価は不断に生じている。古い価値が無みされ、反対に新たな価値が立てられる。思惟とは価値評価である。そうであることによって、われわれはつねに等しくあり続け、価値評価の同等性に留るのである。

「等しきものの永劫回帰」というニーチェの思想は、完結とか止揚という意味での発展の思想に反対する。意志は意志であり続け、つねにそのつど自己自身であろうとする。この回帰が意志の内で生じる。意志は自ら等しくあり続ける。意志への意志という概念は、「等しきものの回帰」ということを別の仕方で定式化したにすぎない。あるいは、われわれの立場から次のように言うこともできる。操作可能性の本質として、操作可能性はそのようなものとして活動し続ける、と。つまり、不断に回帰する操作可能性である。厳密に言えば、これは殊更に言われるべきことではなく、操作可能性一般の概念に同時に含まれることである。「不断に」と「回帰する」は強調の付加語にすぎない。

(5) たとえニーチェが意識の理論、とりわけヘーゲルの自己意識の理論に敵対するとしても、彼の辿り着いた成果とヘーゲルとを比較することは可能である。自己意識の力は価値転換の力に対応し、後者は最終的には価値評価という働きを前提とする。もちろんニーチェの立場から、ヘーゲルの自己意識を最高の自己評定、自己評価という一つの働きと見ることもできる。ニーチェにすれば、この働きを価値転換することが重要なのである。事実、ヘーゲルにおいては価値の思想が少なくとも暗黙の内に存在している。というのも、一切を自己意識の内へと止揚するために、自己意識は前段階の存在すべてを自らの背後に置き去りにするからである。どのみちヘーゲルにあっては、発展の思想によって、価値評価ということが同時に歴史の歩みの内へと組み込まれたのである。彼の場合、価値評価は最高価値、つまり自己意識への発展という意味で生じる。ニーチェの場合、今や重要なのは出来事であり、価値評価それ自体の内に留ることである。(104)

第3章　労働と所有

1　ロック

所有は労働に起因する。それ以外の所有はもはや存在しない。われわれは労働に起因したものだけを実際にもっているのである。ロックに倣って、さらに所有の様々な可能性を区別するのは、誤解である。人間は労働する限りで所有者となる。また、労働は人間の固有な本質である。ロックの労働理論は、このように理解すべきであるが、それは彼の政治理論の中心にある所有を扱った章の中で展開されている。この章は「所有」と題されているが[1]、本質的には労働について語られている。人間は歴史上自らを様々な意味で所有者と見なしてきた。生来、あるいはまた天地創造によって、つまり神によって、あるいは家族や伝統によって生じた、等々。これらの前提はもはや問題ではない。重要なのは労働である。この労働は、古典古代のポリス時代には労苦や負担と見られていたのだが、今やそれに骨を折ることでわれわれの固有な富となる。ポリスでは、貧困を生き抜くために、生活必需品を切らさないために労働したのだが、今では豊かになるために労働する。貧困に迫られてやむを得ず労働するのではなく、むしろ豊かになる可能性があるから労働するのである。労働は必要ではなく、むしろ自由なのである。それは、無限にもつことの自由である。

ロックを詳しく検討する前に、近代の思想において獲得された基本概念を想起してみよう。これらの基本概念は、今や、労働と所有を宣言したものと解することができる。力量とは、活力（Tatkraft）のことを言うが、これは世界の純粋質料（運命）にとっての形成力として現われる。それは、世界の全体の中で人間に属する半分である。人間は世界のこの半分をわがものとしている。それは人間の所有物である。こうした所有の考えが、マキアヴェリでは強調されている。私は、力量をもって、世界の私の半分を手に入れるのであり、運命の謎を打ち明けさせ偶然のチャンスを私に有利となるように利用する。私が力量を具えた人間として運命に立ち向かえば、運命は私にほほえむのである。それは、落ちる（cadere）という意味での偶然（Zufall）である。だが、最終的に重要なのは力量であって、それは、私の自己所有物であり、また、私が世界を私の所有物となす際に用いるものである。私は、力量を具えている分だけ、それだけ世界をも所有するのである。世界の所有（Weltbisitz）は自己所有（Selbstbesitz）の現われである。力量は骨を折り、物事と取り組み、さしあたっては疎遠な世界を私の世界にする。力量は、後に近代に至って一貫して労働と呼ばれることになる人間のかの特殊な行為（Tun）という性格を、すっかり自ら担っているのである。私はここで、マキアヴェリの力量、ライプニッツの能動的力、デカルトのコギト、そして、ホッブズの産出を、そっくり一つの概念に集約してしまうつもりはない。個々の思想家の基本概念には、個々の概念の混同を許さないような解消し切れない違いのあることをしっかりと銘記すべきである。しかしそうは言っても、どれほど違っていても立ち現れてくる一致にも注意を払うべきである。労働の思想の痕跡を、ロックから逆にマキアヴェリへと辿ってみれば、労働理論は、所有問題と関連しているが故に、単なる法理論では決してないし、また、単なる経済理論でもないということが、当然真っ先に明らかになる。労働と所有のこうした思想に近代人はますます捕らわれているが、この思想を考えるにあたって、しだいに強く経済と結びつきついには産業社会へと自己展開を遂げる近代というものの興隆を見るだけでは不十分であろう。経済が国民経済となることで経済と政治が融合するのは、歴史的事実である。経済においては財産が問題であり、また、財産は労働によって得られるということも同じく明らかである。労働は、この時代の根本規定なのである。

人間は労働することができる。それは人間の固有な力能であり、人間の可能性あるいは自由である。ここで人間は自らを人間として完全に展開することができ、こうした特殊な人間的活動においてそもそも初めから自らを世界の中の人間として獲得する。マルクスの周知の二つの定式によれば、労働が人間と動物との区別をなしており、また、労働が人間を人間にするのである。マルクスが一九世紀に手頃な定義に書き留めていることは、しかしとっくの昔に、ロックの、いやそれどころかわれわれの主張ではマキアヴェリ以来のこうした定義の先鞭の中に形を留めているのである。すでにマキアヴェリの力量とともに、人間の自己産出こそが問題なのだということが経験される。力量ははっきり定められた行為である。力量は骨の折れるものであり、つねに世界と取り組んでおり、しかも、こうした取り組みそのものにおいて世界から人間に固有な世界を設立することができる。力量において人間は人間となるのである。

以下で、私は、ロックが所有を論じている第五章を六つの論点に要約する。

1・1　労　苦

私の身体の労働(labour)と私の手の仕事(work)とは、本来の意味で私の所有物である(2)。この場合、決定的なことは概念から直ちに読み取ることができる。労働では、努力、負担、労苦が強調される。労働は私の身体の労苦（labour of my body）と呼ばれる。身体が労苦に服して働く。これが労働である。ドイツ語では、labour と work とが一語にまとまっている。もちろん、労苦は負担（Last）のことではない。労苦は報われるのである。労苦は仕事（Werk）をもたらす。労苦は世界を私の手中に委ねる。総括語である「労働（Arbeit）」では、行為の経過に留まらず行為の結果も考えられている。労働の成果において労働は止揚されており、そうした労働が一つの概念での結合を正当化するのである。だが、ロックには、労苦を強調することが問題なのである。

身体と労苦と所有との関連に注意を向けよう。精神（思惟）と身体とは、それらが活動している際のあり方から見ればもはや分けられない。両者は共に労苦の下で労働を行う。私は何を所有しているか。この問いには答えは明らかかと思われる。つまり、私の身体である。自己経験においてこの身体はどのようなものとして現れるか。労苦に満ちたものとしてである。われわれの生命を維持するための労苦である。こうした労苦の中で身体は消耗される。このことは、生命維持の労苦という有機的事象だけについても示すことができるのであり、それが呼吸や鼓動のように労苦がないように思われる場合であっても言える。生命は、労苦のない非有機的な運動では滅ぶのである。

1・2 欲求

ロックは人間をもう少し詳しく欲求の存在と特徴づける。「必要以上のものを持ちたいという欲求。[3]」人間には、ますます多くのものを持ちたいという衝動がある。だから、ロックにとって所有の火種は身体に宿っているのである。それでは、身体の所有で十分でないのか。否、所有の意志がどんどんつのってくる場合には、最初にあった身体の所有は劣悪な所有と思われるのである。つまるところ、身体は僅かな所有しか持たないので、世界の中での所有へと範囲を広げなければならないのか。身体について語ったり、また、生命に対する身体の基本権によって身体は自分自身を所有することができるのだが、そうした基本権について語ったりすることは、身体が所有衝動であると指摘するだけのことなのか。もしそうであれば、皮膚という境界によって身体がはっきりと限取られていることは、基本的にはなんら限界づけられ有限であることではなかろう。身体はただ一つの無限の進歩の構造であろう。欲求は人間をあらゆるものへと連れ出す。だが、人間は適合的なものだけを、つまり、これまた身体的なものを引き込もうとする。身体は身体を欲するのであって、精神的なものを欲するのではない。思惟は身体を満足させない。

近代では、欲求は、かつて思惟がそう見られていたように、構造の中に示される。思惟はすべてのものに関わっていた。思惟はすべてのものを表象することはできなくとも、少なくとも命名することができた。命名することがもはや不十分であるのは明らかである。命名することも、概念把握することも、所有ではないのである。私自身が何かを表象しなければならないのである[4]。私自身が世界に手を下さなければならないのであり、まさに私の身体の労苦をもって世界を身体世界へと掘り返すのである。

1・3 仕　事

人間の付加によってあるものは仕事となる。それはどういうことか。労苦において私は私を、つまり、私の身体をものにつけ加える。このようにして労働することで、私は思惟の場合のように世界へと超出するのではない。逆に、私は世界を私の身体へと持ってくるのである[5]。後にマルクスがうまく言っているように、世界は私の延長された身体となるのである。世界は大きな身体である。私はすべてのものを身体性を具えたものとして、つまり、身体的構造として摂取するのであるが、この身体的構造とは本質的に所有したいという欲求である。このようにして世界の中で労働することで、改造された世界は私の身体に仕える身体世界となる。こうしたことは、労働やそれによって作られた仕事のどんな例にも見て取ることができる。われわれが建てる家、通り、橋、等々は、身体によって世界を整えたものである。世界は身体に同調させられる。すべてが身体にのみ仕える。その際、身体を司っている労苦は、転化されているとはいえ持続されているのである。われわれがつねに新しい生産物へと前進し続けている間、欲求の労苦はわれわれに息をつかせない。労苦を費やして獲得した所有さえも十分ではなく、かえって、新たな所有へとさらに駆り立てるのである。

1・4　業　績

私の労働――私のもの。これは第二八―三四節で語られている。大地とは、それを素材としつつわれわれが作り出していくものである。大地はわれわれのためにある。すでに存立しているものではなくて、私が作るものが、私の所有なのである。ロックは第三四節で、以前にもまして今日われわれの目につくことを指摘している。所有はすべて勤勉に依存している。ロックでは文字どおり勤勉と書かれているが、われわれは業績と言うこともできる。私は働けば働くほど多くを所有する。働かない者は何も得られない。働かない者は何も所有しない。欲求の所有衝動には限りがない。だがそれでも、ロックには限界が見える。

1・5　労働および所有の限界

(a)　私の労働の制限を、私は、私の身体的な労働手段が限られていることによって体験する。人間は労働すると疲労する。労働能力のこうした限界のために、人間は労働の労苦を感じるのである。労働する動物（animal laborans）としての生身の人間が問題なのである。欲求はどんどん先へ行くのに、労働はそれについて行けないのである。

(b) だが、ロックにとって決定的なのは消費における限界であって、それゆえに、人間が何かを生産してもそれを消費しなければ問題であろう、と述べている。おそらく、ロックは、生産されたものがすべて人間に役立つというよりも、人間が消費できる分しか生産すべきでないというふうに考えているのだろう。何一つ無駄にすべきではないのである。ものが完全に使用され還流するならば、労働と消費の循環の中で運動が閉じられるであろうが、その場合には自己実現という意味での実践と言うべきであろう。

1・6 貨幣

欲求の身体は、先へ先へと駆り立てるものであり、自分の労苦が労働および消費の限界にあることを結局は見て取ろうとしないのだが、そうした欲求の身体に対応して、ロックは決定的な解決に至る。前からすでに存在していたけれどもそのように理解されてはいなかったものを労働が発見することで、労働の限界は破られる。それは貨幣である。「このようにして、永続的対象としての貨幣の使用が始まったが、人間はこの永続的対象を無駄に朽ちさせることなく蓄えておくことができ、また、相互諒解に従って、実際に有用ではあっても朽ちやすい扶養手段と交換することができた。(6)」朽ちやすい財を作り出し永続性の欠如を特徴とする労働は、他の対象すべてとの交換に間接的に使える朽ちることのない永続的対象があるという新たな経験へと人間を駆り立てる。生産社会は交換社会であり、労働では所有が問題であることが、ここで初めて理論的に提起される。(7) 貨幣は「所有を持続的」なものとするのであり、また、貨幣は所有を増大させる機会をもたらすのである。

要約しよう。貨幣は永続的な対象であり、それゆえ第一に、実際一つの対象である。第二に、貨幣は所有を持続的なものとする。連続生産的に自己自身から所有を創り出す対象を、われわれは貨幣において獲得したのである。それゆえ第三に、ロックは首尾一貫してこう語っている。貨幣は所有増大の機会を与えると。身体が、ますます多くを持とうとする欲求の刻印を受けており、欲求が労働に満足を見出しかつ不断に増大しようとするならば、貨幣は、欲求と労働から得られ、かつ、身体の構造ないし労働の構造がそこに解消されている対象および所有である。

2　貨幣の理性

「労働および所有の限界」の節にもう一度眼を向けよう。そこでは、身体的な労働能力が限られていることが述べられていた。身体とその労働が貨幣を得ることで、あらゆる制限は廃棄される。有限な労働力は、働いて得られた対象物である貨幣において、外見上は無限なものとなる。この貨幣という対象物が労働をつねに新たな業績へと駆り立てる。分業による労働能率のこうした増大は、われわれには周知のものである。分業において最大の衝撃力が得られるのであり、私の労働はある労働過程に一分肢として組み入れられ、いわば、労働活動という自立した一過程へと止揚されるのである。それは基本的にはもはや私の労働ではない。ロックの理論にとって重要な身体‐労働‐対象物（結局は貨幣）という結びつきが、そうした場合には別な関連を経験することになるのかどうか、という問題も立てられる。まさにそうなのである。まず一つの方程式を立てよう。身体＝労働＋貨幣。［身体は労働と貨幣である。］人を当惑させるこの式を詳しく説明してみよう。身体は、労働において最終的には対象物である貨幣を産み出す生産過程と見ることができる。実態に即して見れば、生産とは、身体が自分自身を貨幣という対象性へと移し入れるということである。われわれのテーゼはこうである。労働は貨幣をもたらし、また逆に、貨幣によってそもそも初めて可能となるものだが、その労働では、ただ自分自身を労働と貨幣に表現しようとする身体の生産性が回転しているのである。

身体はもっと詳しく言えばますます多くを持ちたいという欲求と説明されるが、身体は貨幣によって所有へと至る。まず、財を使用する目的でなされる労働を区別することができる。だが最終的に重要な労働は、所有する目的でなされる労働である。われわれは、所有を欲する欲求身体である。しかもそれゆえに、貨幣――所有そのものとしての――は身体の目標である。貨幣において身体が実現されている。貨幣においては、最初にそう考えられているように、身体が外化〔譲渡〕されるのではない。使用財については、人間はなるほどさしあたっては外的である財を手に入れるが、しかし、使用においてそれを完全に自分のために取り戻す。貨幣は、食べることができない、あるいは存在論的に言えば、人間の中へと還流させることができないものであるから、完全に外部に留まっている。しかし、それは、身体がその内部構造総体を守るために自らに与えた外部構造である。というのも、身体は欲求だからである。つまり、身体はもっと多くを持ちたいのだが、身体としての自己から、すなわち、欲求から離れたくはないのである。身体は、欲求の裡に留まり、世界の中で自らをはっきりと示したいのである。それは身体の世界への衝動である。身体は貨幣によって身体は対象を手に入れるのであり、厳密に言えば今や自らの身体そのものを手に入れるのである。所有はますます増大していくものだが、そうした所有の増大としての貨幣、現実に財産の所有であるとも言うことができるであろう貨幣は、身体をつねに伴っている。貨幣は現在であり、欲求の現前である。貨幣は身体化され対象化された欲求である。貨幣の中で、身体を具えた人間は自らの現実の生活を送るのである。

われわれは、貨幣において、単に完全な対象を手に入れただけではなく、むしろ対象性を手に入れたのである。貨幣は、すべてを可能にする生産の源泉である。われわれは、さらに一歩前進することができる。貨幣によってすべてを生産することができるだけではなくて、貨幣はむしろ生産の可能性一般という表象を与えるのである。貨幣とは、表象の表象といったようなものであり、それゆえ、概念である。ある一般的なるもの、つまり、概念としての貨幣によって、私はいついかなるときでもある規定されたものを選び出すことができる。それゆえ、貨幣は、表象の基礎、個々の表象に代わる一般的表象、つまり、表象の概念である。

貨幣はまた、概念へと高められた欲求であって、この欲求はすべてのものの中へと分散しているが、しかしこれとあれとを結びつけてもいるのである。特殊的なるものを一般的なるものへと集約することが達成される。われわれは、貨幣を理性と比較することができ、貨幣はそれと同等と思われる。理性は、人間を理性人として結びつける、つまり、理性という基礎をもった人間を結びつける。貨幣は、欲求という基礎をもった人間を結びつける。貨幣は、それが一般的なるものであることで、理性にとって代わる。

われわれは、さらに、この比較に二つ目のものを引き合いに出すことができる。理性は外部構造の力である。理性は、ギリシア人の考えていたように外部からやってくる。貨幣もまた外部構造だが、今度は旧来の理性と比較してみると、貨幣の理性は力の理性に基づくという転回がある。貨幣は、欲求が欲するものすべてを生産する力である。理性は聞き分ける可能性を与えるが、控え目でもある。欲求は自分が欲求として欲するものすべてを貨幣から無理やり手に入れようとする。ここでは、貨幣は、自らが欲求と規定されていると見て取った生の、あの媒介、結合、絆である。

3　所有の自由

貨幣において、有限な身体は絶対的な対象性へと自らを高める。有限な労働力はそれに対応して衰微するのではなく、むしろ分業によって欲求の衝動に応えようとする。こうした結果に適切に対応するには、労働の革命について語らねばならないだろう。

必然性であった労働は、今や自由となったように思われる。われわれは、労働に対して、近代ではギリシア人とはたしかに異なった関係をもっているが、しかしこうした関係によって必然性としての人間の労働状態は克服されておらず、むしろ強化されている。このテーゼは何を語っているのだろうか。古代では貧困が労働を強制した。だが近代では、富と所有が刺激となって労働へと駆り立てられている。しかし、そこには、強化され増大した必然性があるのではないだろうか。ポリスでは、労働が必要から行われるということは明白であった。そこでは、人間は、生活の必要事を満たすために労働を強制されており、労働の奴隷なのである。労働するものは奴隷であった。近代や現代のわれわれは何なのか。われわれは、もはや労働の奴隷であるようには思われないが、しかし、貨幣の奴隷（マルクス）[8]ではあるようだ。労働が必然性であった古代の状況では、前もって与えられている事実に基づいて外部から疎遠なるものとして人間にまさに課せられている必要は、見ることができる。われわれもまた同じく貨幣によって外部構造を創り出した結果、それに匹敵する必要が現れたが、これもまた外部からの必要であって、それゆえに、マルクスは貨幣の奴隷と言うことができるのである。必要の問題は、その後はるかに重みを増している。ポリスでは少なくとも一部の人間はこの必要から解放されていた。彼らは労働の生活を飛び越えて政治的生活の自由を手に入れることができた。だが、こうしたことが可能であったのは、ただ、ポリスでは必然性の下にある生活に対して必然性から相対的に自由な生活を対置しようとしたからに他ならないのである。それは、単なる生活から良き生活への移行[9]、必然的なるものそしてまた有用なるものから良きものへの移行である。それは、自己充足の自由、自足（autarkeia）の自由である。近代では、われわれは自己充足に自由を見ることはないが、しかし、新たな必然性の強制を受けている。われわれは、所有を必然性として体験しており、所有の奴隷なのである。この点にもっと根の深い問題がある。つまり、所有をもたらす労働は、単に身体の欲求を満足させようとはしていないのである。逆に、労働は身体の欲望を刺激して所有から所有へと急ぐようにますます駆り立てようとしているだけなのである。欲望をもった身体そのものの内に定住させられている所有は、強制に転化する。ギリシア人が外部に見、また、マルクスも貨幣の内に外的なものとして見ている必要は、今や、人間の核の内に、身体の核の内にあってわれわれを捉えている必然性である。人間は強制されるのではなく、自分自身を強制しているのである。この点に、真に新しくまた比類のないほど根深い人間の必要がある。人間は自分の本来の可能性を自己強制に見ている。それは、必然性の自由に対する洞察である。この新たな自由は、自足ではなくて自律である。所有の面から言えば、この自律とは、人間が自分は何でありまた自分にとって世界が何であるかをすべて自から規定するという、かの独自な自己規定のことである。

労働は所有を創り出す。所有の本性は、不断に増大する所有である。所有の自由とは、所有増大の必然性のことである。所有せんとするこうした新たな自己規定においては、この必然性は衰微するのではなく、むしろ途方もない仕方で増大している。われわれは自分自身を規定する、つまり、われわれは自分自身を不断の必要に置くのである。われわれは自分自身を所有の必然性へと規定し、また、自分自身を所有の奴隷へと規定する。かくして、自己規定は自己隷属化へと転化する。ここで実際、われわれは、世界の規定、つまり、世界によって規定されているとか強制されていることを自ら完全に受け容れてしまっているのである。世界のこうした挑戦を、われわれは近代に至って克服し、それを生得の課題として引き受けているのである。外からの規定は内からの規定、自己規定となったのである。

貧困は隠され、富はひけらかされるものである。古代では、労働はできることなら隠しておきたいことであっただろう。労働する者は、人間であるための本質的なものを具えていない被簒奪者であると思われていた。労働から身を引くことが望まれていたが、それは豊かになりたいということよりもむしろ全く別な生活形態に入り込むためであった。労働から離れて政治に赴くことが望まれたのである。これは、私的なるものから公的なるものへと移ることを意味していた。こうした公共性が生活の富を与えてくれるのである。政治に携わっていない者は、被簒奪者、プリヴァートゥス、あるいは、ギリシア的に見ればイディオーテース（私人）、孤独で孤立した者のままなのである。労働は、孤独に家の中で隠れて行われ、公共の場で、アゴラで行われはしない。そうした場では、労働ではなく談論がなされたのである。ポリスでは労働は本質的に家内労働であった。

近代以降、労働は産業労働、家の外での労働である。マルクスはここで、労働における疎外を証明するために、彼の本質的思想の一つを提示した。「彼［人間］は、労働していないときに家に［くつろいで］おり、労働しているときには家に［くつろいで］いない。」(10) 人間に所有をもたらすはずの労働が、人間を新たな独自な労働へと駆り立てたのである。人間は、こうした新たな労働形態においても労働 arbeiten という言葉にすでに表現されている旧来の状態へと新たな形で投げ返される。arben とは、古高ドイツ語で孤独になったという意味である。簒奪されている、個別化されている、あるいは旧い言葉では、privatus、 idiotes［という意味である］。労働の貧困というこうした事態が出現しえたのは、ただ、近代が労働の必然性との闘いを始め、そして、労働の外的必然性が自律的な労働の内的で自己規定的な必然性へと止揚されるような形でその闘いに決着をつけようとしたからである。労働のこうした止揚が困難をもたらすのは明らかなことと思われる。ギリシア人にあっては人間存在の自己実現でなかった労働から、人間が自分自身を産み出す源泉としての人間の原理的実践そのものへの移行は、危機にさらされているように思われる。人間はここでは、労働における孤独化を共通なるものへ、簒奪を富へ、私的生をわれわれの政治的生へと転換させる、多少とも自覚的な道を歩んでいる。近代総体が、そして、マルクスさえもが、生活のための手段としての労働から政治的生活そのものを、経済から政治を、生活の手段から生の目標を作ることを念頭に浮かべている。マルクスが見取図を描いた疎外の問題全体は、こうした視角から見ることができる。マルクスに取り組む前に、すでにロックの労働論と所有論からこうした労働の本質的構造を明示しておくことが重要であり、それは使用価値と交換価値というマルクスの基本概念に連なるものである。こうした概念の区別は、そもそもアリストテレスからロックまで辿ることができる。その際に所有の二つの水準を区別しなければならない。

4　使用するための所有と増殖のための所有

(1)　人間にとっては使用される所有が重要である。労働から湧出する財は、使用や消費のためのものである。この意味で、労働は使用価値を産み出さなければならない。しかし、この使用価値という概念には気をつけよう。まず明らかと思われるのは、使用財が人間の個人的な需要のために生産されねばならないということである。各人が必要とする所有は個別的なものである。それは私と私の需要のためのものである。こうした使用のための所有は、それなくしては済ませられない、誰にとっても必要な私的所有である。だが、単に使用するための所有ではなくて、

(2)　所有を増殖させるための所有が存在する。しかも、これこそいよいよ本物の所有であろう。というのも、近代の所有論は、結局のところ、使用を上回って剰余と過剰であり続けるものだけを所有と呼ぼうとしているからである。貨幣の内には、人間のこうした新たな所有関係がただ単に反映しているのではなく、集結しているのである。

この場合には、二つの契機が一つの役割を果たしている。一つには、物そのものからの所有の分離、物からの所有のある程度の脱却である。他方では、こうした所有は公共性のうちでの事象であり、私的な使用ではなくて公共的な比較なのである。

物の関係について。本源的には、貨幣は現物貨幣であった。それは、たしかにある特殊な物であったが、とはいえ複数の物と直接に関係していた。このことは、たとえばローマで貨幣を表わす言葉であるpecunia に明らかであるが、それは資産と貨幣を意味しており、pecus（家畜）に由来している。貨幣が別の物である金に関係づけられる場合には、物の関係に起こった変化をともかくも測ることができる。家畜の群れは使用することができるが、金は使用対象だろうか。この点にすでに限界が暗示されている。金はもちろん、装飾に使用したり、今日では重要な製造工程に使用することができ、金に純粋な使用財を見ることができる。しかしこの場合には、二重のことが暗示されている。一つには、その対象性がことさら目につく使用対象への注目である。金は比較的安定した物、シンボル、それどころか対象性を表わす物そのものである。ここでは、所有の移ろいいかないもの、永続するものがわれわれをその対象の内からじっと

見据えているのである。他方ではすでに、貨幣と物との関係でさらに本質的な特徴、つまり、所有の過程において評価の過程が進行しているということが示される。すべては家畜を尺度として測られ、すべては金を尺度として測られる——かくしてそもそも、一般的で公共的な評価過程が形成されるのである。一つの物としての貨幣から比較の尺度としての貨幣が生成したのである。それとともに、貨幣はそれ以外の物に対して、もはや物の関連ではなくむしろ比較の関連に立つことになる。貨幣は比較を行うことによってあらゆる物にとって代わることができる。貨幣は存在するのではなく妥当するのである。だから、貨幣がある物の内に一目瞭然たる基礎をもつことがもはやなくなれば、それは首尾一貫したことなのである。貨幣の物からの脱却が重要なのである。それは、実質貨幣から純粋な機能貨幣への移行である。こうした純粋な機能貨幣の一つの頂点は、今日、いわゆる帳簿貨幣に見ることができる。貨幣は物ではないが、多分それでもやはり対象そのものなのである。この点に、単に使用される物から離れて所有を増殖させることのできる対象へと移ろうとする所有の核心的問題があるのである。

この問題については、古典的政治哲学における第一の批判的考察がある。主として所有が重要なものである生が一つの可能な生活形式（bios）として承認されるか、あるいは少なくとも議論された後で、アリストテレスによって所有のための生が不自然なものとして拒否される。それは生（bios）ではなくて強要による（biaios）生である。そのようにギリシアの語呂合わせで言うことができる。[11] 富と貨幣に取り憑かれた生は、非‐生であり、人間の不自然である。近代では明らかに、こうした不自然が自然そのものとなり、非‐生から生命力が生じている。悪徳としてのより多くとること（pleonexia）が、今や、ロックの〈人間が必要とする以上を持ちたいという欲望〉として、人間的生の否定ではなく肯定となる。

所有の基礎にある物からの脱却と機能化という二つの問題を、近代以降そして最近ではマルクスによって耳目を集めることになった二つの概念区分と関連づけてみよう。それは、使用価値と交換価値の区別である。この概念区分に、われわれは自らの命題を並べてみる。つまり、使用するための所有と増殖するための所有であって、これはわれわれにはマルクスの例の基本概念で語られているものなのである。

自然によって、あるいは、主として人間によって生産された物は、一方では使用することができるように生産され、他方ではそれとの交換が行えるように生産されることは明らかである。交換価値にあっては、使用財が互いに交換可能であることが重要なことであるのか。然り、そして、否である。もちろん、財は他の財と交換できるものであるべきである。だが、所有の問題はそもそもこの点にはない。所有は所有を増殖しようとする。取得を行うのは、使用するためではなく、むしろ、取得したものによってさらに多くを取得するためなのである。物は使用価値ではなく、むしろ交換価値である。使用価値と交換価値という言葉の内に、私の考えでは、所有問題全体が明白に示されている。というのも、広く流布して一般化しているこれら二つの言葉は概念ではないからである。それらは多義的である。もちろん、それらはある事態を新たに解釈することによって一義的になろうとする。だがこの点に、こうした言葉の特別な破壊力があるのであって、これらの言葉は、混乱しており本当は的外れなのだが、おそらくは新たな解釈によって所有の複雑で不条理なものとなった事態全体を映し出しているのである。われわれのテーゼはこうである、使用価値は存在しない。使用価値という言葉は、何かを把握するものとすれば、誤りである。存在するのは、一方での使用財と他方での交換価値である。そして、使用財にあっては、財がつねに、なんらかの意味で人間にとって利用可能であり人間の生に取り込むことができる場合にのみ、財と呼ぶことができるということがわれわれに明らかとなれば、使用［という言葉］もきっぱりと棄て去ることすらできるかもしれない。

今やわれわれが明らかにしようとしているのは、一方で善そして他方で価値というように語ることに意味があること、そしてさらに、使用と交換は、われわれが物をまず使用によって評価し次いで今度は交換において評価するといった、物に対するその時々の観点ではない、ということである。われわれは、使用価値と交換価値というマルクスの対照を糸口とすることは意識的に行わずに、古典古代政治理論における最初の財の理論を回想したうえで、そこから財と価値との区別を理解することにする。

人間は、あらゆる活動において善を追求する。技術においては作品を、学においては知を、実践においては行為そのものを。善について語ることは、その追求活動が終局を、完成を目指しているが故に、意味があるのである。この追求活動は、目標を目指すものであり、目標に到達しようとする。作品の内にその目標を達成する技術、自己自身において自己を目標と見る実践は、この追求活動に終結、完成をもたらす。こうした場合に、古典古代政治理論によって導入された善という概念が、そうした活動的な生の状況を言い表わすものなのである。こうした活動の善が示されるのは、到達が果たされること、欠けたものがないこと、追求活動に応じてそれなりの成就がなされること、においてである。人間に対するその当時の見方では、人間は多様な追求活動に携わっているのであり、この追求活動はそのつど一つの目標に向けられており、しかも、その目標が達成されかつその段階において終結している限りでその追求活動に対して善である、とされていた。目標をもった追求活動——それが善なのである。つねに先へと進み目標をもたない追求活動は、善と呼ぶことができない。この場合には、概念が変化するのである。追求活動は、明らかにいつでもある目標に従属させられているのに対して、目標をもたない活動状態には新たな概念が必要とされるのである。この概念は、近代の基本概念である意志に現れている。追求活動と意志とのこうした構造的区別が、使用財と交換価値との区別の根底にあるのである。

私は、使用財にあってはある物を完全に私のために受け取るが、交換価値にあってはさらに多くの所有を獲得するためだけにある物を利用する。所有に対する意志の内には、到達そしてまた善も存在しない。だが、追求活動と意欲とのこうした構造的区別はどのように構想されているのか。追求活動では使用が問題であり、意欲では交換が問題なのか。前者は所有ではなく、後者は所有への意志なのか。ここでわれわれは第一の答えを試みる、つまり、私は善を追求しており、また、私は物を価値として思い浮かべている、と。このうちには、物との関係における決断がある。私が善を追求するのはそれを使用するためである。それが善であるのは、それが使用されるかあるいはいずれにしても使用可能だからである。私がここで使用財について語り、それゆえ、使用価値ではなく使用財と語るという修正を施したうえで断固マルクスのもとに留まらんとするのは、マルクスやその他の人々にあって使用という概念によって考えられている広範な含意をすべて共鳴させようとするためなのである。使用財が言わんとしているのは、私がある物を生のために使用することができ、現にそれを使用しており、それが有用かつ必要であり、それが生にとってとりわけ善である、ということである。というのも、私がある物を使用し、それが私にとって使用財であるということによって、私はその物によって生き、その物によって私の生を遂行し、それによって「実践」をもつからである。財は、実践にとって善であった限りで、現実に善であり、この意味で実際に財［善きもの］であったのである。このことから、われわれは、現実の事実関係をしっかりと把握するのに簡単に善と財とを語ることができる、ということを見て取れる。われわれが生を遂行しそれゆえ実践つまり生の遂行をもつ際の物は、われわれが使用しかくして完全に生の内に引き入れる物なのである。

したがって、使用財というふうに語るのは、強められ鮮明化された言い回しにすぎないのであって、それは使用と善との関連の意味が物に対する見方のうちで、もはやごくあたりまえのことではなくなった今日では多分適切なことなのである。しかも、使用と善とが関連しているということは実際には当たっていないように思われるのである。というのも、われわれは、使用ではなく交換に狙いを定めているからである。この場合には靴とテーブルその他の物々交換、つまり、使用財の物々交換が問題なのではなく、むしろ、使用財が交換価値に転化することになる交換が問題なのである。要するに、われわれは、ある財によって別の財を取得したいのではなく、さらに多くを取得したいのである。決定的な観点は、「さらに多く」ということであり、所有というパースペクティヴである。その場合には、使用財は、実際に所持され生の遂行において使用される財であろう。しかし、私は単に財を追求するのではなく、所有を欲しているのである。実践を可能にする善においてこそ物の完全な入手が行われるのだ、と異を唱えることもできよう。ここには、限度、終極、完成というものは存在しない。終極のない道を歩いていることは明らかである。ギリシアの政治理論は、追求活動において善きもの［財］のもとに留まろうとする生のポリス的地平から、所有追求をすでに批判していたが、それは所有追求にあっては善が示されないからであった。富は、たとえそのうちに財が蓄積されようとも、善をもたらさないのである。

ところで近代では、財を価値へと転換することが企てられる。物は価値評価される。それによって、物はもはや善であることはできなくなる。私がある物を価値評価する際には、その物は、物それ自体としてではなく価値としての他の物との比較における価値として、増大可能なものである。私は、物を価値評価することによって、財を価値にするのである。財は価値へと修正される。財はそれまで生に与えていた以上のものを与える。ある物が私の使用にとってどのような価値があるのか、だがそれは私に交換価値としては何をもたらすのか、これは新たな問い、近代の問いであると思われる。多分、私はあるものを全く使用できないのに、それにもかかわらず交換することができる。さらに多くの所有への衝動の中で財から価値への革命が行われるが、それは、善いものに比べてさらに善いものが存在するということである。こうした新たな所有理論には、エンテレケイアないし目的論的思惟からの離脱という新たな要素が示されているが、それについては、理性と力に関する章で能動的力を用いて指摘しておいた。新たな主体設定、新たな労働理解、そしてここでの所有解釈は、それぞれ多少とも人間の新たな自己理解と世界理解を表現している平行的企てなのである。財が価値に転化させられるのは、そもそも、最初の決定的な所有把握である。われわれは、ロックからマルクスまで近代の思考の歩みを辿ることで、所有の意志が破棄されなかったことを見た。マルクスは、使用価値の交換価値への転化を批判し、一種の反革命を望んでいる場合でも、所有を捉えて離さないのである。彼は労働と所有の関連を見ているが、その際に、世界は私的所有として領有され、社会は個人的な私的所有者へと解消されている。彼は、私的所有から共産主義的所有への移行を望んでいる。人間は、徹頭徹尾、所有活動という尺度の下で見られる。こうした点で、マルクスは、徹底化された仕方ではあるが、近代初頭以来根づいている根源に照応しているのである。

マキアヴェリとともに、人間は、自己と世界とを人間に可能な最高限度で所有せんと尽力する。力量には、私が何を世界事象のうちの私の取り分として私のために完全に受け取ることができるかが示されているのであり、あるいは一見したところ全く別の思想を持ち出すならば、カントの理性批判の眼目は、理性の広範で外部から与えられた空間から人間の領域を区別画定し、人間をそこから際立たせることにあるのである。まさにこのことが、クリネイン（批判）、つまり、理性がわれわれに対して実際に引き渡すことのできるものを顕在化することを意味しているのである。「(1)私は何を知ることができるか、(2)私は何をなすべきか、(3)私は何を期待してよいのか」[12]というカントの問いは、中でも人間の知力に関する第一の問いにおいて、人間に可能な理性の所有把握を明確に示している。そして、カントが他の三つの問いを集約している最後の問いは、「人間とは何か」[13]である。こうした哲学の基本的な問いがすべて人間に向けられていることは明らかである。他ならぬ人間こそが中心であり、理性を人間から引き出し徹底して人間の根源において摑み取ることが大事なのである。われわれは、所有活動の近代的特質を主張しているのであり、この特質はあらゆる思想家に多かれ少なかれ見られるものである。所有は、唯一至高の観点である。私は、所有を、価値の措定によって、一つの評価活動としての思考と行為とによって、獲得する。人間が世界と交わることは、一つの評価活動である。評価活動において実践があると主張される場合、その実践とは評価活動の遂行ということになろう。

5 マルクス

5・1 財と価値

マルクスは、たとえわれわれの主張するように交換価値の批判において依然として所有に固執しているとはいえ、財［善］から価値への移行を非常にはっきりと認識していた。使用価値と交換価値という新たな概念だけを引用するのが慣例となってしまった。マルクス自身が、われわれが際立たせた意味で、こうした区別の核心を財［善］と価値という本源的な概念において明示していることは、ほとんど忘れ去られている。彼の考察は、『資本論』では、使用価値と交換価値とを区別することから始まる。使用価値を最初に定義するところで直ちに、それを補完し深める概念である財［善］が現われる。「ある物の有用性はそれを使用価値たらしめる。しかし、この有用性は空中に浮かんでいるのではない。商品体の属性に条件づけられている以上、有用性は商品体なくして存在しない。鉄、小麦、ダイヤモンド等々の商品体そのものは、それゆえ、使用価値あるいは財である。……使用価値は、使用あるいは消費においてのみ実現される。[14]」財とは、人間が自分の生を遂行するために自分のために使用する物それ自体を表わす旧い概念である。財という概念の内にあるこうした物との関係そしてまた同時に自己との関係を、マルクスは完全に把握し強調している。交換価値が物それ自体にはなく物と人間との関係の内にある、というより、物に加えられた価値評価にあるということを、マルクスは直ちに示している。交換価値が内在的な、物に固有な価値、いわゆる内在的価値に基づくというテーゼを、彼は却けている。彼はここに重要な注を付している。「何物も内在的価値をもつことはできない」、またもっと強い表現では、「ある物の価値は、それがもたらすであろうものとちょうど同じである[15]」と。

使用価値から交換価値へはどのようにして至るのか。「さて、商品体の使用価値を無視すれば、それらになお残っているのは一つの属性つまり労働生産物という属性だけである。……今度は、労働生産物の残りを考察しよう。それらになお残っているのは、幽霊のような同一の対象性、区別のない人間労働の単なるゼラチン、つまり、支出形態を顧慮することのない人間労働力の支出の単なるゼラチンだけである。これらの物は、ただもう、その生産に人間労働力が支出され、人間労働が累積されているということを表わしているだけである。それらは、このようなそれらに共通の社会的実体の結晶として、価値である。[16]」『資本論』の」第三版と第四版では、「商品価値[17]」という語が付け加えられている。しかし、問題はそれによってすり替えられることになる。もちろん、マルクスは、彼の言う価値転化の経緯――それは、マルクスにとって、使用価値が交換価値に転化される点にある――を明らかにしようとしている。すべてのものがこの転化に捉えられるのであり、労働も同様である。労働は財を生産するのではなくて商品を生産するのである。労働は人間のための使用に奉仕するのではなく、ましてや自己使用のための使用に奉仕するのでは全くない。労働は、交換市場のために商品を生産するという機能しかもたないのである。労働は、市場および交換という過程（訴訟）において仲裁を行う権威をもった第一審なのである。

マルクスにとっては、資本の観点から見て人間の間には二つの形態の商品流通が存在する。一つは、欲求の充足のためのもの、あるいは、人間の必要性の充足のためのものとも言えよう。この場合には、商品の目的ないし商品循環の目的は、商品の運動の外部にある。商品は人間の目的に奉仕するのである。これに対して、第二の形態の商品流通では事情が異なり、それは自己の内を循環し自己目的に奉仕する。この場合には、人間の必要性に代わって膨大な自由が現れる。それは無制限状態の始まりであって、制限が現れる使用や消費においては決して可能ではないようなものなのである。それは所有という無限運動へと取り込まれることである。しかし、われわれはこれをマルクスの資本の一般範式を用いて書き表わすことができる。「買うために売る」あるいは「売るために買う」（商品―貨幣―商品ないしは貨幣―商品―貨幣〔W―G―WないしはG―W―G〕）[18]。私は、私が生産したものあるいは私の労働を、私の欲求を充足するための手段を獲得するために売る。マルクスはこの場合に「使用価値の領有」を見る。「これに反して、資本としての貨幣の流通は自己目的である。というのも、価値の増殖は、このたえず更新される運動の内部にのみ存在するからである。それゆえ、資本の運動には限度がない[19]。」この箇所にマルクスはアリストテレスに遡るかの有名な注を付しているが、マルクスにとってはアリストテレスこそが最初に商品関係のこうした二つの形態を経済術と貨殖術（生業術）という名の下に区別しているのである。

5・1・1 経済術と貨殖術

アリストテレスによれば、経済術は人間に必要な使用財を調達するものであり、このことをマルクスは「真の富はそうした使用価値からなる」と翻訳している。アリストテレスは、所有の限度そしてまた商品の富の限度を明示しているが、商品の富とは財からその善を奪わないために財に財を積み重ねたりしないものなのである。善き生は自己充足のうちにあり、これはまた自己制限ということなのである。善き生は、私は生のために実際に何を必要とするのか、また、何が不必要なのか、という批判的な確認を受ける。善き生には適度な所有で十分なのである。だが、「貨殖術が獲得しようと努力するような富には限度がない。……その目標は絶対的富裕化である。貨殖術ではなく経済術には限度がある。……経済術は貨幣それ自体とは異なるもの［消費財］を目的とし、貨殖術は貨幣の増加を目的とする。……相互に転移し合うこれら二つの形態を混同することによって、何人かの人々は、貨幣を無限なるものへと維持し増加させることを経済術の究極目的と見なすことになった。」[20] マルクスは、アリストテレスに再考を加えてみることなく、アリストテレスを自分の批判の保証人としている。マルクスの翻訳においてアリストテレスは二つの形態の混同について語っているが、しかし、アリストテレスにとって問題なのは明確な区別なのである。経済術は生に奉仕し、政治の基礎である。これに反して、貨殖術は生に奉仕せず政治の基礎となりえないが、それは、貨殖術が必要な生活手段の配慮に自らを制限しないで自ら生にとって代わり、生ないし生の目標を簒奪しているからなのである。この場合には目標がない。人間は到達を果たすことなく目標喪失状態のまま宙吊りとなっているのである。

財の所有と貨幣の所有とは交錯している。所有関係における徹底した区別が突如現れる。使用するための財と所有するための貨幣。経済術とは、実際その名が語っているように、場所、家（oikos）に滞在することと結びついているのだが、こうした経済術は爆破される。こうした場では、秩序、財の宇宙が支配している。こうした財は人間の滞在の一部分であり、また、そのまま人間の滞在を形成している。われわれは、家や家政において配慮を受けつつ財を追求することによって、ポリスという政治的空間において一つの生活形式を与えられる。生活形式の理論は直接に財の形式の理論と関連している。所有の意欲の場合には生活形式は生じてこない。無形式（ギリシア人にあっては強要による）[21]が支配するのである。

5・2 新たな主体——貨幣

問題なのはそもそもなんらかの財ではない。だから、貨幣も財ではない。所有は「利得する休みない運動」[22]にある。所有では、財ではなく価値が問題なのである。

マルクスが貨幣—商品—貨幣という所有者範式を、この循環では価値の増大だけが重要であるというように最終的に定式化するとき、彼は前述のことをまさに適切に記述したのである。貨幣を支払うのはさらに多くの貨幣を引き出すためである。この場合具体的に問題なのは、貨幣では全くなくて、さらに多くの価値である。われわれはG—W—Gという最終範式を知っているが、これはその次には、「売るために買う、あるいはさらに完璧には、さらに高く売るために買う、G—W—G′[23]」ということである。マルクスは、問題の全体をはっきりとさせるために短縮して、「G—G′、さらに多くの貨幣と等しい貨幣、自己自身よりも大きい価値[24]」と述べている。価値は、自己を増大させる場合にのみ存在する［価値がある］のである。このことは価値という概念それ自体のうちにある。価値は無である。存在、財は価値ではない。そして、財が価値として妥当しうるのは、財とともに価値を増大させることができる場合に限られるのである。

「W—G—Wという流通においては、貨幣は結局、使用価値として役立つ商品に転化される。だから、貨幣は最終的に支出される。[25]」この関連で、私は、貨幣それ自体を一つの使用価値として格づけするところまでいきたい。貨幣は財ではないが、しかし、マルクスの使用価値という概念が財に代わってある意味をもち、厳密に適用されるとするならば、この場合、財そしてまた生に奉仕する貨幣は一つの価値である。貨幣それ自体は無であり、直接的なものではないが、しかし、媒介の役に立ち、また、使用の可能性の条件である。こうした意味で、貨幣を一つの使用価値と言うことができよう。

マルクスは自らこのことを確証していると思われるが、私は少なくとも次の引用にその指摘を見る。「W—G—Wという循環はある商品の極から出発して別のある商品の極で終わるが、この商品は流通から出て消費に帰する。だから、消費、欲求の充足、一言で言えば使用価値が、この循環の究極目的である。(26)」この循環全体は財を目標としている。こうした運動およびそれと結びついた貨幣による価値評価過程——これを通じて商品が商品と比較され、かくして評価されるのだが——それによって貨幣は、財のもとに留まって、それを越え出ず、価値から剰余価値へと移行しない一つの価値観点であることが示される。マルクスはすぐにこう続けている。「これに反して、G—W—Gという循環は、貨幣の極から出発して最後に同じ極に復帰する。だから、この循環の推進動機および規定的目的は、交換価値それ自体である。(27)」W—G—Wの場合には価値評価活動は停止するが、G—W—Gの場合には不断の価値評価活動が問題なのである。前者では、価値評価は定点の間でしか生じない。マルクスは、一方での商品の極と他方での商品の極と言っている。貨幣は媒介するもの、物々交換の価値である。ここで、マルクスの交換価値概念がいかに曖昧なものかが明らかになる。使用価値も交換価値と同じく揺れ動いている概念なのであるが、それらは、繰り返し財の領域へと立ち戻るよう指示し、存在に固着していてただ生成、運動だけを把握するのではないからである。使用と価値とは自己矛盾であり、交換と価値とは一方では重複してしかし他方ではまた多義的に表現されているのだが、それは、交換ではまだ純然たる物々交換という手続きのことを思い浮かべることができるからである。W―G―Wの場合には、実際に物々交換が問題なのであり、G―W―G(G′)の場合には、究極的に、交換が問題なのではなく、交換といってもただ価値評価活動の観点の下におけるそれだけが問題なのである。

もう一度労働との関連を振り返ってみると、次のように定式化することができる。財をもつために労働するのか、それとも、所有する、価値評価を行うために労働するのか、と。所有を増加させるためには、人間労働はそもそも評価され、第一の価値として所有過程一般に置かれる。人間労働がどのように評価されまた同時に価値を切り下げられるかを、マルクスは、おそらく最も鋭い形でその初期の経済学‐哲学的著作『経済学・哲学草稿』[28]において記述している。『資本論』では、彼は同じく労働と価値評価との関連をその冒頭で明示している。だがここでは、貨幣ないし商品の理論が支配的である。そこから出発することで、彼は次にこう定式化することができるのである。「商品の価値が単純な流通でとる自立的な形態、貨幣形態は、商品交換を媒介するだけであって、運動の最終成果においては消え去っている[29]」と。貨幣は商品の交換を媒介し、次いで再び消え去る。これ以上はっきりと貨幣の位置価を格づけすることはできない。貨幣は、実際、財に関してそれがあるがままのものとして格づけされる。貨幣それ自体は無であり、財の媒介のための一つの価値観点であり、使用財のための一つの使用価値なのである。「これに反して、G―W―Gという流通においては、両者つまり商品と貨幣は、価値そのものの異なった存在様式として、貨幣は価値の一般的な存在様式として、商品は価値の特殊的な、いわば単に仮装した存在様式として、機能するにすぎない[30]。」すべては価値である。商品と貨幣とは価値そのものの異なった存在様式にすぎない。

マルクスはここで価値問題を強調するのだが、それは、まず主体という古典的な概念により、次いでこれまた実体という概念によって、価値問題を詳細に性格づけようとすることによってである。価値は、

「たえず、一方の形態［つまり、貨幣や商品の］から他方の形態に移行し、この運動において失われることがなく、かくして自動的主体に転化する。……価値はこの場合には過程の主体となるのであって、この過程においては、価値が、貨幣形態と商品形態とのたえざる変換の下でその大いさそのものを変じ、本源的価値としての自分自身から剰余価値としての自分自身を打ち出し、自分自身を増殖するのである。というのも、価値が剰余価値を付加する運動は価値自身の運動であり、価値の増殖つまり自己増殖だからである。価値は、価値であるが故に価値を生むという神秘的な資質を受け取った。[31]」

マルクスはさらに「支配的主体」というふうにも語っているが、これは、あらゆる商品をいつでも支えることができ、かくして実際にすべての商品を支配的に支えている固有な形態を、貨幣としての自己に授与するのである。だが、商品は、そしてまた貨幣は、「自ら運動する実体」である価値の「単なる形態」にすぎない。[32] ここでマルクスは次に、こうした価値過程と、父なる神と子なる神との創造過程とのかの冒瀆的な比較を行っているが、それは容易に批判できる。だが、マルクスが究極的に言おうとしていることには留意しなければならない。彼はまず自動的主体について語り、次に実体について語っているが、「さらに多くのこと」を語ろうとしているのである。つまり、彼は、「実体」、「主体」という哲学的‐古典的概念に倣って神学上の基本的関係に思い至り、いわば神学的および哲学的伝統の思考全体から彼が見た価値問題の地位を強調し把握しているのである。

自動的主体ということが語っているのは、ここでは設定が単に人間の側から行われるのではなく、自己自身を不断に設定すること、設定の機械装置、自動化が行われるということである。所有は、われわれを自動的に掌握する主体である。実体についても同様である。自ら運動する実体――ここで、不動の動者というアリストテレスの神概念を想起することができる。いずれにしても、ライプニッツの態動的力の理論との関連を見ることができよう。価値であるが故に価値を生む、自己増殖としての増殖——これに刺激を受けてマルクスは父としての神と子としての神との比較を行っているのである。これは、自己創設関係、自己創造関係の支えとなることができる十分に考えられた隠喩を意図している。われわれは、冒瀆よりもむしろ、神の天地創造に対抗しようとする価値評価というライヴァルを見るべきであろう。マルクスが哲学的および神学的な基本的思想からこのように借用を行っていることを、私は、彼があらゆる手段を用いて価値評価という途方もないものを究明しようとしているのだと理解したい。だから、彼が主体、実体、神によって、価値評価の場合に行われている実際の過程をわれわれに現前化するための像を求めても、それはおそらく究極的には不十分なものだったであろう。

近代的主体を、ヘーゲルの場合のように、単純に主体性と捉えることもできない。同様に、自動的主体の自動的という形容詞も、この過程の全体性を強調するには不十分である。実体は、こうした新たな事態を把握するには、最もかけ離れた最も不十分な概念である。旧来の存在はさしあたり実体のうちに表現されており、また主体のうちにもなお居住しているのだが、こうした旧来の存在からの疎隔を、同じく前世紀の中葉に現れた新たな妥当の論理学(33)によって概念に高めることもできよう。つまり、存在から妥当へ、財〔善〕から価値評価へ、である。これは、かの徹底して過程に固執すること、運動に固執することを別なふうに述べようとする試みである。われわれはさらにもう一つのことをつけ加えることができる。つまり、われわれは、理性の設定から自己設定へと移行するということである。われわれは、人間の自己設定についてはもはやほとんど語ることができない。というのも、人間はまさに所有問題の中で没落しているからである。人間は無視される。これは、若きマルクスがその最初の理論的苦闘の中で、近代において人間が自らの足場としようとした労働の新たな役割を疎外に至る固有な道と捉えた際に、彼の関心を惹いた最初の問題なのである。

6 身体と所有

6・1 公共性

物を使用するのは存在するためであり、物を評価するのは所有するためである。財と価値は並存し対立する。価値の内に、また、価値評価の内に存するこうした価値過程、所有という事態はどのようにして生じるのか。ロックは、人間を一つの方程式、つまり、身体＝労働＝所有という公式の下で考えている。われわれは、こうした身体・労働・所有の関連を一つの連続、あるいはまた、因果性の円環と見ることができる。身体が労働を生み出し、労働が所有を生み出す。逆に、所有は労働を誘発し、労働は身体を充足させる。われわれは、ここに体系的関連を認め、身体－労働－所有体系と語ることができる。

こうしたことはすべて、人間がさらに多くをもちたいという欲求をもった存在と定義されるかの最初の基本的な自己理解において、明らかとなる。これは、身体それ自体から生じる定義である。これは、その本質において身体性そしてまた欲求の方向へと乗り出す身体あるいは人間の規定、概念、そしてまた、定義である。かくして、所有問題は、それぞれ比類がなく身体的には前もって構造化されており、ある場合には多くある場合には少なく欲求に駆り立てられる人間の労働と完全に結びついていることとなろう。ほとんど欲求をもたず自制のうちに生を送る人間が存在すると考えることもできよう――そして実際に存在するであろう。そうした人間には所有の見込みはないであろう。私は、身体の所有衝動を完全に解き放つ場合にのみ、身体の自己所有を持つ。この所有は、各人をせき立ててその身体の個別性から超出させ、各人に他者との摩擦を引き起こすか、または、身体を社会へと連れ出す。われわれはここで生産について語ることができる。身体は、自らを社会へと連れ出すことによって自分自身を生産するのである(producere=引き出して連れ出す)。所有を持つことを欲する身体は、所有の生産の流れの中で自己自身を生産しなければならない、つまり、身体に生得的な欲求の力、身体の作用力、製造力を労働を通して公共的過程で貫徹しなければならないのである。

生産は、この場合、複雑な相貌をもつ。身体・労働・所有は、生産の、もっと正確に言えば、生産性の骨組みである。すでにマルクスによって明示しえたことだが、運動や過程は単に価値の水準あるいは所有の水準だけで示されるのではなく、こうした過程の進行はすでに身体のうちに表現されている。われわれは、その上にもっと先までいかなければならない。身体と所有との間には、生産性としての自己理解に関して区別は存在しないのである。所有の価値過程では、われわれは、所有を欲する者として、ロックの考えるような身体的存在、つまり、欲求と所有の存在なのである。それゆえ、身体は、その個別性の点でいつでもすでに突き破られており、つねに公共性へと導かれ、分裂しており、危機に在り、個別人と社会とに引き裂かれている。だが、この社会は個人の社会にすぎない。個別性が彼らを結びつけ、彼らを社会的なものにするのである。所有・身体・労働が統一する紐帯である。[34] ここでは基本的に分離が紐帯であり、ヘーゲル流に言えば、市民社会そのものである分裂が紐帯なのである。

所有は所有の関心しか惹かない。身体あるいは所有は、自己に対して自己関係に入る。これは自己生産である。マルクスは、自己自身へと集中化する所有関係の批判を先鋭にしている。「価値は今や、商品関係を表示する代わりに……自己自身に対する私的関係に入る。[35]」所有は自己自身のもとに留まる。神も同様である。少なくともマルクスにとってはそうである。それゆえ、マルクスは、ここでこの「私的関係」という言葉にすぐ続けて、父なる神と子なる神との神的な自己創造過程の指摘を行うのである。

注目すべきことには、こうした私的関係において、人間は自己を貧しく簒奪され個別化されているとは見ないで、むしろ、自分が価値過程に入り込んでいる限り、身体および個人として完全に公共性のうちにあると見ているのである。社会は、そもそも身体のために、所有のために形成されるのである。社会は所有の自己生産の一部である。だから、社会的関係はつねに所有関係である。われわれはこれを、単にマルクスの意味で考えているのではなく、この事態の解明にとっておそらく最も有益であるロックの意味で考えているのである。

ロックによれば、私的な使用財と、それにつけ加わる公共的で社会的な物の価値とは区別される。あらゆる物は、一方で、個人的で私的な使用との関連に立ち、他方で、原則として公共的で社会的な関連に立つが、後者の関連とは、比較や値踏み、いずれにせよ物と物とが関係づけられ、次いで、ある価値の確定を通じて（もちろんこの価値は修正も可能な確定過程のうちにたえず見出されるものだが）、物が交換されるということである。ある物が全く別のある物と比較してどれだけの価値があるか——これは公共的な問題であり、公共的な比較関係である。このとき以来、ある物の市場価値が語られる。この市場価値をあらゆる物の生来の自然的価値と区別する企てがなされる。ロックは、「あらゆる物の内在的で自然的な値打ち」について語り、その一例を挙げている。「対象物に内在的なこうした性質は対象物自体の変更によってしか変わりえない——例えば、テーブルの性質はその脚の一本を取り去ると破壊されるように——しかるに、ある商品の「市場価値」は、その商品が他の商品に対して立つことになる関係が変化するや否や変化する。[36]」

物の性質、内在的価値は、市場価値に対して値打ち（worth）と呼ばれ、後者は価値（value）と呼ばれる。値打ちとは自然的価値（valor naturalis）であり、すでにローマ人はそのように呼ぼうとしていた。また、価値は代価（pretium）、つまり、支払われる価格である。ドイツ語では値打ちと価値に対応する語は一つしかないが、それでもどちらかと言えば市場価値という意味に近い価格として、価値という語の意味を明確にすることができる。だが、このように言語上の区別がないことは、欠点ではなくむしろ一種の強味である。というのも、あっさりマルクスに追随しようとしなくても、財と価値との区別が原則として理解できるからである。当然こうした混同のうちにヒントを読み取らなければならない。というのも、価格‐価値、市場価値、交換価値としての価値は、ローマの pretium から見れば、後世の意味での価値としてそもそも維持されていないからである。ローマでは使用財と所有価値との区別という旧来の思考様式がはっきりと理解されていたことは明白である。pretium は valor ではなく、それゆえまたおそらく、ただ物自体の内にしかありえない価値でもない。価値は財を表わす別の言葉として残しておかれているのである。

英語では、革命が起きたことがその言葉から分かる。valor naturalis は市場価値の value へと置換されている。valor naturalis によって考えられており、それゆえ、さらに詳しく記述するべき性質が問題でないことは自明である。だが、この概念が全く別の状況に転用されたことによって、おそらくこの言葉には新たな事態が表明されることになる。市場価値はまずもって価値なのであり、新たな意味での性質、商品それ自体において作られたり商品に付け加えられたりすることができず、物が物から全く独立した出来事の中で初めて受け取る性質なのである。物は、自己との内的関係に立つのではなく――その内的関係の中では、ロックの命題が明らかにしているように、性質は変化しうる――、また、外的関係、つまり、ある物（例えばテーブル）が他の物（たとえば靴）と人間にとっての使用の必要性に関して比較されるという関係に立つのでもなく、むしろ、全く新たな関係、徹底して自己自身に集中しすべての物を自己との関係に引き込むという関係に立つのである。この関係は、物の価値をすっかり切り下げることでものを下落させたり、あるいは、物をその可能な限り高度な質という高みへと誘導することもありうる。すべての物はこうした価値評価過程に依存しているが、この価値評価過程は決して物に依存していない。これが新たな事態なのである。ただ一例に注目すれば、市場の価値評価過程は、最も役に立たない財でさえも、われわれには最高に必要な使用財と思われると評価することもありうる、ということが分かる。こうした評価過程は、無から何ものかを作り、とるに足りないものから高貴なものを、明らかなる無から明らかに一時的な有を生産することがありうる。これは所有の生産過程における本来的な生産性である。私は何を必要とするのか。本来使用財に照準されている身体は、自分が単に使用財を必要としているのではなく、それどころか使用財よりもむしろ所有価値を必要としているという新たな所有関係のうちにいる。われわれは意識的に、必要とすると語っている。必要とするといっても、もちろん新たな意味でのことである。そこに革命があるのである。新たな点とは、今日、言い換えれば、近代以降、われわれには使用財が所有価値として現われており、その逆も言えるということである。そしてここに、われわれにとっての衝撃がある。その衝撃とは、われわれが自分たちの必要とするものを絶えず併行して評価するということである。われわれが一方でテーブル、住居、自動車をもつのは、それを使用し、それゆえ、実践をもつためである。だが、われわれはこれらの物を所有［財産］としてもち、そのようなものとして価値評価している。その場合には、われわれは自動車に（使用財という意味での）自動車以上のものを見ている。われわれにとって、自動車は単に使用する以上の価値がある。われわれは、財の拡張と完成に眼を向けるようつねに身構えており、ある財から別の財へと跳び移る場合には、すでに使用の水準を去って所有の水準に赴いているのである。われわれは、所有［財産］をもつことを欲する人間であることが示される。使用財は一つでは好ましくなく、幾つか、多くであればもっと好ましいのである。われわれは、改善を求めて歩き回る際に、財を価値に転化するのである。われわれは、椅子という財に座っているのであり、座っている際にはそれが財であることを忘れているのである。

6・2 労働

われわれは、これまで、身体と所有との間に方程式を立ててきた。身体と所有との中間項である労働について、さらに詳しく考察しなければならない。人間は身体である。身体が労働し、身体が労働である。だが、人間はそのことによってある特定の行いに制限される。人間は、こうして押し込められた状態から最高度に可能なるもの、つまり、所有を取り出すように、自らの地位を決定する。人間は世界内の労働者としてのみ世界を所有する。それゆえ、所有はこれまた労働にとっての定義地平なのである。だがまず留意すべきことは、ここで労働する動物（animal laborans）と理性的動物（animal rationale）という二つの定式を相互に関連づけると、労働する人間および理性的人間とは、つねに、ある特定の活動に束縛される存在であるという点である。力量によって人間の力の性格が強調される。能動的力では、世界内のあらゆる存在者の、それゆえまた人間の、始原的暴力、文字どおり原始的力、本源的暴力が主張される。労働、とりわけロックの労働理論以降理解されているような労働は、今や、この力を発揮するさらなる一歩なのである。労働は最も広い意味においては労働力なのであり、その場合、個別的な人間的労働力、あるいは、その後マルクスが見たように労働過程における労働力と理解された人間は、ある制限された視点という意味しかもちえないのである。すでに指摘したように、労働力は、分業において労働が展開されることによってそもそも初めて、自分が力としては何であるのかを明らかにするのである。分業は力の展開、力の増大である。分業は、本質的に、価値と所有の観点の下で見るべきである。それゆえ、直ちにマルクスに歩調を合わせてしまわないためには、まず、分業よりもむしろ労働分割というふうに語らなければならないだろう。実際に労働そのものの中に隠れている力が労働過程で前面に出てくるべきであれば、労働は、単にそのつどの生産物ではなくてむしろ全生産性を創り出そうとするような形で、組織されなければならない。

近代では、人間は、汝と神との間の広大な地平の中でではなく、労働する動物として自己を定義する。これは、おそらく人間の歴史の中でかつて現れたことのないような厳密な自己規定である。労働することで、人間は自己自身を規定し、自己自身を生産する。労働から流出する生産物はすべて、こうした観点から人間のこうした生産性との関連で見なければならない。労働力が増大するのは分業が行われる場合であり、生産物はこうした形態の生産において増大する。最高善は存在するが、最高の価値というものは存在しない。これは誰もがはっきりと知っていなければならないことであろうが、その洞察は難しいのである。価値論では繰り返し最高の価値発見への期待が懐かれていた。経済学の価値論ではリカード[37]が傑出した例であり、哲学的価値論では、主としてマックス・シェーラーやニコライ・ハルトマン[38]が推進したような客観的価値論がそうである。

しかし、最高の価値への問いは初めから不可能であり、それゆえ、その理論はどれも矛盾しているのである。われわれが価値評価を始める場合、財そしてまた物は中途で停滞するのである。われわれは、財を追求しそこに少なくとも一時的に滞留し追求行為の目標を得ようとしているのではなくて、一貫してさらに多くを欲しているのであり、そのために、そのつどの対象の所有においても、基本的には所有があるのではなく、対象から対象へとどんどん移りゆく誘因しかないのである。われわれは次のような問題の錯綜を見ているのである。つまり、一方で人間は財を必要としている。他方で人間は思考と生の第二の水準、近代以降われわれの実践そしてまた財を支配している水準、つまり、価値評価と関わりをもつようになった。われわれが体験するのは、もはや物ではなく、価値評価に捉えられた物だけであり、こうした物の物としての本性が完全に見られるのは価値評価の枠内においてである。物は価値なくして存在しない。物は価値なしにやってゆけない。物は妥当するがゆえにのみ存在する。妥当する価値は、物が現にあるとおりの物であるための新たな根拠である。われわれは、物を評価することによって物を作るのである。物が物であることは、物が価値をもっていることである。これは、さしあたり、存在から妥当への、新たな種類の存在をもたらす妥当へのこうした移行における洞見し難い過程である。(39)

われわれは、存在において生きるのではなく、価値評価を糧として生きる。このことは、人間はさらに多くをもとうと欲するとか、あるいは、人間は物を作らなければならないという、ロックのかの最初の定式のうちに見なければならない。要するに、われわれは、内的価値という、ロックの言葉と使用価値というマルクスの言葉を考察したいのである。内的価値によって価値の新たな概念性の点から財を詳細に規定しようとするのであれば、内的価値について語ることは無意味である。内的価値は、ある物がその物として、たとえばテーブルとか木の実として善くあるためには一定の仕方で成長するとか一定の性質を具えていなければならないということを、正しく言い表わしている。だが、ある物の善さとは内的なものではない。それは物全体としての物そのものであり、物の彫琢、完成、完全なることである。内的価値についてこのような言い回しをするのは、おそらく、われわれが財の他に財の置き入れられている外的な過程、つまり、価値評価の過程を見ていることによるのであろう。だが、ここで誤解は避けるべきである。交換価値は公共的過程であるとか、内在的価値とは独立に公共的価値についての交渉が行われるというように言われていることが問題なのではない。これに対してわれわれが主張するのは、こうした公共的過程が人間の欲望本性に起因しており、内的と外的というカテゴリーが不十分であるということである。われわれは内的なものを外部へと逆転させているのであり、かつて言われたように、市民社会は私的所有者の社会であり、社会の関心を惹き社会をつなぎとめている唯一公共的なるものは私的利害である、ということを私は言いたいのでもない。財と価値とのこうした衝突においては、それが満足すべき記述ではないと私は考える。相も変わらず依然として財は必要とされているが、価値が優位を占めているのである。価値はまた、概念として財の中へと忍び入るほどに優位を占めており、そのためにこうした優位に基づいて当然のこととして内的価値について語られるのである。マルクスは、単純に交換価値を使用価値に逆転させようとしたのではなく、彼にとって財である一つの優位に固執しているのであるが、この優位を彼は価値と考えているのである。ニーチェと並んでおそらく最も利口な価値の理論家にして批判者であったマルクスも、価値に固執しており、それゆえ、一貫して近代的であり続けている。そのことには、彼が最上の価値に固執せんとしているという矛盾も含まれている。彼が財や最高善から自由になっていないことは明白である。物は交換価値でなくてもなおそれ自体で使用価値であり続けることができると、マルクスは考えている。逆に、交換価値は、使用価値でもあることを示さなければ全くやっていけないのである。われわれはこのことを問題にする。近代の価値評価過程における交換価値の優位は、交換価値が――使用価値であることなく――存在することができなくても妥当することはできる、ということに帰着する。マルクスは、あるものを財と考えていながら価値と呼んでいる場合、この妥当過程そのものに圧倒されているのである。彼にとって、使用価値は一方で財であるが他方では価値、最高の価値なのである。あるものが最高の価値であるがゆえに、彼はそれを財と呼びはしないが、再び財と解さざるをえないのである。

マルクスは、共産主義社会で、労働生活において生産されるものがすべて労働生活に還流するという形で、使用価値と交換価値との差異を止揚せんとする。労働の生産物はすべて労働に帰還する。それゆえ、労働生産物は生産性に奉仕する。われわれはここで、古典古代政治学が生というその実践概念のために立てるような、すべての物の還流ということを見ているが、それは単に見かけ上のことにすぎない。労働が唯一の実践となった。マルクスがこの実践という旧い概念を使うことができるのは、それが自己関係、自己成就であるからだが、もっともこの場合には、生活向上としての生の成就が問題なのである。

人間は労働力という意味での労働である。この力は単に生産物の生産において実証されるのではない。この力は生産性のうちにある。そもそも人間によって生産されるものは生産性である。生産性においては、財ではなく労働への到達が果たされる。生産物はたしかに食料品である限りで生活財である。だが生産的人間は、生活のための財ではあっても生それ自体における目標、生への到着ではない生産物のもとにいつまでも留まってはいない。財は生の衝動そのものの中に完全に統合され、生における一つの機能をもつ。機能性という視角がここでは決定的である。人間は、自分を労働に束縛することで自分を一つの機能に照準するのである。だが、こうした制限によって人間は集中力を身につけるのであり、それによって人間は自分の力の総体、自分自身を力として体験するのである。人間はその機能性によって生産性を身につけるのである。

こうした生産性には、財が価値に転化されまた再び転化されて元に戻るということが本質的に含まれている。人間が生のこうした二つの水準、つまり、存在と妥当の間を往復できるということは、生産性の普遍的性格の一部である。人間が財を消費し消耗させてしまうことで生産性の機能を保持する場合には、財はつねに価値に転化される。財は生産性のための労働生活の向上のために生産性のうちに引き入れられている。私を生産的な状態に保つことができるのは何か。あらゆる財は、生産的であるためには、価値となることができなければならない。逆に、生産性のために価値を設定すること、物として現存しないのにこうした設定において価値を表象させること、ができる。それらの物としての性質すら、お望みとあらば、表象させ本当と思わせ生産することができる。そもそも物ではないのに物としての性格をもっていると偽ることのできる物を作り出すのは、生産性における勝利である。貨幣は一つの価値にすぎないのに、われわれにとっては物としての性格、実体としての性格を受け取ることができる。われわれは実体から自由になれず、価値過程では価値評価を行うことでどうにかこうにか「物」を手に入れているのである。この場合、基本的には一つの価値であるがわれわれには物として現れる貨幣のことだけを考えることは許されない。日常生活の多くの使用対象、自動車、装飾品、等々を引き合いに出すことができる。それは一方では使用物であるが、その使用性格はきわめて僅かである。こうした物に対して、物としての性質をもったものを手掛かりにしながら一連の契機をすべてつけ加えてみるが、この契機は使用を超えており、本来価値や評価の領域に属してはいるが、物としての性質をもっていると称することができるものである。最高の生産性は、一方で物であり他方で価値である物を作ることができるという点にある。あるものを使用するためというよりもむしろ所有するためにもちたいという場合、重点は価値評価にある。価値は物象化し、かくして使用物に拡張された物的な追加的性格を与えるのだが、ただしこの性格はわれわれには矛盾したことにその使用物本来の具体的なものとしての性格として現れるのである。たとえば、われわれは自動車に対して、それが単なる使用対象であればかかるであろうよりも多くを支払っている。われわれは自動車を使用対象以上のものとして評価している。自動車は所有の、交換の、そして、公共的な外観的価値の対象である。われわれがより多くを支払っているのは、こうしたものに具わっている価値なのであり、これは価値性格であって使用性格ではない。それゆえ、われわれは使用財にではなく交換価値に対して支払うのである。そして、このことは、われわれが財として使用するすべての財について多かれ少なかれ当たっている。これが、われわれが近代の基本的特徴と語ってきた価値の優位なのである。

労働者としての人間ということの意味は、人間は骨を折ることによって自分と世界を作り出すということである。人間は animal laborans、つまり、労苦（labour）の人間であるが、また、作品（work）を手に握ってもいる。人間は工作人（homo faber）である。骨を折ることと仕事（作品）というこうした二重の基本的特徴が近代全体を貫いており、哲学の努力すべてを規定している。思考は労働であるとは、結局へーゲルの言うように、概念の骨折りなのである。へーゲルの「精神現象学の偉大な点」を賞賛するのであれば、[40]それは労働としての性格、労働の自己理解にあるのだから、マルクスは近代の偉大な点を賞賛することもできよう。マキアヴェリの力量、ライプニッツの能動的力、ホッブズの理解するための製作、デカルトの苦労に満ちた懐疑の歩みの後でのコギトの建立、これらはすべて労働の歩みである。[41]骨折りと仕事が新たな現実を形成する。これは自己現実化である。人間は労働において自己を産出し、人間は自分が労働によって作るところのものであるとマルクスが語る場合、これは自己現実化を言い換えているだけなのである。自己現実化のこうした構造がマキアヴェリ以来立証されていることは、すでに本章の冒頭で指摘した。

7　マルクス――疎外された労働と私的所有

7・1　疎外された労働

避け難い必要性としての労働から新たな自由が生成した。だが、こうした近代の歩みの最後にわれわれはマルクスの批判に出会う。彼は四つの疎外の契機を強く印象づけようとしている。

(1) 労働生産物の疎外
(2) 労働生産の疎外
(3) 労働生産性の疎外
(4) 人間性の自己疎外

7・1・1　生産物における［疎外］

生産物の疎外とは何か。要約すれば次のように言える。すなわち、労働は、財ではなく価値を生産するが故に疎外する。われわれは（古代ポリスでは）労働の奴隷であったが、今やわれわれは（近代以降は）貨幣の奴隷である。「物の現実的価値はその交換価値であり……後者は最終的には貨幣のうちにあり……それゆえ、貨幣は物の真の価値であり、したがって、最も望ましい物である。[42]」疎外された労働を扱っている（もちろん後になって初めて編集者によってそうした表題を与えられた）有名な章には、交換価値という直截な概念は見られない。だが、こうした問題は語られているのである。労働者は財ではなく価値を生産する。マルクス流に尖鋭化して言えば、労働者は資本家の貨幣増大に奉仕せざるをえない。私はある仕事の生産者では全くなく、私はロックがなお考えていたように私の仕事を手に握っているのではない。身体が労働し、苦労は手に入れるが仕事は手に入れない。

7・1・2　生産における［疎外］

マルクスは自問する。「では労働の外化はどこにあるのか。まず第一に、労働は労働者にとって外的である、つまり、彼の本質には属していない、だから、彼は労働において自己を肯定せず否定しており、快く感じないで不幸に感じており、自由な肉体的および精神的エネルギーを発揮せず自己の肉体を苦しめ自己の精神を破壊している、という点にある。だから、労働者は労働の外部で初めて自己のもとにいると感じ、労働のうちでは自己の外部にいると感じる。彼は労働していない場合にはくつろぎ、労働している場合にはくつろぎがない。だから、彼の労働は自由意志によるのではなく強制されたもの、強制労働である。だから、これは欲求の充足ではなく、その外部にある欲求を充足するための手段にすぎない。そのよそよそしさは、肉体的あるいはその他の強制がなくなるや否や直ちに労働がペストとして回避されるという点に、純粋に現れる。外的労働、人間が自己を外化している労働は、自己犠牲、苦行の労働である。最後に労働者にとって労働の外在性は、労働が彼自身のものではなく他人のものであり、彼に属しておらず、彼が労働において自己自身にではなく他人に所属している、という点に現れる。……労働者の活動は彼の自己活動ではない。それは他人に属しており、彼自身の喪失である。[43]」これが第二の形態の疎外である。つまり、労働生産の疎外のうちに、「物の疎外」と並ぶまた別の視角としての「自己疎外」が開示される。

近代人は、一方で労働に全幅の信頼を置いている。彼は労働そのもののうちに人間的なるものがあると思い込んでいるが、しかし他方では自分が諸々の機能へとますます分化していくと見ている。労働は彼から奪い取られ、交換価値として人間に対抗する独自な機能を獲得する。マルクスによれば、人間は労働そのものに際してほとんどの場合、生の実践が成功せず、労働と並んで他の人間活動がそれだけでバラバラに立ち往生していたり、それどころか独自な自己目的あるいは最終目的になってしまっている、ということを経験する。あらゆる活動がそれだけで孤立し、他の活動とは結びつくことなく、活動としての労働と活動としての生は分裂する。人間は労働において自由と実践を経験せず、労働が人間を目的としているがゆえに家の中で食べたり飲んだり子供を作ったりすることに実践を求めているが、しかし、このことによってこうした人間活動は、マルクスの考えるように、人間的なるものの限界以下の動物的なるものへと陥るのである。この第二の生産における疎外は人間をその生の活動全体において偽りの自由、動物的な自己関係へと押し戻すものであり、マルクスはとりわけこの疎外を詳細に批判している。労働生産において労働者が経験するのは、「労働者が自分自身の活動を疎遠な自分に属さないものと感じる関係、苦痛としての活動、無力としての力、去勢としての生殖、労働者自身の肉体的および精神的エネルギー、彼の個人的生活――なぜなら生活とは活動以外の何であろうか――が、彼自身に対抗させられ彼から独立し彼に帰属しない活動だ(44)」ということである。

7・1・3　生産性における［疎外］

生産性からの疎外は最も包括的な種類の疎外である。マルクスによれば、生産物の疎外および生産の疎外との首尾一貫した関連が問題である。「疎外された労働は、人間から(1)自然を疎外し、(2)自己自身を、彼自身の活動的機能を、彼の生命活動を疎外することによって、人間から類を疎外する。つまり、疎外された労働は人間に対して類的生活を個別的生活の手段とするのである。疎外された労働は、第一に類的生活と個別的生活を疎外し、第二に抽象的なものとされた個別的生活を同じく抽象的で疎外された形態での類的生活の目的とする。[45]」

人間は露命をつなぐことができるためには労働しなければならない。貧困と孤独のうちに生きていくための旧来の労働の必要の後で、今や新たな必要、公共的必要が登場する。つまり、人間は労働者でなければならないが、しかし、この労働者は自分の生産物をそもそももつことがなく、自分の生産を完遂することができず、つねに新たな欲求を充足するためのつねに新たな手段を生産しそしてまたこうした生産物と生産との圧力の下で自己自身を消耗するために労働するのである。マルクスははっきりと類の疎外と語っている。類と生産性との関連はどの点にあるのか。「生産的な生活は……類的生活である。それは生命を産出する生活である。生命活動の仕方のうちにはある種の全性格、その類的性格があり、自由で意識的な活動が人間の類的性格である。[46]」動物は自分が直接に生命のために必要とするものを生産し、自分の環境世界を生産する。これに対して、人間は世界を生産する、つまり、人間は原則としてすべてを生産できるのである。人間は普遍的生産能力をもつ生物である。「人間が類的存在であるのは、単に実践的および理論的に類を、自分自身の類も他のものの類も、自分の対象とするということによるのではなく、また自分自身に対して現存する生きた類としてふるまい、その類の中で自分に対して普遍的なそれゆえ自由な存在に対するようにふるまう、ということによるのである。……人間の普遍性は実践的には、全自然を自分の非有機的身体とするという点にまさに現われる。……自然は人間の非有機的肉体、つまり、それ自身が人間の身体でない限りでの自然である。[47]」

ロックはさらに、人間は身体でありまた同じく労働であると語ったが、私の身体の労働が私の手の仕事を作り出すのである。近代ではさらに引き続き身体について語られる。だが、人間の身体は今や、自然という非有機的身体の分だけ拡張される。この点に身体哲学の帰結がある。身体と身体の労働のうちには人間と自然との統一がある。だから、人間は身体として同時に世界身体である。自然は複数の身体からなる世界である。すべての物は身体として関連しており、統一をなしているが、その場合この統一を世界と呼ぶことができる。自然は複数の身体からなる宇宙であり、その中で人間は身体構造を普遍的に表わしているのである。ロックによれば人間は身体的存在として自己自身を所有しているように、今や人間は世界身体として終に世界を所有することができる。労働する身体は、自己と自分の種類の身体的存在を自然のうちで再生産することによって、基本的には自分自身しか生産しない。身体が手に握っている仕事はすべて身体的性質の仕事であり、身体的性質の労働そのものの結果である。身体は身体自体を生産する。身体は自分自身を生産する。こうした自己生産は、同じく世界生産である。この点に、ロックの最初の近代的身体論ないし労働論からマルクスへの移行がある。私は私の身体を世界の中のすべてのもの、自然に付け加え、こうした付け加え（＝労働）において世界を私の所有にする、ということをロックは認識した。ところで、あらゆる生物が自然から、また、自然とともに自分の環境を生産するのであれば、人間は世界を生産する生物である。世界は開かれた構造を意味しており、すでに確定されていることではなくて自ら確定すること、決定ではなくて自己決定を意味している。このように自分自身を決定する、言い換えれば、自分自身を生産する人間が、それによって人間的なるもの、人間存在をそもそも産み出すのである。こうした意味でマルクスは、人間が類的存在であると語っているのである。

人間は世界である。われわれはこの定式をこのように簡潔に言い表わすことで、マルクスが人間の個別的身体とそのつど拡張された類的身体としての全自然との関係において示している問題を、要約することができる。人間は、それぞれ個別的身体をもってはいるが、基本的にはその身体性の点で、身体的性質をもった全体の構造一般のうちにある。人間身体と自然身体とのこうした関連を、マルクスは、「人間の自然主義」ないし「自然の人間主義」(48)という互いに絡み合った概念の下でも考えている。身体原理によって人間は身体的性質をもったものそのものとしての自然の中に分け入り、逆に、自然の中にはそれが本質的に身体である限り人間的原理が存在する。要するに、人間は最も自然的なるものそのものであり、人間に自然の原理、身体が身体化されているのである。

自然は、人間的類によって初めて、自然の基本的なありよう、つまり、人間的な身体世界へと産み出される。マルクスは、人間が自己生産の労働によって自己を「現実に二重化し、それゆえ、自分が創った世界の中に自己自身を認める(49)」ような世界を垣間見る際に、このことに言及している。世界はこの場合人間世界である。こうした労働を行う人間が逢着するのは自分自身に他ならない。自然は克服すべき疎遠な抵抗ではない。身体は労働することによって、再生産の行われる身体世界へと出て行く。身体は身体に行き着き、すべての分裂、抵抗を止揚し、身体的なるものの統一的紐帯を自分自身に与える。自己生産はこの場合世界生産である。マルクスは普遍的生産性というこの紐帯が引き裂かれていると考えている。交換価値のために労働する賃労働者、分業の断片における「部分労働者」として、人間はその生産性を縮減されている。人間は類として自分が基本的に世界によって規定されていると思っているが、その世界に自分が普遍的労働者として立ち現れることができない、という点に決定的な縮減が存するのである。人間は「あらゆる種の尺度に応じて生産する(50)」術を知っているが、しかし、「労働者は部分労働者へと切り刻まれて(51)」おり、もはや「全面的労働者(52)」ではない。人間が類の可能性の水準以下に低落することで、人間が世界労働者ではありえないという非難はさらに一層当てはまる。人間は、世界労働者となって初めて、実際にその身体全体を具えて仕事全体のうちにあり、また、全面的労働者であるだろう。

7・1・4 人間性における［疎外］

マルクスは、生産物の疎外、生産の疎外、生産性の疎外から人間の自己疎外へと線を引いている。「人間がその労働の生産物から（1）、その生命活動から（2）、その類的存在から（3）疎外されていることの直接的帰結は、人間の人間からの疎外である。[53]」生産物から、生産から、そして、生産性からこのように疎外されて労働する者は、自分の隣にそのような疎外された人間しか見ない。だから、人間は自分の隣にそもそも人間を見ることができない。見えるのは賃労働者、部分労働者、一面的活動であって、多面的活動ではない。自分の隣にいるのは人間ではなくて機能、機能の担い手、あるいは、職能者である。われわれは、機能という性格から疎外問題全体を特徴づけることによって、疎外の要素すべてが人間の自己疎外へと流入しているのを見ることができる。労働によって獲得された生産物はそもそも物ではなく、一つの機能をもつだけなのである。分業の中で労働する点で、私はそもそも労働者ではなく、一つの機能をもつだけである。世界に対して普遍的な通路ではなく特殊的な通路しかもたない私は、世界連関にではなくただ機能連関のうちにしか立っていない。機能しかもたない人間はそれ自体無である。機能化は人間のニヒリズムである。

ここでマルクスは彼の典型的な規準を手に入れる。無である人間はすべてを失いすべてを他の人間に手渡したのである、つまり、労働を私的所有者に手渡したのである。彼は他の人間に、つまり、私的所有者に属している。[54] 対象は彼には疎遠で敵対的な力をもっているが、それは、「他の、彼には疎遠で敵対的で強力で、彼から独立した人間がこの対象の主人である」からである。このように機能化された人間は、

「他の人間に奉仕し、その支配、強制、桎梏の下に[55]」ある。人間疎外の主眼点は、人間が私的所有に帰属していることである。これはさらに検討を要する。

7・2　私的所有における疎外

マルクスは彼の私的所有の規準を導入した際に直ちに、私的所有が労働疎外の原因なのではなく、むしろ逆に、労働疎外の途中で私的所有が成立するのだと述べた。もちろん彼は、今日——つまり、マルクスの時代に——、今や私的所有と労働疎外とが「相互作用」の関係にあるという問題に直面するとも述べている。「私的所有の発展の最終の頂点にきて初めて、私的所有のこの秘密が、つまり一方では、私的所有は外化された労働の生産物であり、第二に、私的所有は労働が外化される手段であり、こうした外化の実現であるということが、再び明らかとなる[56]。」後に彼はこうも言っている。「さらに、労働の分割と私的所有は同じ表現である——前者では活動との関連で語られることが、後者ではこの活動の生産物に関して語られる[57]。」彼はまず、「労働の分割によって、精神的活動と物質的活動とが——享受と労働、生産と消費とが異なった個人に振り分けられる可能性が、いや現実性が与えられる[58]」ことを説明している。

マルクスは、疎外についてのその理論のためにその仕事の継続において部分的に停滞を余儀なくされた[59]。その場合、マルクスの意図は、分業から全面的労働への、また、私的所有から共産主義への革命を欲したという点に見ることができる。疎外の診断をもとに共産主義の治療へと進もうとしている一八四八年の初期の著作においてすでに、彼は最終的に、近代の診断のその問題設定よりも後退しているのである。マルクスは労働によって所有を意図しているが、これは近代以降、とりわけロックによって労働論が所有論であろうとしたのと同様である。彼はいたるところに、その止揚が重要な私的所有の関係しか見ていない。

神と人間との分裂の関係を伴った宗教、夫の妻に対する、両親の子供に対する分裂を伴った家族、支配者と被支配者の分裂を伴った国家、等々は、まさに所有がもはや問題とはならない「人間的な、つまり、社会的なあり方」[60]へと革命されるべきである。「人間的な本質と生命、対象的人間、人間的仕事の、人間のためのまた人間による感性的領有」は、「所有するという意味、わがものとするという意味で」理解すべきではないのである[61]。

ここで私は、私的所有の形態が重要なのではなく、世界の所有の問題一般が重要なのだと異議を申し立てたい。マルクスが身体の労働を世界身体の錬成として見定めるとき、それ以外のことは考えられていないのである。個別性へと分裂し簒奪されていない、それゆえ、私的ではない身体の自己同一性は、すべての身体的性格をもつものが世界身体という全面的身体のうちに結合されることによって、達成されるはずである。労働は人間が世界へと接近し入るための通路であり、世界は——人間が労働によって克服したものとして——人間の世界となる。世界には人間的なるものの刻印が押されることになる。

マキアヴェリの力量主義は、徹底した人間主義の最初の形態であり、そこでは世界の半分が人間の手中に与えられたのである。今や人間主義は完成されることになる。力量の半分の力は人間の労働生産性において一つの完全な力として現れることができる。身体＝労働＝所有の方程式が実行される。私的所有は、身体と労働に関係する人間の帰結および結果である。マルクスは、私的所有を止揚せんとするのであれば労働および身体を止揚しなければならない。労働に関しては、彼はこのことをその後期の著作である『資本論』に至るまでの後の理論において企てている。だが、身体に関しては、彼は一歩も進んでおらず、フォイエルバッハについてのテーゼ[62]にまとめられている例の命題以上のことは何一つ示していない。

だが、労働に関しても、彼が固執しているのは一つの本質的な労働形態、労働に際して所有を可能ならしめるための唯一可能なものとすら考えられる労働形態なのであって、それはつまり、彼が決定的な生産力、生産力総体の増大として承認せざるをえない分業なのである。マルクスは、共産主義革命ないし私的所有の止揚の可能性を究極的にはヘーゲルの流儀で考えているが、ヘーゲルはそれを『精神現象学』において主人と下僕との関係を手掛かりとして徹底して考えたのである。[63] ヘーゲルの想定では、主人と下僕との――マルクス流に言えば資本家と労働者（プロレタリア）との――緊張あるいはまさに疎外が増大することにより、その結果、この緊張そのもののうちから転回が起こるのである。ヘーゲルは、賢明にも、下僕のうちに単に下僕を見たのではなく本来の主人を見たのである。というのも、この下僕が主人のために労働することによって主人が主人でありうるにすぎないのだが、彼は、自分が単に主人の下僕であるのではなく、主人にとって自分が主人を主人たらしめる決定権をつねに保持している要因である、という意識をもつことができるからである。そうなると、主人は主人でなく、下僕は下僕でない。彼らは互いに共同しているにすぎず、一方がそれぞれ他方の内にあるのである。ヘーゲルが思索していることは、相互的反射である。一方は、他方のうちに自己を見、他方なくしては無である。マルクスは、プロレタリアートの役割、生産性総体の最高度の増大が達成される分業の役割を熟知している。

マルクスは、繰り返し示唆しているように新たな形態の所有を望んでいるのではないとしても、所有から自由になることはできないのである。身体がマルクスの意味で世界労働という全面的労働を行うように労働することができるのであれば、身体は世界の仕事のうちで身体の仕事として立ち現れているであろう。それは唯一無二の所有であろう。

全面的労働ないし世界労働という普遍的所有のうちに私的所有が認められないならば、それはとんでもない自己欺瞞であろう。あらゆる所有は基本的につねに私的所有である。身体は欲望であり、欲望は所有であり、所有はつねに私的所有である。そこで、世界が身体的性質のものと理解されれば、世界の基礎には初めから私的で個別的な規準が置かれる。世界を身体に関係づける者は、世界を個別化し私化するのである。身体は正真正銘の私的なるものである。世界を身体のものにしたいという欲望である。ここに人間性の完全な簒奪というものを見ることができる。身体は私にとって世界を自分のものにしたいという欲望である。私は他人よりも多くを意欲する。その場合、私は他人のもっているものを意欲する。だが、意欲はすべての他人に、最終的にはすべての他のものの総体としての世界に向かう。さらに多くをもちたいということは、世界をもちたいということである。こうした世界構造は、身体のうちに、あるいは、私が世界を身体世界として表象するということのうちに、潜んでいる。欲望は自分自身から世界を簒奪する。欲望は、すべての他者や世界を簒奪するという点で私的所有である。

だが、この簒奪はさらに進む。私的所有では単に他者がそれで簒奪されるのではなく、各人が政治的生物であるという自分の可能性に関して自己を自分自身から簒奪する、ということをわれわれは主張する。この視角からマルクスの私的所有批判を見てみよう。

マルクスは、私的所有を批判するが、所有の思想から決して離れず、それを単に変革し私的所有から共産主義的所有へと移行させようとしている。だが、所有がつねに簒奪し、人間を互いに分離させるのであれば、所有の観点から見て人間主義が共産主義において完成しうるということは、全く疑わしい。この点にマルクスの正真正銘の逆説、矛盾があるのであって、この矛盾のために彼の理論は留まるところを知らないのであるが、しかし、この点で彼の理論は破産しているのだとわれわれは主張する。

マルクスは、国民経済学が人間を人間と見なさず私的所有者と見なしているとして、国民経済学を非難している。国民経済学では、人間と人間との関係は、私的所有者と私的所有者との関係である。「人間

――これは私的所有の根本前提である――はもつためにのみ生産する。生産の目的はもつことである。(64)」だから、人間の生産性が生きること〔生〕ではなくもつことをその本来の目的としていることを、マルクスは十分すぎるほど認識しているのである。にもかかわらず、彼はここで二つの形態の生産目的を区別しようとする。彼は、「有用な自己本位の目的」というふうに語っている。歴史上本源的な生産形態においては、彼が見る人間は、「自分の直接に必要とする」だけを生産するのであって、「それ以上ではない。彼の欲望の限界が彼の生産の限界である。……彼の生産は彼の欲望によって測られる。こうした場合には交換が行われないか、あるいは、彼の労働と彼の労働の生産物との交換に限定される。(65)」使用のための財を手に入れるための生産がいったん行われると、その後の歴史の経過においては、さらに多くを手に入れるためにさらに多くが生産される。マルクスにとって、生産はつねに手に入れるという観点、所有の観点の下にある。手に入れること、所有することは、私的所有の根本前提である。この場合、一方での使用のための生産と、他方での交換のための生産が、手に入れるという観点から見て、そしてまた、私的所有の観点から見て、互いにどのように結びついているのかを、マルクスは完全に見ている。生産の尺度が個別的欲求であって、しかもその際にすでに財が他の財と交換されているのであれば、「この場合には……交換が行われないか、あるいは、彼の労働と彼の労働の生産物との交換に限定されるが、こうした交換は現実的交換の潜在的形態（芽）である。(66)」

　次いでマルクスはこう続ける。「交換が行われるや否や、所有の直接的限界を超えるさらに多くの生産が行われる。(67)」交換についてのこのような言い回しに意味があるのは、交換に際してそのつど所有が問題となっているからにすぎない。投下された労苦は使用において私の享受へと還流する。私が労働において世界の中へと手放したものを、私は労働生産物において再び取り戻す。これは円環関係である。ここに労働の偉大さと困難が示される。つまり、生産性の問題である。労働のうちに表現される生は、こうした表現そのものを、それが生から出て行くものと把握しようとはしない。むしろ、生はその表現すべてのうちに完全に維持され続けるべきなのである。生のこうした自己保存は、マルクスにとっては、生産と消費との完全な交換において保証される。

ここに、古典古代政治学の見解との重大な相違が見られる。古典古代政治学では、労働と技術により世界のうちで産出された財は、外的な財と呼ばれた。これは慎重な考慮が必要であろう、というのは、そうした財は、消費と使用のためのものとされているにもかかわらず、生の循環の中へと簡単に取り込んだり取り戻したりすることが全くできなかったからである。外的な財は生に奉仕はしたが、生そのものではなかった。マルクスは革命を望んでいるのである。彼は、われわれが労働において生そのものではなく生の手段しか生産しないことを批判する。「私の労働活動は生ではない。[68]」人間が労働するのは、ただ「生きるため、生の手段を手に入れるため[69]」でしかない。これは、人間にとって可能であるとマルクスには思われる労働の意味では全くない。マルクスが労働によって望んでいるのは、単に生産物ではなく、むしろ生産性、生産物の生産性である。人間とその財は共に同じ生産性のうちに現れるとされる。マルクスは生産性のこうした一体性を望んでいるのであり、彼にとってはそもそもこれこそが生産性を意味しているのである。だが、彼はそれによって単に生のための財ではなく生そのものを手に入れたいのである。ところで、こうした所有は単に生のための財の所有ではなく、生および生の生命力それ自体の所有である。われわれは、こうした所有の歩みのうちに私的所有一般の増大しか見ない。マルクスは人間のこうした所有の歩み、人間が近代とともに踏み出しまたマルクスの見解では踏破した所有の歩みの徹底化を促している。

こうした所有共産主義からマルクスが期待するのは、「私的所有の積極的な止揚、すなわち、人間的な本質と生の、対象的な人間の、人間的な仕事の、人間のための人間による感性的な領有であり、これは単に直接的な一面的な享受という意味で、単に所有するという意味で、手にするという意味で、捉えられてはならない。人間はその全面的な本質を全面的な仕方で、つまり、全体的人間として、領有する。[70]」こうした共産主義的人間は、単に所有し手にするという意味で生きようとするのではない。だが、人間がこうした全面的な領有を達成する場合には、所有ではなくして何が起こるのか。人間は全面的人間たらんとする、つまり具体的に言えば、身体としての人間と普遍的身体としての世界との一体性が達成されることを望むのである。マルクスはここでも、個人としての人間と社会的生物としての人間を区別していない。「個人は社会的存在なのである。[71]」「したがって、人間は、どれほど特殊な個人であっても、また、まさにその特殊性が人間を個人とし現実に個別的な共同存在としようとも――同じ程度にまた彼は思惟され感受された社会そのものの全体性、観念的全体性、主観的な現存であり、同様にまた現実においても、彼は社会的現存の直感や現実的享受として、また、人間的な生の発現の全体性として、現存するのである。[72]」「したがって、私的所有の止揚はすべての人間的な感覚と特性の完全な解放である。しかし、私的所有の止揚がこうした解放であるのは、これらの感覚や特性が主体的にも実体的にも人間的になっているという、まさにそのことによるのである。[73]」では、労働において何が達成されるのか、あるいは、こうした新たな様式での労働をマルクスはどのように思い描いているのか。

「私は、(1)私の生産において私の個別性、その独自性を対象化し、それゆえ、この活動の間に個別的な生の発現を享受するとともに、対象の観照のうちに、私の人格を対象的な力、感性的に直感できる力、それゆえ、あらゆる疑念を超越した力として知るという個別的喜びを享受したことであろう。(2)私の生産物を汝が享受あるいは使用することのうちに、私は直接に享受を得るであろう、つまり、私の労働において人間的な欲求を充足した、つまり、人間的本質を対象化した、それゆえ、他の人間存在の欲求にそれにふさわしい対象を調達してやったことを意識するという享受を得るであろうし、(3)私が、汝のために汝と類との媒介者となり、それゆえ、汝自身の本質の補完および汝自身の必然的な部分であると汝自身によって知られかつ感受されており、それゆえ、汝の思惟においても汝の愛においても私が確証されていることを知っている、という享受を得るであろうし、(4)私の個別的な生の発現において直接に汝の生の発現を産み出し、それゆえ、私の個別的な活動において直接に私の真の本質、私の人間的本質、私の共同的本質を確証し実現しているということを意識するという享受を得るであろう[74]。」

労働がこのような形で行われ、われわれが「人間として生産を行った」のであれば、われわれは、第一に、それぞれの生産においてそれぞれの個別性を、第二に、あらゆる他の個別性を、第三に、類において個別性の全体性を、そして第四に、それぞれの生において一般的生を、それぞれの存在において共同的本質を、実現したことであろう。マルクスが生産物のうちに人間の二重化をどのように見ているかが明らかになる顕著な箇所を、われわれはすでに引用している。今度は、マルクスが人間疎外のこうした四つの面での革命の最後に問題総体を一文に合流させている別の箇所を挙げることができる。「われわれの生産は、われわれの本質が互いに対立しながら輝き出すようになる同じ数だけの鏡であろう[75]」と。人間は外的な財の内に潜んでいる。したがって、外的な財はもはや外化されたものではなく、人間的自己の肯定・是認となる。このように労働する人間は世界を人間的なものとするのであり、何よりもまず人間なのである。世界は人間世界となり、人間は世界人間となる。これが二重化ということである。その際、われわれは次のことを考慮しなければならない。

(1) 人間は世界の中で自己自身を生産する。その生産物は人間の自己の二重化ということである。この自己は身体のことである。したがって、身体は世界の中で自分自身を生産する。

(2) 人間は誰でも他の人間のために生産する。人間はそのことによって自己を失うのではなく、初めて自己を獲得するのである。人間は自分が身体であることを他の身体によって確証されていることが分かる。

(3) 他の身体やその欲望ないしその欲求に適っているあらゆる生産物において、私は身体的性質をもつもの一般という類のために生産する。私の身体生産は類の生産である。

(4) したがって、私の身体はすべてのものと結びついた身体として現れる。私の身体は、私の個別的身体として同時に人間的な（類的な）身体であり、今やこうした一般的な身体現存として共同的身体である。個別的なるものは一般的なるもののうちへと高められるが、しかしそうした一般的なるもののうちにおいてのみ勝利を収めるのである。

世界はわれわれを反映すべきである。世界という鏡の内に、われわれは自分自身を直感したいのである。生産物・生産・生産性は一体を成している。生産物は私を外化しておらず、私の延長された身体である。生産は私を細分化しないが、それは、私が生産するか、あるいは、私が分業の一環として参画している部分のうちにも、私の、また、他のすべての人々の、それゆえまた、類の自己成就があるからである。生産は実践である。私は単に生産物によって生きているのではなく、生産物のうちに生きているのである。生産物は私の生そのものである。それゆえ、身体は身体の生産においてのみ自己自身に還帰するのである。したがって、生産物は出ていくもの、現われ出てきたものではなく、帰ってきたものである。生産物は身体の循環あるいは交換のもとに留まっている。したがって、生産物はどれも私の生産性の連鎖の一分肢である。生産物は生産性の措定された徴である。

労働している身体は生産的である。身体がもともと生産するのは生産性そのものである。生産性とは自己自身を進行状態に維持している生産のことである。それは自己運動である。われわれはここで、欲望をもった身体としての人間のうちに動かされる運動者を見ることができるが、これは神が不動の動者であった古典的な定式を思い起こさせる。われわれがこうした生産性をもってこうした生産的な生産物を製造するならば、こうした生産物は古典的な外的な財という意味での外的な財では決してない。内的な財と外的な財、技術的、肉体的、政治的な財と心的な財との区別はもはや存在しない。今やこの生産性はすべての財、政治的な財も製造することができる。国家、憲法体制は、こうした新たな生産性の包括的な製造物である。こうした生産性には、新たな欲求の喚起も含まれる。この点にこそ、そもそも初めて生産と生産物とを不断に増大させる生産性が示されるのである。そのように生産的である身体こそが初めて身体なのである。そのように生産的である労働こそが初めて労働なのである。そのように生産的である所有こそが初めて所有なのである。

われわれは身体として世界を身体で満たす。われわれはいたるところに身体以外のものは何も見ない。そして、われわれはこの世界を徹底してコスモスつまり秩序と装いという古典的意味合いで見ることができる。マルクスが時折、われわれは「美の法則に従って」生産すると語る場合[76]、コスモスの場合にも語られる例の装った世界のことをここで考えることもできよう。その折りにマルクスは、人間が「何ごとでも内在的な尺度を対象に当てがう術を知っている」[77]というように語っていた。だが、われわれが世界と世界身体との双方にそのつど二重化され、世界のうちで鏡を見ようとする限り、こうした尺度はわれわれの身体尺度そのものであろう[78]。

第4章　人間の尊厳と人権

人権に加えて人間の尊厳が、また、自由に加えて尊厳が欠くことのできないものと考えられている。両者は歴史的および体系的にどのように関連しているのか。人間の尊厳は、人権の最初のカタログには現われないが、しかし、主要な人権、本来の人権、言い換えれば、人権の基礎のようなものとなった。人間の尊厳が権利と呼ばれるのは後のことであり、憲法に取り入れられるのはさらに後のことである、つまり、ドイツ連邦共和国基本法〔西ドイツ憲法〕の冒頭が最初である。にもかかわらず、人間の尊厳の問題は歴史的にも体系的にも人権より早くから存在している。われわれの前にある関連は次のようなものである。すなわち、

(1)　人間の尊厳と自由は近代の哲学的ならびに政治的な覚醒の一部であり、
(2)　人権の規範化は人間の尊厳に言及することなく始められたが、しかし、
(3)　人間の尊厳は今日では中心的な人権一般と考えられている。

われわれはこうした問題連関を三つの歩みで辿ってみる。

1　人間の尊厳と自由

人間の尊厳と自由については、二人の哲学者が卓越したやり方で省察を加えている。近代初頭のピコ・デラ・ミランドラと近代最盛期のカントである。カントでは尊厳と自由が実践哲学についての彼の思索の中心にあり、ピコは尊厳と自由によって新たな近代的な人間の位置決定を行っている。双方の思想家には尊厳と自由との間に次のような構造的連関が見てとれる。すなわち、人間は自由であるに値する「自由である尊厳がある」。人間は完全に規定された自由、つまり、自律あるいは自己決定としての自由に対する尊厳をもっている。人間が自己自身を決定する限り、人間は自己自身に値することが示されるのであり、人間性を完全に受け容れており人間性を表わしている人間なのである。人間の尊厳とは、それゆえ、人間と成ることとなのである。これは、人間が初めて自分を人間にする第二の誕生である。この構造は、人間は自己決定に値する、と書き表わすこともできる。人間は生まれつき自己決定に向かう属性をもっているのだが、しかし、この属性をあらためて自分のものとしなければならない。したがって、人間の尊厳は、一方では生まれつきの属性であり、他方では人間がその生活史の中で行わなければならない取得、獲得の成果である。[1]

1・1　ピコ・デラ・ミランドラ

ピコは、その『人間の尊厳についての演説 Oratio de hominis dignitate』[2]の中で、尊厳と自由の問題を、簡潔で卓越した形でかつよく考えられた場所で提起している。ピコ（一四六三―一四九四）は、マキアヴェリの二歳年上であり、彼よりもずっと早くに亡くなっているのではあるが、マキアヴェリよりもさらに前に近代という時代の入口の地ならしをしている。すなわち、「おおアダムよ、われわれは汝に、確固たる位置づけも、つねに汝に固有なものである顧客も、特別な任務も与えはしなかった。それは、汝がどのような位置、どのような顔、どのような職務を自信をもって自らわが身に選ぼうとも、それらを汝が汝の望みと判断に従って手に入れ所有するためである。他の存在に対しては、その特定の本性はわれわれが定めた掟の内で限定される。だが、汝はいかなる狭さによっても制限されていない。私は汝を汝の意志の手に委ねたのだが、その汝の意志によって汝は汝の本性を画定するであろう。汝におそらくふさわしいものを汝が汝のまわりに目にするよう、汝を私は世界の中心として配した。われわれは汝を天上的なるものとはせず、地上的なるものともせず、死すべきものとはせず、不死のものともしなかったが、それは、汝が、いわば汝自身の判定者および評価者なのだから、汝を汝の構成者および形成者として汝が望むように表現してもよいということのためである。汝は動物的なるものである低みへと沈むこともできるし、汝の魂の固有な決定判断に従って、高く神的なるものへと新たに創造されることもできる。(3)」創造神は、その最初の被造物と語る際には、その被造物に自己の創作・創造に共に加わるように命じることによって多くを与えた相手として遇している。人間は何にでもなることができる。人間は固定されてはいない。だから、人間は、すべてに対して開かれており普遍的であるように、絶対的でもあるように思われる。人間の絶対性は、人間が自らを神から解き放つことができるほどのものでありうるだろうか。いや基本的にはそうではない、というのは、創造主が人間をそのように創ったからである。神は、人間が自らを解放することができるということを計算済みである。このことは、天地創造に一緒に含まれており、天地創造にとって多分本質的なことである。これは普遍性および絶対性としての自由である。これは決定的に新しい自由の考え方である。これによってそもそも初めて自由が考えられたのだと言うこともできよう。自由の難しい点は、テクストの中で具体的にも象徴的にも身に沁みて分かってくる。人間は自らを動物にも神にもすることができる。自由にはそれだけの幅がある。すべては人間自身にかかっている。人間は自らの「判定者」かつ「評価者」であり、その「構成者」かつ「形成者」である。産出、新たな生産は、いつでも活動している。神はこのように創造された人間とともに自由を創造した。私が自由をわが物とするのは、神がそれを私に与えたからである。だがこの場合には、神と人間との間に橋が架けられるのではなく、むしろ取り壊される。人間は、このような自律という自由をもってただ自分一人を頼りとして、世界のうちに立っている。これは大きな途方もない、そしてまた、恐るべき自由である。大地は足の下から取り去られる。というのも、私は単に自由に決定できるのではなく、決定しなければならないからである。人間は今や神的な均整をもち、あらゆるものに、おそらく神にすら、ひょっとしたら神以上に偉大になることができる。人間は、神からだけではなく自己からも自己を解放することができるという普遍性と絶対性をもっている。人間は、公然たる無へと陥り自己の本質のニヒリズムを駆り立てることができる。人間は、可変性や柔軟性のうちに埋没してしまうほどに自己の本質を可変かつ柔軟に形成することができる。私が考えているのは、後に、自己を目標と設定すること（ライプニッツにおいて検討したような）から設定する目標の喪失（ニーチェ）へと至った、人間と世界の自己把握がここですでに基本的に画定されているということである。人間の徹底した過程的なあり方が開始された。すでにここから例の進化論に――今日では自律とは詰まるところ、世界のまた主として人間の構造をその礎石から変更し組み替えさらには新たな礎石を発明さえしおおせる点にあるとする進化論に向けて、われわれは敢えて弓を引き絞ることにする。(4)

ピコの人間像の急進性を汲み取ることは難しい。(5)人間は人間のうちに根をおろすこともできれば、根を抜き去ることもできる。人間は世界の中心であって、しかも位置をもたない。人間はその位置づけを自ら行わなければならないが、それでいて位置をもたないままでいることもできる。人間はどんな位置をも占めることができ、いたるところに存在することを主張できる。技術の歩みにはこうした期待やこうした意志が示されている。かくして人間は世界の中心として終には世界そのものとなることができる。人間はこうした普遍的存在なのであり、万有の地位そのものを表現することができる。

人間の尊厳についてのピコの見解からは、自律を人間の尊厳という条件の下で制限しているカントの人間の尊厳の考え方よりも、マルクスに行き着くのは確かだろう。人間は類的存在として普遍的であり、全面的労働者としてあらゆる活動に従事できる全面的人間となるが、「そこでは、各人は排他的な活動範囲をもたないでどのような任意の部門でも自己を陶冶することができ、社会が生産全般を規制しており、そのことによって、私は、したいと思うままに、今日はこれ、明日はあれをし、朝に狩りを、昼に魚取りを、夕べに家畜の世話を、夕食後に批判を行うことができ、しかも、猟師、漁師、牧人、批評家にならなくてすむ。」(6)

1・2 カント

「尊厳（Würde)」という名詞は、言語的には würdig［「に値する」という形容詞］(7)ないし Wert［「価値」という名詞］に由来する。それゆえ、最初の語義は価値をもつという点にある。カントは、尊厳が価値と関連していることを知っており、そのため簡潔に、価値と尊厳との区別、あるいはもっと適切に言えば、価格と価値との区別を確定しようとする。「目的の王国では、すべてが価格か尊厳かのどちらかをもっている。価格をもっているものには、その代わりに別のものを等価物としておくことができる。これに反し、あらゆる価格を超え、したがって等価物の存在を許さないものは、尊厳をもっている[8]。」カントは価格と尊厳とのこうした区別を、その実践哲学における決定的規準として設ける。「人間の一般的な性向や欲求に関するものは市場価格をもつ。欲求を前提とすることもなく、一定の趣味に、つまり、われわれの感受性の単なる無目的な遊びに対する満足に適合するものは感情価格をもつ。だが、あるものが目的それ自体でありうるための唯一の条件をなすものは、単に相対的な価値つまり価格をもつのではなく、内的な価値つまり尊厳をもつ[9]。」尊厳と価格は共に価値である。ここに対比の可能性がある。価値を語る者は、やはり価格が想起されていること、おそらく高い価格が想起されていることを認めなければならない。価格としての価値と尊厳との対比が最終的に表現しようとしているのは、前者が支払えるのに後者は支払えないということである。尺度はつねに価値評価、評価、所有問題である。それゆえ、条件づけられていないものは、条件づけられているものにたしかに依存してはいないが、それと関連してはいるのである。

価値としての価格と尊厳とをカントは互いにどのように際立たせているのか。「労働における熟練や勤勉は市場価格をもつ。才気や生き生きとした想像力や上機嫌は感情価格をもつ。これに反して、約束における誠実、原則による（本能によるのではない）好意は内的価値をもつ。自然も技術も、誠実や好意が欠けている場合にその代わりとなりうるものを何も具えていない。というのも、誠実や好意の価値は、それらから生じる結果、それらが産み出す利益や効用にあるのではなく、心情に、つまり、たとえ成果を挙げるという支援がなくとも、いつでも自己をこうした形で行為において示そうとしている、意志の格率に、あるからである。こうした行為は、それを直接の愛好や満足をもって見る何らかの主観的な性向または趣味による推薦を必要とせず、それらに対する直接の愛着または感情を必要としない。こうした行為は、それを実行する意志を直接の尊敬の対象とする。しかも、意志をおだててこうした行為をさせるのではなく、意志にこうした行為を課すためには、理性以外の何ものも必要とされない……。」[10]私は誠実を約束した、私は原則に従って行為している、私は愛着にも好みにも感情にも性向にも趣味にも従わず、ただ私自身に課された義務にのみ従う、私は道徳性に基づいて行為する。私は、私の意志を、同時に一般的な法則を定立すると見なすことのできるような格率によって決定する。私は行為が私にもたらすものを見ない。私は私にいくらかの負担となる価格、あるいは、私が受け取ることのない価格のことを考えない。人間はどのようにしてそれを達成するのか。

「まさにここに、道徳的でありあらゆる比較を絶する最高の価値である、性格の価値が始まる。つまり、性格の価値は好みからではなく義務から善を行うのである。」[11]それは義務へと自己を義務づけることである。それは善を行おうという意志であり、古典的な言い方をすれば、公共の福祉を欲する意志である。人間がつねにこのようにして自らの生を遂行しようとするのであれば、人間は比類のないものとなるが故に最高の価値、つまり、尊厳を達成する。尊厳は生まれつきの属性ではなく、むしろ善き意志への意志によって獲得するものである。善き意志は最高善である。こうした善き意志をもった人間は最高度に人間である。彼はこうした人間であることに値し、こうした人間になる尊厳をもっている。

善き意志はどのようにして欲することができるのか。「世界の中で、いやおよそこの世界以外でも、限定なしに善と考えることのできるものは唯一善意志の他には何も考えることができない。……善意志が善であるのは、それがもたらしたり成し遂げたりするものによるのではなく、前もって与えられた何らかの目的の達成にそれが向いていることによるのでもなく、ただ意志作用のみに、つまり、それ自体によるのである。またそれだけで見ても、善意志は、それが何らかの好みを、いや望みとあらばすべての好みの総和を満足させるためにもたらすことができるであろうすべてのものよりも、比較を絶してはるかに高く評価すべきである。運命がことさらに苛酷であったり、無慈悲な自然が僅かなものしか与えてくれなかったりしたために、この善意志がその意図を実現するための能力を全く欠いているとしても、また、最大限の努力をしたにもかかわらず何一つこの意志によって成し遂げられず、ただ善意志だけが残る（もちろんこの意志は、単なる願望といったものではなく、われわれの力の及ぶ限りであらゆる手段を尽くすことである）としても、善意志は、その全価値を自らのうちにもつものとして、宝石のごとくにそれだけで輝くであろう[12]。」

カントがここで主張しているのは、まさに、善意志は善であるということである。したがって、善は人間となり、また逆に、人間は善を意志するとともに自らをこうした善意志へと規定することができるし、また、しなければならない。それは価値評価としての規定である。したがって、善は価値となる。カントとその善意志の哲学では、善から価値への革命が行われている。これは、定着できないものであった善が人間に関連して規定されるという革命である。私が革命という所以は、たとえばプラトンにおけるような、可能性一般の条件としての善が、人間により善なる意志において引き受けられ、人間はこうした意志をもって自からを条件づけられていないものの所有者に指名するからである。善と、善なる意志としての意志とをこのように結びつける場合、カントはわれわれにどのような逆説を要求しているのか。

1・2・1　善なる意志作用

問題状況は錯綜しているように思われる。われわれは、善から善なる意志への移行を果たし、その際に、いったい善の何が維持されまた失われたのか、あるいは、いったい何が新たに規定されたのかを見ようとした。さらに、われわれは財から価値への移行を果たした。これを把握するために、われわれは、古典的な財の理論へと手短に遡らなければならない[13]。古典的な財の理論では三つの財の水準が区別されていた、すなわち、外的な財、身体的な財、そして、心的ないし政治的な財である。財はそれ自体で私にとって——世界使用にとって、身体使用にとって、理性使用と政治的使用にとって——善である。私はこれらの財すべてを使用するのであり、結局はどれも断念することはできない。これらの財の本来の地位、つまり、これらの財の善は、それらが取り替えたり、置き換えたり、清算したりできないという点に、つまり、究極的には値踏みができないという点にある。

こうした財の理論にも、外的な財から政治的な財へと至るヒエラルヒーがあることを確認しても、それを価値のヒエラルヒーという意味に理解してはならない。このヒエラルヒーは価値の上下ではない。人間が財を必要とするのは、生に到達し、生を遂行し、実践をもつためである。ただし、財を統括し、すべての財のゴールを成しているのは、善そのものである。古典的な政治哲学は、目標がポリス、政治的生活、そして、善（財）にあるということから出発していた。もちろん、ポリスは、善をポリスと取り違えてポリス自体を善の位置につけるという危険に不断にさらされていた。だが、生の目標がポリス、政治的な財であるとはどういうことか。政治的な財とは公共財、言い換えれば、公益と、今日のわれわれなら言うことができるであろう。ポリスの目標と語られる場合に考えられているのはこれである。

ポリスとは善のもとに滞留することである。政治的な生は、ギリシア人が直接に呼んでいたように、人間にとっての善なる生である。善とは何か。人間にとっての善とは何か、あるいは、政治的な善とは何か。公共の福祉の問題は政治的な基本問題である。したがって、人間は自分よりも一段高いところにある目標地平である善に従属している。古典的な政治哲学では、人間は自分が外部構造の緊張にさらされていると見ている。近代に至ってこの関係は逆転する。それは革命と言うことができる。外部構造が内部へと転回される。われわれは、前提されている善を追求するのではなく、自らわれわれの前提を設定する。われわれは、いわば善の重心を移動させるのである。新たな善は善なる意志である。

意志は善でありうるか。善とは彫琢、完成ということである。追求活動が到来する。意志は到来するのか。意志は到来ではなくむしろ未来を欲する。ここでわれわれは少なくとも二つの未来概念をもつことになるが、それは歴史がすでに長きにわたって展開してきたものであり、adventus［到来］としての未来とfuturum［未来］としての未来である。善なるものとしては、「この世界のうちで、それどころかこの世界の外でも……ただ善意志しかない[14]。」そして、「善意志は……ただ意志作用のみによって、つまり、それ自体で善である[15]。」善なる意志は目標と目的を自分自身のうちにもっている。それゆえ、善なる意志は「完全なる価値を自分自身のうちに[16]」もっている。こうした善なる意志の善は、前もって設定された前提ではなく、自らが設定するものである。それゆえ、この善は価値である。かかる善なる意志をもって善は価値、最高の価値となった。善が善なる意志に転化されるのは自己評価によってである。旧来の善を追求する構造は、今や善なる意志というこうした新たな善へと止揚された。それは意志ではあるが、しかし、善なる意志であるのはただ、それが世界のすべてを自己のうちへと取り込んだが故である。われわれはここで次のような困難な構造に直面している。すなわち、人間は追求活動を通じて善の広さのうちに置き入れられていたが、この広さは今や狭さへと収縮される、だがこの狭さは同時に旧来の広さを新たなやり方で担い抜かんとする、という構造である。それは、こうした善なる意志の努力、意志自身が自制することで、外部へは向かわないが、にもかかわらず外部のすべてを、言い換えれば、世界を自己のうちへと意志する、という努力である。

カントは新たな哲学総体を次の基本的な問いに集約している。すなわち、「人間とは何か[17]。」敢えて簡潔に答えてみると、善なる意志の人間である、と言えよう。カントは様々な形の定言命法として知られている定式に検討を加えているが、そこで彼はこうした意志の自己発見ということの意味をさらに広くかつ深く探ろうと試みたのである。善なる意志が政治的あるいは一般的善を今や自らのうちに集中するのは、善なる意志の新たな人間の意志定式においてである。こうした善なる意志の人間が一般的なるものを代表するのは、次のような歩み、つまり、一般的法則、一般的自然法則、人間性一般という歩みを経てである。ここでは、カントが一般性の程度を次々と拡張することで、個々の人間がその善なる意志が僅かであるにもかかわらず大きな総体を成し遂げることができるという困難な問題に、的確に対処しようとしているのを見ることができる。

カントの三つの意志定式は、その最初のしかも最も重要な実践哲学の企てである『人倫の形而上学の基礎づけ』にすでに見出される。

(1)「汝の格率が同時に一般的法則となることを、汝がそれによって意志しうるところの格率に従ってのみ行為せよ。[18]」

(2)「汝の行為の格率が汝の意志によ居ってあたかも一般的自然法則となるかのように行為せよ。[19]」

(3)「汝自身の格および他のすべての人の人格のうちにある人間性を、つねに同時に目的として用い、決して単に手段としてのみ用いないように行為せよ。[20]」

第一の定式は定言命法のうちでも最も有名なものであり、人間が自ら世界のうちで理性的に意のままに思惟している際に自分が服していると見なしているものである。私が自分自身をどのように鼓舞し指揮しようとも、私の自己規定という格率には、私の意志作用だけではなく一般的意志作用も同時に関与しているというわけである。それゆえ、私の意志はそれ本来の意志作用において法則を尊敬するよう意志するのである。私は法則を意志する。こうした意志が私の本来の滞留、私の存在である限りで、私は法則である。このことは、究極的には自律という概念に潜んでいる。自‐律という語が厳然と語っているように、法則は人間の自己に由来している、あるいは逆に、人間の生来の自己は法則と関連している。自己において法則が、あるいは逆に、法則において自己が生じる場合に初めて、完全な、つまり、真の人間的自律が問題となる。人間は自律のこうした履行へと召命されており、またそれに値している。人間は自律においてその尊厳総体を伴って現れるのである。

カントの三つの意志定式は自律性定式とも呼ぶことができるが、カントはそこで、こうした人間の自己履行の行為とこうした人間の尊厳の遂行とをさらに詳しく規定しようとしている。第二の定式で彼は、単に一般的法則だけではなく、もっと強く一般的自然法則について語っている。この形の定式は何を意味しているのか。法則とは、あるものが一般的かつ無条件であるということである。さらに自然ということが言われる場合には、無条件性、不変性、前もって絶対的に与えられており変更できない法則性が強調される。法則は自然に由来するものである。

第三の定式化によって再度拡張が行われる。簡単に言うと、私は私の人格において人間性を代表すべきであり、私の意志において人間性一般の意志が代表されているべきなのである。これは人間的なるものに対する徹底した自覚であり、汝が汝の人格において人間存在たるべく意志することによって人間となれ、と人間に呼びかける人間主義である。この創出は自律によって行われる。自律とは、人間を人間存在そのものの生来の基盤の上で生産する自己規定のことである。

1・2・2　理性と意志

自律性の三つの定式化では、人間の自己隆起、自己評価、自己査定、あるいは流行の言い方では、自己生産が強調される。私は法則を創出し、自然法則さえ創出し、そして最後には人間性を創出する。だが、私がこうした生産性をもつのは、こうした人間的なるものが前もって私のうちに基礎を置いており、私がそれを私の意志をもって受け容れ展開することができるからに外ならない。私がこうした人間的理性をわが身に具えているのは、自然法則、人間存在を私の基礎として聞き取るためである。理性は旧来のやり方と同じく基礎づけ活動を果たすが、その際、人間は基礎づけ構造から運び去られているのではなくて自分自身をこうした基礎づけ構造へと転送しなければならない。この転送は意志において行われる。

われわれは、あらゆる行為は善を追求するという古典的原則を指摘しておいた。われわれはこれに、理性は根拠を追求するというもう一つの旧い原則を結びつけることができる。活動は目標を追求し、理性は根拠を追求する。(21) 構造的にも同じことが存在する。完結と到来とが、根拠あるいは目標への到着がつねに問題なのである。ここでは、理性の基礎づけ活動を善との関連で見ることができる。聴取することあるいは理性的行為は、それが根拠へと照準されており根拠に到達しようとしている点で、とりわけ善によって特徴づけられた人間の活動様式である。理性と根拠との関連は、われわれが根拠を発見するために理性がわれわれに与えられているという点にある。さて、カントは理性を、「その最高の実践的規定を善なる意志の根拠づけのうちに(22)」見ている。理性は活動、根拠づけという「実践」であり、この場合には善なる意志の根拠づけにおけるそれである。あるものが善であるのは、それが完成されておりそれゆえ目標に到達している場合だけであるというのであれば、意志はそもそも善たりうるのか。意志はある目標に到達しようとするのだろうか。カントには三つの意志定式があるが、そこでは意志の三つの目標、つまり、法則、自然法則、人間性が挙げられている。それは、意志がそこで自分の目標構造と完成構造とを樹立している限り、新たな善の構造である。意志にあっては、こうした樹立という契機が問題なのである。善はつねにすでに前もって存在しているものではなく、この意味で根拠ではなく、むしろ、前提そのものがつねに設定され、あるいは、根拠そのものが根拠づけられるのである。これは次のように簡潔にまとめることができる。理性は前もってつねにすでに与えられている根拠を聴取するのであり、意志は根拠そのものを設定する、と。意志は根拠に遡ることができず、ただ根拠を先取りすることしかできない。意志は到来する(ankommen)のではなく自己に接近する(zukommen)のである。だから、意志の目標は到来(Ankunft)ではなく未来(Zukunft)なのである。とりわけ明らかなのは、一般的になれ、という簡潔な定式においてである。未来は、私があることを私の意志のうちでまず聴取し、次いでそれが未来において徐々に実現されるという、量的で時間的な過程とは考えられていない。意志作用は未来という構造をもっているのに対し、理性は到来という構造をもっている。しかるに、カントは、理性には善なる意志を根拠づけることが問題であるという形で、意志を理性と結びつけて考えている。未来におけるこうした到来の問題は二重の仕方で強調される。善なる意志とは、意志がすでに意志として善であり、完全であり、到来するものであり、根拠によって支えられている、ということしか意味することができない。だがそれにもかかわらず、カントは、意志の根拠づけではなく、理性における善なる意志の根拠づけが問題であると語っているのである。

1・2・3　理性と感情

カントには難点がある。理性は前提として受け容れられる。理性はわれわれから発するものと措定することはできない。なにゆえに理性なのか。この問いは立てられはするが却けられる。[23] 理性は前提であり、しかもこれは決定的に新しい点だが、この前提はそれが単に前提されるということから人間の自己措定へとわれわれによって取り込まれるのである。これがさらに押し進められると、われわれは理性をわれわれに生来のものとして引き受け、われわれの上に根拠を置かせる。われわれがその根拠づけ活動を実行するのは、善なる意志への意志を基礎づけることによって、つまり、理性という外部構造の外的根拠を内的根拠にする、人間の理性の内部構造にする、つまり、意志を理性的なものとすることによってである。理性は人間の構造総体をすっかり統率し、われわれを全体として掌握している(24)。

カントは人間の構造一般の総体のうちに理性が臨在していることの分析を企て、しかもそれを感情において行っているが、そこでは理性が、われわれに対し理性を経験的、審美的に感情として看取させるような感情の惹起および根拠づけに役立っているのである。私が理性的であるのは、私が理性的に感得することができ、私が私の本源的欲望においても理性に駆り立てられており、私が根本においては理性的な意志をもっているからである。私が善であるのは、私が善をさらに追求しなければならないからではなく、むしろ、私が善を身近に具えているからである。私は意志を善なる意志にすることができる。それゆえ、私は善をもっており、善を所有している。これは善の存在から善の所有あるいは保持への革命である。私の意志は、私が法則、一般的なるもの、人間性、世界を意志することができ、すべてのものの根拠となることができる。私の意志は世界意志である。だから、私は世界を私のうちで支えており、世界は私の全存在を感情において満たしているのである。

法則と世界とは、この法則や世界に対する感情が現実のものとなる根拠であり続けるということを、カントはおそらく考慮したであろう。だが重要なのは、少なくとも相互作用が存在すること、現代的にサイバネティクスに倣って言えば循環的因果関係が存在することを見ることである。法則とは私がそれから作り出すものでしかない。私の感情が法則に対して引き渡す分、それだけが法則なのである。私が法則の命令、人間性に従わなければ、法則もおそらく妥当しない。私は法則が妥当することを意志することができなければならない。これは、善なる意志を根拠づけることを意志しなければならないという、カントの最後の指摘である。私は私の意志において普遍的立法者として登場することができなければならない。これは本来の人間的な生産性であって、そこにおいて私は私を人間として世界のうちへ連れ出し、また、世界を引き出すのである。つまり、法則を意志し、自ら立法者となり、自律を意志するのである。私は自ら私に法則を与え、それによって世界を根拠づける。この根拠づけは意志行為によって行われる。意志が根拠づける者である。根拠づけることは理性の仕事であるから、意志はそれ自身理性である。ここに意志と理性との同一性が達成される。この統一は自律において行われる。

1・2・4　尊敬

人間は、自然的本性への意志を身につけている限り、生まれつきそうしたことに適している。ここでわれわれは、自然的属性と自然的獲得という複雑な問題に直面する。人間は、自然のうちで平均的に存在しているよりも高く自己を格づけすることができる。このようなより高い評価のうちに表現されている特別な尊重を、カントは人間が自己自身に与える尊厳と呼んでいる。自ら自己目的である人間、善なる意志において意志を自分自身のもとでそして同時に人間性のためにも展開できる人間は、特別な仕方で自分を顧慮している。そうした人間は法則を遵守することで自分を顧慮している。ここでカントは尊敬という概念を導入し、尊厳を価格から際立たせようとするのと同じく、尊敬の概念を尊重の概念から際立たせる。善なる意志およびそれに続いて行われる「すべての価値を規定する」立法は、「まさにそのゆえに尊厳すなわち無条件の比類ない価値をもたなければならず、この価値に対しては尊敬という言葉だけが、理性的存在が立法に払わなければならない尊重の適切な表現となる。それゆえ、自律は人間的本性およびあらゆる理性的本性の尊厳の根拠である[25]。」相対的価格ではなく絶対的価値、これが、あらゆる価格やあらゆる尊重を超えておりそれゆえ尊敬という特別な言葉に値する尊厳である。

カントは尊敬をその『実践理性批判』の中で分析した。「純粋実践理性の動機について[26]」という章で、カントは尊敬の感情のうちに法則による意志の直接的規定を指摘した。この点に彼の分析論の頂点を見ることができる。彼の分析論は、すべての網目がくっきりと分かるほどに実践理性の分析あるいは批判を押し進めている。近代のあらゆる批判的手続きにおけるのと同様に、また、カントにおいてはなおさらに、批判は、われわれの前に在るものを単に探るのではなく、むしろ、こうした批判によって初めてわれわれの前に立てられるものを際立たせ、区別立てをはっきりとさせ、この意味で引き出しもしくは生産するのだ、と言わなければならない。この意味で、批判は単に所与のものに向かう分析的手続きではなく、存在するものをわれわれの前に置き、われわれのもとでその結果に到達せしめる手続きである。

われわれの考えるところでは、カントはすでに『人倫の形而上学の基礎づけ』のある注の中で尊敬の問題総体を総括していた。カントはこう書いている。「私が、理性という概念によって問題に明晰な回答を与えないで、尊敬という言葉に隠れて曖昧な感情に逃避しようとしているだけだ、と私を非難することもできよう。だが、尊敬が感情であるとしても、この感情は外からの影響によって感受された感情ではなく、理性概念によって自ら作り出した感情であり、それゆえ、好みや恐怖に帰着させられる前者の感情すべてとは種を異にしている。直接に私に向けられた法則として私が認めるものを、私は尊敬をもって認めるが、この尊敬はただ、私の感情に対する他からの影響を介することなく私の意志が法則に服従するという意識を意味する。法則による意志の直接的規定とその規定の意識が尊敬なのであり、それゆえ、尊敬は法則が主体に及ぼす結果であって法則の原因ではないと見なされる。本来尊敬は、私の自己愛を打破する価値の表象である。したがって、法則は同時に好みの対象とも恐怖の対象とも類似のものをもってはいるけれども、そのどちらとも見なされないものである。したがって、尊敬の対象はただ法則だけであり、しかも、われわれが自分自身に対してまたそれ自体必然的なものとして課す法則だけである。われわれは自己愛に諮ることなく法則としてそれに服しており、だが、われわれ自身がわれわれに課したものとして、それはわれわれの意志の帰結であって、前者の点ではそれは恐怖に類似しており、後者の点では好みと類似している。人格に対する尊敬はすべて、本来、人格がその例となっている（誠実等々の）法則に対する尊敬に過ぎない。われわれはわれわれの才能を伸ばすことも義務と見なすから、才能ある人格にもいわば（修練によって才能の点でその人格に似たものになれという）法則の実例を思い浮かべるのであり、このことがわれわれの尊敬の中身なのである。いわゆる道徳的関心はすべて、法則に対する尊敬のうちにのみ在る。[27]」

この引用は、これまでカント自身が語ったこと、および、われわれがカントについて語ったことの総括と結論と見なすことができる。
(1) 私は、尊敬の感情をもつことで、直接に法則によって、人間性によって、そして、人間性の法則によって規定されることを経験する。
(2) 法則に対する尊敬の感情、人間性を、それゆえ人間一般を尊敬するという感情は、法則が私に及ぼした結果であってその逆ではないと理解しなければならない。私が法則の存在する事態を生ぜしめるのではなく、むしろ、法則が私のうちに尊敬の感情を生ぜしめるのである。
(3) それゆえ、尊敬の感情は、他の感情のように好み、欲求、衝動の枠組みに由来するのではない。尊敬の感情は理性から生じる私に直接的なるものであり、また、理性はそれが生ぜしめることのできるこうした感情によって自ら理性であることを示すのである。尊敬とは理性が自らを感情として開示することであり、このことによって尊敬は人間にとっての最も包括的な規定および動機となる。理性とは私の実存の主要な感情であり、それは他の感情と共に私を決定的な形で動かすことができる。それは、法則に対する尊敬のうちに見出される人間的な自己、人間的なるものへ向かっての感情の運動である。

(4) 尊敬の感情は法則に対する感情である。そのような感情を惹き起こす理性は、こうした感情を生ぜしめたりあるいは生産することにおいて、次のことを達成する。すなわち、感情活動の場で人間にとって二つの水準が成立する、つまり、自己愛という自己感情に割り当てられた水準と自己尊敬という自己感情のために残された水準とが成立する、ということである。尊敬というこうした新たな感情を際立たせ、批判し、生産することによって、人間は、自分の存在が法則のもとにありまた法則が自分自身のもとにあると見る新たな現存在の感情へと高められる。「本来尊敬は、私の自己愛を打破する価値の表象である」というカントの中心的命題は、先の引用のほぼ真ん中にあり、実際に実践理性の中心を成している。感情としての尊敬は価値の表象である。尊敬においては、私は私自身を単なる自己愛の場合よりも価値があると感じる。尊敬においては、法則が私の前に現れており、私は法則を表象している。

ここでカントが表象について語っており、それゆえ、感情としての尊敬においては思惟の活動が加わっていると見ていることは、注目に値する。カントは感情と理性との結びつきを叙述したいのだが、そのために彼は困難を抱え込むことになる。彼は感情から出発して恐怖と好みとの類比へと逃避しようとする。「恐怖でも好みでもなくただ尊敬だけが法則に対する動機であり」[(28)]、それが行為に道徳的価値を与えることができるのである。カントは、尊敬が動機である限り、尊敬を感情と比較しているが、究極的にはこの尊敬という一つの感情を比類のないものと考えている。この比類のなさは、この感情が理性から生産されることによるのである。尊敬とは理性を表象へともたらす感情である。尊敬という感情において、理性は、きわめて特異で具体的かつ不可避な概観で人間にもたらされる。これは、成文憲法においてすら単なる命名でしかありえない法則のような、単なる命名ではない。それはまた、概念つまり一般的表象をもたらす単なる理性でもない。理性はむしろ感情として具体化される。これは、かつて哲学においては全く見られなかったような、だが今や実践理性批判によって理性そのものから際立たせられたような、比類のない生産である。カントの実践哲学は究極的には、理性が自らを意識的に感情にし、感情において自らを具体的なものにするという点にあるのだが、これはすなわち、理性が自らを表象にもたらすということである。

法則に対する尊敬は、われわれに法則を感得させるだけではない。カントはその『実践理性批判』においてさらに歩を進め、われわれが理性のうちに法則を聴取するのは、単に、理性が外部構造としての根拠に向かう、ここでは外部からくる法則に向かうという意味でではないとする。法則は外から内へと持ち込まれるのである。これは、根拠を求める理性によるのではなく、自ら根拠を創出する意志によって行われる。意志は「尊敬の本来の対象[29]」である。法則に対する尊敬は、今や意志に対する尊敬である。自分自身に法則を与えるという意志の役割を、カントはこれ以上はっきりと強調することはできないであろう。理性、意志、法則は互いに、必然性の洞察への自由と呼ぶことのできる関係にある。法則に対する尊敬は、「われわれが自分自身に対してまたそれ自体必然的なものとして課す[30]」法則に対する尊敬である。法則に対する尊敬、人間性に対する尊敬は、善なる意志である意志に対する尊敬である。意志が善であるのは、意志が理性のように意志する場合、つまり、意志が根拠、法則、人間性としての全体を意志する場合である。善なる意志には理性が具体化されており、この理性が善なる意志と尊敬の感情を産み出すのである。

善なる意志では理性と感情とが合流している。善なる意志は自らのうちに考えたり感得したりできるあらゆる人間活動を含んでいる。善なる意志は、人間が自らを完全に達成し、自らを成就し、自らの実践をもつ始原的行為そのものである。つねにすでに根拠からすべてのものへ、世界へ、人間性へ、法則一般へと投企されており、自らのうちで各々の人間と人間性総体との緊張に耐え抜くことができるのは、意志である。善なる意志に対する尊敬は、善なる意志における最高の価値の表象である。

1・2・5 尊敬と所有

人間を尊敬するとは、人間を人間としてあらしめる［存在するにまかせる］ことによって、人間と同時に私を尊敬しまたそのようにあらしめる［存在するにまかせる］ことである。善なる意志に対する尊敬は、善なる意志をあらしめる［存在するにまかせる］ことである。善なる意志は「それだけで」光り輝く「宝石のような」ものである。[31]「有用であるとか不毛であるとかによって、この価値がいくらか増えたり減ったりすることはありえない。[32]」善なる意志はさらに付け加えて法則を意志するのではなく、すでに法則を携えているのであって、それは、善なる意志が理性を総体として、つまり、意志の根拠づけ行為において完全に根拠づけられて、自らの手元に保持しているのと同様である。善なる意志は、ポリスでの他者との論争において善の地平から闘い取らなければならない政治的な善を目指すのではない。善なる意志は善を自ら伴っているのである。カントは善なる意志に無制限の善なるものを見ている。だが、われわれははっきりとさせなければならない。善なる意志と比較すれば、すべては価値の少ないものである。善なる意志は最高の価値である。そもそも善なる意志からすべてのものに対する観点が開かれるのである。善なる意志は最高の価値であるがゆえに、自分自身をも満足させることができ、それゆえ、すべてのものをあらしめる「存在するにまかせる」ことができる。

われわれは主張を次のように尖鋭化する。すなわち、善なる意志はすべてのものを自分のもとにもっているが、同時に自らは無であると。善なる意志はもつことであるが、存在ではない。それは所有をもたらすが、世界のうちで何事も成就しない。われわれはこの主張をカント自身によって裏づけることができる。彼は、善なる意志は価値であると語っているのである。価値は存在するのではなく妥当する。善なる意志という価値は妥当する。これには疑問の余地がない。だが、善なる意志には存在するものという質がない。善なる意志は、自分自身を条件づけられていないものとして措定することで、条件づけられていないものである。理論哲学においてカントが、人間はただあの自分自身が惹き起こした経験だけを為す、あるいはカント流の言い方をすれば、経験の可能性の条件は同時に経験の対象の可能性の条件である、と語るのであれば、実践哲学における善なる意志に類似したものが明らかとなることで、人間が生産した自然法則から類推して行為の理性法則が見出される、と考えなければならないであろう。だが、実践哲学で出現したのは善なる意志である。善なる意志は、すべてを自分自身のもとで成し遂げようと意志し、それゆえ、おそらく世界のうちでは何事も達成できないのである。善なる意志は全面的な生産性であり、この生産性はある目的のための手段、つまり、生産物の生産ではなく、自分自身のうちで維持されるためである。善なる意志は何も産み出さず、ただ自分自身を産み出すだけである。

アリストテレスにあるように[33]、テオーリアは存在へと向かう、言い換えれば、理性は根拠を聴取する。意志存在としての人間はあらゆる世界関係から解放されて、自分のもとで自分の世界を自ら創出する。これをカントによってさらに詳細に考察することにしよう。『実践理性批判』の「結論」として、カントは、人間の心を満たす二つのものについての有名な文を記している。「わが上なる星の輝く空とわが内なる道徳法則」[34]である。この両者をカントは、それを直接に「自分の実存の意識と」結びつけている人間よりも優先するものと見ている。「無数の世界群を見る」ときには、私は自分が「破壊されており」、まさに取るに足らない点、無であると見る。外的な感覚世界に関しては、私は、ますます真の虚在性であることが明らかとなるある「場所」をもっている。私は、自分がどこにいるのか、どこへ行くのかを知らない。私はただ自分がどこかに投げ出されており、世界のこうした果てしない裂け目の中で引き裂かれているのを見るだけである。こうした不安定な状態に直面して私は滞留を求める。滞留は感性界ではなく道徳世界において提供される。感性界は私を支えてはくれないが、それにもかかわらず私は道徳世界によって私自身を支える。だが、これが問題である。感性界は事実上回避できない経験である。存在がまさに無の浸透したものとして私に開示され、こうした存在の真理が私の無に起因しているとしても、感性界は存在一般の経験である。カントは、人間が自らのうちに自分の価値を経験することで、感覚的な、だがそのように存在している実存のこうした空無性から抜け出す可能性をつねにすでにもっていると見ている。ここでは存在と逆に価値が妥当する。

「これに反して、第二の［わが内なる道徳法則を見る］ときは、叡智としての私の価値は私の人格性によって無限に高められる。この人格性において、道徳法則は動物性から、そしてまた全感性界からさえ独立した生命を私に開示する。少なくともこの道徳法則による私の現存在の合目的的な規定——これはこうした生命の条件や限界に限られず無限なるものへと進む——から推定される限り、そうである。[35]」外部にある世界の深みが失われて行くのに対して、カントは、人間が内部におりそれゆえ自分本来の自己のうちにある世界の深みが増して行くことを対置している。ここでは、可視的世界に対して自己という不可視的世界が現れるが、この世界は尊敬という感情によってのみ可視的となるのである。われわれは感性的存在として感性界により外部から規定されている。われわれは理性存在ないし意志存在としてそうした規定を自ら受け容れる。自己規定は意志行為である。われわれに法則そのものを与える自己規定は、われわれに法則を聴取せしめ、かくして自らに理性そのものを与える意志行為である。最も根源的な、つまり、われわれを根源において規定する自己規定は、善なる意志への規定である。

われわれはカントの善なる意志の理論を、一方では批判的に、また他方では肯定的に格づけしてきた。この二つの視角は互いに関連している。法則の理性水準と人間性への視角は、人間の尊敬の感情のうちでいつでも作動しているとはいえ、善なる意志を実際に達成するためには依然として途方もない労苦が必要である。ピコの自律に対する尊厳において人間の遍在性、創造性、生産性が語られているのであれば、法則と人間性とへの意志である善なる意志への自己規定というカントの試みは、結局人間の自己規定の最も徹底した企てとなる。カントでは、こうした自己規定は普遍的な世界と人間の空無性に直面していると見なければならず、それに対抗する錘が自律に据えられるのである。カントの自律は労働者としての人間の大きな、おそらくは最大の労苦である。労働では所有が問題である。カント自身は明示的に考慮していないが、所有の契機は挙げなければならない。理性的に自己を意志する人間だけが、善なる意志の自律に対する新たな尊厳を達成することができる。それが成功すれば、もたらされるものは多い。だが、それが成功するかどうかは、まだ決着のついていない問題である。

われわれの見るところ、カントの善なる意志の実践哲学(36)に対する決定的な反対論拠は、善から価値への、また、存在から保持あるいは所有への移行において人間の構造転換が生じるか必要とされるのであり、この転換によって人間には人間としてさらに多くのものがもたらされ、所有が与えられることになるのだが、この所有は喪失によってのみ購われる、という点にある。感性界は無であるが、それは私の外のことであって、私は自ら私の内で存在を投企し、私の内で道徳界を投企する。外部の無と内部の存在とによって、存在者が住まうところであった世界についてのこれまでの把握に革命が起こる。この表現はもはや意味どおりのものではないのだが、われわれが唯一まだ残っている存在者なのである。この創造された世界は私を丸飲みしているが、しかし、私は私の新たな世界を創造するのである。われわれは、深淵として現れる世界の中で根拠もないまま、自分自身のために道徳的な意味でのわれわれの世界を根拠づける。人間は世界の創造者にして刻印者となる。人間は世界をいわばその小さな手の中にしているのだが、その際人間が無理をしているとは、カントは決して考えていない。だが、これが問題である。ここでカントは人間に過大な信頼を寄せているのではなかろうか。人間はこの労働を自ら引き受けることができるのだろうか。原理上こうした労働の負担と履行を課されれば、人間は間違いなく失敗するのではなかろうか。人間は、こうした労働に値するのであれば、おそらくその労働に到来しないことにも値する。意志が顧慮される際にはおそらくこうしたことも考えられているのである。意志は世界の中で、無はもちろん、善なる意志としてすべてのものを自らのもとで意志することができるからである。

自足では私が所有するものは僅かであるが、自律ではすべてである。自律において人間は所有の点で遠くまで、おそらくあまりにも遠くまで来てしまった。人間は、自分が世界のうちで空無であると見ているので、単に勇気を振るうだけではなく思い上がって、自らすべてを作ることで今や自らすべてであらんとする。だが、事態に即して見れば存在について語ることはもはやできない。というのも、存在は理性と同じく一つの所与だからである。自律は眼前に何ものも見出さないが、自らにすべてを与える。存在が無である場合には、保持［もつこと］がすべてとならなければならない。無である者はすべてを所有することができる。こうした近代的構造ないし人間の自己構造化は、ピコからマキアヴェリを通じて今日に至っている。それには、ピコの自己決定、ホッブズの自己製造、ロックの自己所有、あるいは、カントの自己立法が含まれる。所有問題を再度もっと詳細に立てるためにわれわれはロックに立ち還るが、ロックでは、人権や人間の尊厳について語られてさえいないものの、人権の問題が所有の問題として初めて立てられているのである。

2 人権

2・1 拒否権および所有権としての人権

人権の宣言は一七七六年のヴァージニア憲章[37]に始まる。国家はいかなる人間にも一定の権利をどんな場合にも認め保障しなければならないと宣言される。当時挙げられた最初の人権は、自由・生命・財産である[38]。だが、アメリカおよびフランスの人権宣言において憲法として、それゆえ法として出現したものは、すでに一〇〇年も前に、しかも政治社会と政府の目標として表明されていた。それをジョン・ロックは、その政府論[39]の決定的な場所で定式化したのである。彼の国家論は、国家の目的はその市民の生命・自由・財産にある、と要約することができる。権利、人権についてはまだ語られていないが、それにもかかわらず、国家に対する要求というこのような意味での人間が登場したのである。

なぜこうした要求が行われるに至ったのかを説明するものとして、人間が国家および宗教の絶対主義によってその自由・財産・生命を最も脅かされていると見ていた、当時の市民戦争ないし宗教戦争の状況がよく指摘される。本来人間のためにある国家に対して人間が繰り返しますます自らを守らなければならなくなるということは、それ以来相も変わらず永続的でおそらくいよいよ差し迫ったものとなった要請である。国家絶対主義ないし国家権威主義の歴史は終結するどころか、むしろ国家全体主義へと進展した。こうしてわれわれは今日、これまで以上に人権を要請している。これは今なお、そして何よりもまず国家に対抗する権利、国家を拒否する権利、要するに拒否権としての人権である。これは否定的な視角と思われる。そうは言いながら、国家はただ拒否されるのではなく、むしろ国家においてまた国家によって人間の関心事のための余地が拡大される。それゆえ、拒否権は同時に保護権となる。それは人間の本質的な自由空間を保護すべきものであって、これ以降人間は自らこうした自由空間を整えようとする。そこにおいて人間は自らを人間として自由に展開しようとする。それゆえ、人権は本質的に自由権、国家からの自由として独自の大いさとしての人間そのものへの自由を保証する自由権である。こうした人間とは何なのか、人間のこうした自由とは何なのか。ロックがこれに答えている。

(1) 人間は自分自身の人格の絶対的主人（lord）にして所有者である。[40]

(2) 人間は生命・自由・財産（estate）の所有者である。[41]

生命・自由・財産は、一八世紀のアメリカとフランスの人権宣言以来今日に至るまで絶えることなく、人権の定式として繰り返されている。これらの人権はさらに詳しくは自由権あるいは市民的権利と呼ばれる。これ以降市民は国家に人間のこうした三つの基本的自由を期待する。

だが、この視野にはさしあたり入っていないとはいえ、その後に、また今日とりわけそれと響き合っているのは、所有の問題である。人権において結局何が問題であるかは、すでにロック以降明白であるはずなのだが。たしかに近代の曙光期には人間の生命・人間の自由・人間の所有が著しく脅かされていた。しかしながら、こうした直接的な脅威だけでは、人間のこうした目標が定式化される際にその背後にあった推力を理解することはできない。生命・自由・財産を脅かされると、人間は、ただ保障だけを目指すのではなく、むしろそれに留まらず決定的な地位向上を要求するのは明らかなことである。そしてこれがロックの古典的な定式化に表現され、彼は人間を生命・自由・外的財産の所有者と宣言するのである。所有思想における革命の道が拓かれる。人間は世界を、つまり、現存の新たな所有関係・生命・自由を求める。人間は単に、外部から与えられて受け取るか自ら製造する外的財産だけを所有しようとするのではなく、生命そして自由すら自ら所有しようとする。人間はいたるところに所有を意志する。こうした意志には限界がない。ここでわれわれの考えるには、典型的な近代の証拠がこれまたロックにあり、時代の区切りをロックのもとで見極めることができるのである。

こうした近代の三点セットを古典的な財と比較する、つまり、自由を政治的財と、生命を身体的財と、そして、財産を外的財と比較することもできよう。だが、これはミスリーディングであるように私は思う。生命・自由・財産は、われわれが追い求める財ではなく、近代の人間が自ら措定する価値観点である。このことはすでにホッブズからロックに至る近代の進展から明らかにすることもできよう。ホッブズでは生命が最高の価値観点となる[42]。最初は単なる生命の保障が問題であるが、次いで生命が国家によって保障されると外的財産を考慮することが問題となる、と考えられる。だが、ある主要観点と別の主要観点とが連続したり交代したりするということは、ここに価値および価値評価があるということの証拠である。価値評価問題とは、情勢しだいで生命が財産に、次いで財産が生命に優先させられ、あるいは、ある価値がまた別の価値と比較されて関連づけられるという点にある。

あるものを財と考える者は、財の価値を見境なしに上げ下げできない。古典的な財の理論がわれわれに教えるように、人間的実践という意味での人間の生は財なしで済ますことはできず、財に没頭することも決してできない。だが、ホッブズはこのことに留意していない。もっとも、彼は、善なる生ではなく、ともかくもまず生き延びることが問題である歴史的非常事態を引き合いに出すことで、自らを弁明することはできる。しかしながら、古典的政治理論にとってこれは疑わしい。政治は善なる生を目標とするものなのである。そしてこの点にまさにホッブズとの相違があるのであって、ホッブズは善なる生を得ようとするのではなく、生き延びようとしているのである。彼の規準はおそらく、生のために善いかどうかということではないにしても、生に値するかどうかということであろう。

ロックは生き延びるということに対する期待をもっている。彼は生命・自由・財産の所有を指し示す。だが、すでに「労働と所有」の章で見たように、ロックは、人間が財産をもつために労働し、近代の労働社会が所有社会として建てられるという問題に関心を集中している。ロックでは所有が最高の政治的位置価をもっていることに異を唱えることはほとんど不可能であろう。生命・所有・自由。われわれはロックの定式を変更する。歴史的に見て、少なくともホッブズからロックへの理論の連続した歩みにあっては、次のことが確認できよう。すなわち、初めに最大の関心が向けられるのは生命の保障、生命の所有であり、次いでそれが達成されると市民は安んじて財産の獲得に専念することができ、そしてそうなって初めて市民は自由を要求することになる、と。近代の歴史の歩みはそのように進行するように思われる。今日では自由という価値観点はもうほとんど所有の価値観点よりも高く評価されている。このことは、所有思想から発した技術的世界が自由の価値観点から様々に批判される際に、経験される。

われわれが財から価値へと移行したという指摘は、価値観点の連続から十分に得られるであろう。われわれはわれわれの主張をロックの定式から展開しようと思う。人間が自然から与えられたか自ら製造したものを自分の所有とすることができ、またそう意志するということは、自然なことと思われる。だが、私は生命を、またそれどころか自由を所有することができるのか。ロックの定式は所有に全面的に依拠している。この定式で人権が挙げられている以上、所有権が問題なのである。この場合、法一般が所有とどれ位関連しているのかを考察しなければならない。いずれにしても、国家の拒否と国家によって保障されるべき自由空間とは、人間が最も包括的な意味で財産を手にしうるということに、最終的には役立つのである。人間は所有することで人間なのである。

ロックでは人間にとっての所有の重みが強調される。人間は自分自身のlord、自分の神、自分の主人である。ピコ・デラ・ミランドラでも人間はこうした相貌を保っている。そこでは人間はすべてを自分から作り出すことができ、自分自身をそのように規定し所有することができる。ロックでは、このことがその定式においてはっきりと確認され明確になっている。人間は自分の自由の所有者、自ら自己を徹底的かつ全面的に規定する自由の所有者なのである。これまで外的な財だけが実際に所有可能なものと思われていたとすれば、今や人間はさらに先へと進むことができる。わざわざ手を伸ばして取らなくとも所有できるこうしたものだけを手に入れるべきだということではないと、人間は自分自身に言い聞かせる。むしろ、世界のうちで所有されないもの、未だ所有されていないものを、所有の歩みの進展の中で手に入れるべきなのである。そしてさらに、そもそもこれまで所有可能と思われないものが所有可能とされるべきなのである。所有せんとする者が立ち停まっていることができないのは明らかである。所有は向上を必要とする。すでに「労働と所有」の章で考察したように、労働は全面的な財産取得に役立つ。近代の新たな所有理論は、ロックが模範的な形で定式化しており、労働理論の中で構想されているが、この労働理論は結局、ロックの全政治思想が表現されている次のような包括的な所有の定式へと帰着する。それは結論あるいは結びである。ここで振り返ってみると次のように言うことができる。

(1) 人間は労働であり、労働は所有をもたらす。
(2) 労働は人間を自己から連れ出すのではなくて自己自身へと連れていくのであり、人間にすべてを、また、自己自身を彼の所有としてももたらす。それゆえ、労働は究極的には人間的本質一般の所有をもたらす。

したがって、ロックが単に外的財の所有ではなく生命および自由の所有について語る場合には、人間がこうした点で労働に従事していると見られるべきであり、また、ロックがつねに人間の身体へと立ち戻っていることで、生命および自由に対する権利は根本においては身体に対する権利なのである。われわれの知るように、これは制限ではなく、人間にとって可能となる最大の制限撤廃なのである。身体がまず手で摑める規定されたものであるのは単に概観上のことなのだが、全く自明のことながら、それは私の所有であり続けるしかないのである。だが、ここで問題なのが単に、たとえば自己処分権という意味での端的な自己所有でないことは、労働理論ないし所有理論によって明らかなことである。というのも、労働は身体そのものという根本契機に、つまり、所有が起因する、さらに多くを手にしようとする意志作用に、従うからである。したがって、身体は単なる手で摑める規定されたものではなく、すべてを規定することのできるもの、身体的なるものを全世界のうちへと具体的に展開することのできるものなのであって、それはちょうど、技術において起こっているような、また、たとえばヘーゲルの客観的精神の理論において主観性にとっての客観性と記述することのできるようなものなのである。自由・生命・財産の所有が達成されるのは、自由・生命・財産が単に財ではなく、われわれの所有衝動を不断に駆り立てて所有の刺激となる価値としても妥当する場合である。生はさらに多くの生を、自由はさらに多くの自由を、財産はさらに多くの財産を意志する。このことは、われわれが生命・自由・財産の所有者であるという定式に潜んでいる。

われわれ、つまり、近代社会は、こうした包括的な意味での所有者の社会である。こうした所有を可能とし保証し増大させる、つまり、そもそも現実的所有を手にするために、近代社会は労働社会ないし生産性社会として定式化される。科学、技術、経済、そしてもちろん、法は、こうした労働と生産性の領域である。これらの領域すべてで、労働原理が、それゆえ、所有原理と価値評価原理が支配している。法規範の宣言と実定化は、生命・自由・財産の所有を確保する標準的形式である。自由・生命・財産というこれらの人権の基礎の上に国家の憲法体制が規範づけられる場合には、結局、憲法は単に拒否権としての人権にではなく、むしろ所有権としての人権に繋ぎ留められる。換言すれば、憲法の根拠および目標は人間的本質の所有である。

これによって含意されていることを、信教の自由という人権を例に取って簡単に示してみよう。信教の自由はいつでもはっきりと人権と呼ばれていたか、あるいは少なくとも自由に対する人権から直接に導き出されていた。それどころか、自由に対する人権という本質的な人権が歴史上初めて登場したのは信教の自由によってではないのか、次いでその結果この人権が人権思想一般の源泉となったのではないのか、という論争[43]さえ燃え上がった。いずれにせよ、人権のカタログに欠かすことのできない人間の自由の標準的な形態を信教の自由に見ることまでは許されよう。信教の自由は、歴史上最初のリベラルな自由権と並んで新たな社会権をも知っている今日の不十分な人権一覧にも含まれている。四つの自由（four freedoms）と言われることがあるが、これは政治家ルーズヴェルトが最初に語ったこととされている。それは、表現の自由、信教の自由、窮乏からの自由、恐怖からの自由である。つまり、後の二つは社会的人権であり、前の二つはリベラルな、あるいはどう呼ぼうとも、自由権としての人権であろう。

さて、信教の自由をどのように位置づけようとも、場合によってはとりわけ自由権という意味での人権すべてに優先させようとも、われわれは信教の自由に所有権としての人権のとりわけ強力な形態を見る。信教の自由において私が求めているのは、宗教へ接近し宗教を自由に処理することでもあって、こうした自由処理が宗教的なるもの・信仰から規準たる性格を奪い去ることもできるからである。

人権では多かれ少なかれ私権が、中でも私有財産の自由が保障されていることは、すでにマルクスの知るところであった。彼はこの点に人権と市民権との区別をはっきりと見ているのであり、それはまた人間の権利と市民の権利（droits de l'homme et du citoyen）という定式化にも定められているとおりである。「とりわけわれわれは、いわゆる人権、市民の権利と区別された人間の権利が、市民社会の成員の権利つまり利己的人間の権利、人間と共同体から分離された人間の権利に他ならないという事実を確認する。(44)」それゆえ、信教の自由は私有財産に算入される。

私はマルクスと議論する気はないが、それでもこれまでわれわれが際立たせてきた所有の視角のもとで信教の自由の問題に取り組んでみたい。自由の所有には宗教の所有が含まれていなければならない。その場合、信仰のうちに、religare［結ぶ］ということで考え合わせられていなければならない神的なるものへの結びつきが比較的少ないのか、あるいはむしろ自己自身への結びつきがあるのか、これが問題だからである。こうした自由な自己規定を求める信仰は、信仰からその本質的要素を奪い取り、信仰を神的起源から人間的起源へと転回させかねない。信教の自由は激烈な市民戦争ないし宗教戦争のさなかでは十分に理解できる拒否権ではあるが、しかし、所有権としてはまた別の側面をもっており、それがわれわれにはそうではないが、神的なるものにとっては致命的なものともなりかねないのである。私は、信仰の自由には人間の所有思想が最高の形で示されていると主張したいのではなく、すべての人権が信教の自由の要請に起源をもつという主張が、従来の法的‐歴史的論議において受け容れられていたのとは全く別の次元をもつことになりかねないということに注意を促したいのである。

2・2 人 権――自然権・基本権・市民権

人権の宣言や実定化では、人間がすべてに優位するということが表明され定められる。換言すれば、人間は、人間が人間として承認されることを意志するという自らの要求を、まさに要求の相手である国家に対しても通告しているのである。人間は、ユダヤ人であるかカトリックであるか黒人であるか、どんな職業・身分か、等々といった、それぞれその世俗的状況での在り方に単に留まろうとしてはいない。人間は単にそれぞれの自分の在り方であろうとするのではなく、あらゆる在り方を超えてつねに人間として妥当することを欲する。人間はさらに一層人間であることを求める。いかなる制約においても自らの無制約性を、いかなる個別性においても自らの全面性を、状況的な在り方においては世界妥当を求める。人権とは、従来のすべての権利以上の権利のことである。したがって、それを名指し、具体的に展開するために、新旧の権利概念が援用される。人権の最初の宣言と実定化によって、これらは自然権 (native rights, droit naturel)、基本権 (basic rights)、市民権 (civil rights, civil liberties) と呼ばれる。(45)

2・2・1 人権は自然権である

自然権という標題のもとで史上多くのことが語られた。自然権によって語られているのはさしあたり、人権では外部から、たとえば社会や国家から付与された権利ではなく、人間本性に由来する権利が問題だということである。自然権は自然的に与えられており、生得的なものである。それゆえ、native rights とも呼ばれる。だが、自然権という称号を要求する場合には、たとえ望まなくとも従来の自然権概念すべてという膨大な次元をやはり参照しなければならない。

国家以前、社会以前につねにすでに人間に到来しており、人間自身とともに成長しそれゆえ自然的な権利は、自然一般の織物に織り込むことができる。人間が人間として産み出されるのは、制度、たとえば国家によるのではなくて、自然によるのである。こうした意味で自然権は、自然から持たせられ自然とともに成長する権利そのものである。さらに、人間は自然権のこうした主張によって自分が神的なそれゆえ永遠の自然から由来していると見、こうした自然的枠組みを自らに要求することもできる。その場合、一方では、ここに自然権の神的起源があることになろう。だがその際、こうした神的自然権について語ることは、人間が自分が神から生じたことを知る単なる隠喩でしかありえないであろう。だが今度は他方で、近代の人間は、こうした神的自然権を自己自身において産み出すことで自己自身のうちへ完全に引き取ろうと企てる。これは自然法から近代理性法への移行であるが、これはヘーゲルで展開の頂点を迎える。彼はその法哲学の中で自然法則から法的法則［法律］への道を示している。「法律は措定されたもの、人間に由来するものである。[46]」こうした法哲学は自然の地盤から育つのではなく、「精神の地盤[47]」の上に立っている。こうしてヘーゲルは自然法思想を止揚する。彼は自然法思想を実定法、つまり、人間が措定することのできる法と媒介する。だが、これは、国家憲法体制における人権の受容と位置の点で今日まで実定化がやはり困難である限り、依然として問題である。アメリカ憲法は人権によって憲法を始めている。それは人権を慎重に最初にしかも起源として、だがまさに憲法の前に置いている。フランス憲法も同様である。そして現代まで一跳びすれば、人権が完全に統合されているように思われるものとしては、ドイツ連邦共和国基本法だけしかわれわれは知らない。それゆえ、自然権としての人権は他のすべての法を凌駕しており、実定化された法と較べれば単にそれを超えた地位をもつのではなく、ほとんど法以前の性格をもっているという問題に、われわれは直面しているのである。

2・2・2　人権は基本権である

人権は、アメリカでその定式化の試みがなされた際に直ちに、基本権であると性格づけられている。人権は統治の基礎（ヴァージニア憲章、一七七六年）であり基本権であるが、それは、人権が単にその後の法発見［裁判］および立法すべての基礎となるという意味ではなく、そもそも国家を創設するという意味である。人権が第一次的なるものであり、国家は第二次的なるものである。国家はこうした基本権の経験から出てくる帰結である。人権はロックの国家目的論においてもこうした意味で強調されている。人間が国家を樹立するのは、「自分たちの生・自由・財――それらを私は全く一般的に財産と呼んでいるが――を互いに維持するためである。[48]」

だがわれわれはもう一つの用語論的問題に向かわなければならない。これは今日の言語使用の中で現れてきたもので、そこでは人権と基本権とが区別される、つまり、基本権とは実定化された人権であるとされる。人権は、国家憲法体制のうちで受容され実定化されることによって、基本権となるとされる。

人権宣言の古典的な二つの事例においてわれわれが直面しているのは、少なくともアメリカの状況について言うことができるのだが、人権は憲法の形式、その形式的枠組みを規定するけれども、内容的素材を提供するのではないという事実である。憲法と人権との関係についての議論[49]において形式という概念が導入されたときには、これは本質および魂という forma の旧い意味をもっている。人権とはアメリカ憲法の本質および魂のようなものである。この憲法の歴史の初めから今日に至るまでそのような理解がなされている。それゆえ、憲法のうちで人権がことさら明示的に扱われていなくても、それは理解できる。

憲法はこうした人権から導き出された結果である。そうであれば、根拠が根拠づけられたものそれ自身になる場合には根拠が自己矛盾に陥ることが明らかになると、純論理的に論ずることができよう。根拠が根拠であるのは、それが根拠に留まっている場合だけである。したがって、人権は憲法を基礎づける基本権（basic rights）でなければならない。憲法は、人権に根拠づけられた結果なのである。アメリカ憲法の起草者たちは、それゆえ、賢明にも根拠を自分たち自身に求めることはしなかった。basic rights は国家や憲法に先行する現存する根拠である。憲法の起草者たちはこうした本源的な根拠を尊重しようとしたのであり、ここにはまた basic rights と native rights との関連がある。こうした理解からすれば、その後アメリカ憲法史上、追加、いわゆる修正条項（amendments）によってさらに人権を憲法の中へと取り込むことにますます取りかかることになるのは、きわめて問題である。原理的に考えれば、これは総じて先の人権理解における転回、革命であろう。

2・2・2・1　basic right と基本権概念の展開

basic rights は、それゆえ、実定化された人権という意味での基本権ではない。基本権と basic rights というタイトルは人を困惑させるほどに互いに指示し合っているが、その違いははっきりさせておかねばならない。われわれはこの主張を次のように尖鋭化することすらできる、すなわち、アメリカ憲法の意味での basic rights としての人権とドイツ連邦共和国基本法の意味での基本権としての人権とは、人権の理解に転換が起こったことを示している。この二つの人権を互いに比較することは困難もしくは全く不可能である。

人権の第二の歴史上重要な事例つまりフランスの人権宣言を振り返ってみる場合にも、われわれはそれをむしろアメリカ的理解の水準に置かなければならない。フランス第五共和制のための最後の憲法改正に至るまで、人権は依然として憲法の前に置かれ、憲法それ自体への実定化された入口を見出していない。一九五八年のフランス憲法および一九六三年のその改正は、人権宣言の基盤の上に立てられる。[50] それらは法的・形式的にすぐ目につく形でこうした憲法の根拠という役割を強調している。その前文ではそれ以前の最初の前文、つまり、人間と市民の権利宣言が引き合いに出されている。この宣言における人権の基盤はこう言われている。第一条では、「人間は自由かつ権利において平等に生まれ、かつ生存する……。」また第二条では、「すべての政治的団結の最終目的は自然的で奪うことのできない人権の保全である。この人権とは、自由、財産、安全、および、抑圧への抵抗である。[51]」

どの憲法において人権がより早くまたより多く受容され実定化されているかについては、議論のあるところである。基本権の理解では、西欧的なそれと特殊ドイツ的なそれとの間に、これまでのところ次のような相違があると言える。すなわち、西欧的な基本権理解では絶対的性格、現実に前もって存在している基礎が強調されたのに、特殊ドイツ的な基本権理解では憲法のうちに受容し憲法そのもののうちでの位置価を発見する漸次的試みが強調されたのだ、と。だがしかし、西欧的憲法では法や憲法の格率、統制的理念あるいは根本価値の方が問題であり、特殊ドイツ的憲法では法典編纂における実定化の方が問題であった、という見解に傾くことはできない。基本権は実定化された人権であると語る場合、それによって語られているのはとりわけ、人権が保証されておりその訴えを起こすことができるということである。自然法の実定法への転化は、事実また、国家による保証および個人による提訴可能性との関係で考えられている。

それにもかかわらず、そもそもどのような人権が基本権として現実に憲法のうちに実定化されているのか、ということがここでの問題である。この点では、ドイツ憲法史は注目すべき不一致を特徴としている。

実定化された人権という観点での基本権の概念は、少なくとも一八四八年の憲法をめぐる議論以来ある。おそらく詩人のウーラントが、「ドイツ民族の基本権[52]」と語ることで基本権というタイトルを導入したのである。だが、ドイツ連邦共和国のための基本法［一九四九年］に至るまで厳密に言えば受容そしてとりわけ実定化について語ることはできないのだが、それは、ドイツにおいてもすでに一九世紀に強調されていたこうした基本権に、憲法内で然るべき地位が認められていたという意味においてである。永らく為されなかったか適切には為されなかったことが、その後、ドイツ連邦共和国のための基本法によって埋め合わせられたのであり、その結果われわれはここで今日に至るまで依然として、詳細な人権のカタログを呈示する憲法をもつことになったのである。

われわれは基本権という概念では特殊なドイツ的伝統を有している。そのうえ、さらに遡る一六世紀および一七世紀に使用されていた基本法というタイトル、つまり、領邦君主と民衆との基本取り決めを指していた lex fundamentalis[53]――そこでは完全に人権の観点がすでにある役割を果たしており、しかも、基本的でさえある――というタイトルも想起しなければならない。人間の自由も同様である。一九世紀の中葉までは基本権という概念が存在しているが、一九一九年のワイマール憲法[54]では注目すべき困難、つまり、草案ではもともと人権が憲法の原理の一部であるがゆえにあらかじめ考慮に入れられていたのに、最上位に位置させることは放棄されたという困難が現われる。その間の議論はこうである。まさに一九世紀の国家のような官憲国家ではドイツ国民の基本権の要求は理解できるものだったのであり、基本権が国家に対する統制機能と防衛機能を有するものであるがゆえにその受容はこうした国家によって正当化される、と。だが、ワイマール共和国が自らをそう理解しようとしたような自由主義的で社会的な民主主義は、ことさらに自由権を口にすることを不必要とする。［ワイマール憲法の］一〇九―一六五条では、基本権がむしろ基本義務という意味で序列の低いものとして受け容れられていた。ドイツ連邦共和国のための基本法において終に、人権が憲法体制にとっての法的根本規範となる。

したがって、問題は、人権が憲法において基本権へと実定化される場合に初めて、人権が請求権と保証を具えた現実的な権利となるのかどうかである。人権が宣言されてから今日ドイツ連邦共和国のための基本法に見事に実定化されるに至るまでの人権の歴史の流れを、こうした視角から眺めることもできよう。人権が憲法に先行する絶対的権利であるアメリカないしフランスの人権宣言から、人権が憲法そのもののまた憲法そのものにおける根本規範となるドイツの基本法までには、隔たりがあろう。

(1) 一九世紀および二〇世紀の憲法が事実一貫して実定化の進展を企てている点で、人権は一九世紀および二〇世紀に国家憲法体制における受容と地位によって基本権になると言うことができよう。

(2) その際に、人権は自然法的性格よりもむしろその後いよいよ実定法的性格を受け取る。人権は現実的な法規範である、つまり、人権は保証されておりその訴えを起こすことができる。

(3) 人権は自由権、市民権、市民的自由権(civil rights, civil liberties)である。国家はその市民に対して彼らの自由を認め保証しなければならない。これがロックの定式にまとめられているような自由であって、それをわれわれは今や市民の定式と呼びたいと思う。

(4) だが、基本権としての自由権あるいは市民権は実定化された歴史的な人権に過ぎない。二〇世紀には原理的な人権をそっくり実定化しようという試みが始まった。これが自由主義的基本権の社会的基本権への拡張である。この社会的基本権もまた、市民的自由が社会的自由の分だけ拡張されている限り、自由権と呼ぶことができる。旧来の自由主義的自由も新たな社会的自由も、四つの自由、つまり、表現の自由・信教の自由・窮乏からの自由・恐怖からの自由というタイトルのゆえに、われわれの心に訴えかけるのである。

人権のこうした歴史やこうした地位を直視すれば、憲法が人権の実定化に関してどのような困難に直面しているかを推測することができよう。これはとりわけ第四の区分点から明らかとなるであろうが、そこではまさに憲法史の内容をなす自由主義的基本権から社会的基本権への歩みがなされている。実定化されたものは保証されておりその訴えを起こすことができるように思われる。それが人間の現実的な権利である。

2・3　人権は市民権・市民的自由（civil rights, civil liberties）である

「人間が国家制度において結合し政府の下に立つ最大で主たる目標……は、その財産の保全である。[55]」ほとんど同じことは一七八九年のフランスの宣言の第二条から引用することができる。「すべての政治的団結の最終目的は……人権の保全である。この人権とは……自由、財産、安全……である。[56]」こうした権利は、明示的に実定化されることがなくても妥当する。というのも、国家がその市民に認めなければならないのはまさにそれに他ならないからである。フランスの宣言の第一条をもさらに併せて読んでみれば、これらの条文から市民権を特徴づける二つのメルクマールが明らかになる。それは、(1)法的人格としての人間、および、(2)所有権者としての人間である。
(1)について。第一条はこうである。「人間は自由かつ権利において平等に生まれ、かつ生存する……。[57]」権利は特権ではなく、ある身分あるいはある集団に属するものではない。権利は媒介されたものではなく直接的なものである。市民のために樹立された市民的国家では、あらゆる人間が自由かつ平等な市民である。ここでは、市民的国家が人格との関連をもつ法治国家として描かれており、人間と法との関連総体が

述べられている。civil right 市民権とはさしあたり、人間が権利の自由をもつという意味である。これは最初のしかも他のすべてを条件づける市民的自由である。人間は自由であり、権利は自由の現実性である。それゆえ、権利は人間の自己実現に役立つ。

とりわけヘーゲルはその法哲学において人間の自由と権利との本質を熟考した。自由の自己規定の下では、「法体系は現実化された自由の王国[58]」である。次いで国家が近代において徐々に法治国家として獲得・拡充されると、市民のための具体的な自由を期待することがますます可能となる。だがさしあたり重要なのは、人間が自己を権利能力をもった人間、まさに一般的な法的人格そのものとして規定するほどまでに自己形成を遂げるという点である。これは、人間が自己を一般的に人間として承認すること、人間が人間として権利をもつということを意味する。

ヘーゲルとのこうした関連は、二つの事実を手掛かりとすれば最もうまく理解することができるようになる。一つはフランスの宣言の第一条であって、それはたしかに権利が人間に暗黙裡に自然によって（生得的に）付け加わるかのごとくに読むことができるが、しかし、われわれはそれを単に自然法則としてではなく、人間の自由を宣言している法的法則［法律］として理解したい。人間は人間として自由で平等であり、人間は人間として権利をもつ。この法思想が語っているのは、人間はただの人間として平等で自由であるのではないということである。こうしたことが人間本性のうちにはそもそも前もって与えられていないことは、誰にでも判るからである。むしろ法において人間は人間として妥当する［見なされる］のである。この法思想は人間に妥当における存在という新たな水準をもたらす。そしてヘーゲルはさらにある有名な定式において、法のこうした思想を人権の思想と同時に把握しており、その際、先の命題へと導くためにも人間のために機能している思想の問題をきちんと強調している。「私が、すべての人格が同じものである普遍的人格と把握されることは、陶冶に、つまり、個別的なるものを普遍性の形式において意識することとしての思惟に属している。」そして今度は有名な命題である。「人間が人間として妥当するのは、彼が人間であるからであり、彼がユダヤ人、カトリック、プロテスタント、ドイツ人、イタリア人等々であるからではない。思想が向けられているこうした意識は無限に重要である……(59)。」思惟は芽生え、一般的なるものである。思惟は一般的なるものへの移行である。思想――ヘーゲルは思想の自由と言うこともできよう――は、人間が普遍的人格と把握されるという問題に関わる。これは権利把握、人間の自由な権利規定である。

人間の自由は権利に示される。人権の宣言によって、明らかに最高度の自由が達成される。こうした最後の権利の自由へと至るのは、これまで決定的であり従来の自由のレベルでは重要であった権利が危機に陥っているように思われたからである。「イギリス議会がアメリカに輸入される紅茶に課した税はきわめて僅かであった。だが、この税によってアメリカ人の負担となったであろうそれ自体は全く取るに足りない金額によって、同時に最も重要な権利が失われるであろうというアメリカ人の感情が、アメリカの革命を起こしたのである(60)。」ここに、われわれが先に主張した市民権の［二つの］視角、つまり、法的人格としての人間と所有権者としての人間との連結部を見ることができる。それとともにわれわれは第二の事実に移る。

(2)について。人間は自由・生命・所有への権利をもつべきである。市民性総体を財産に繋ぎ留めることもできよう。財産は人間を市民として結びつけ市民化＝文明化する。これはホッブズやロック以降立てられた近代のテーゼであろう。アメリカ人はその財産の核心においてイギリスの課税に捉えられるであろうが、それは単に私有財産においてではなく、すべてのものに対する彼らの所有関係一般においてである。

ここでアメリカ人はその政治的な、あるいは近代的に言えば市民的な自己規定を危険にさらされている。だが、この新たな権利措定は単に旧来の権利を守るのではなく、それを増大させる。権利は、今やはっきりと絶対的なものと主張されることで、新たな質において措定される。人間的所有が一貫してますます脅かされることから今や法が所有を保全し増大させるための前提として国家に求められるのだと考えるのであれば、こうした法思想は全く理解されないであろう。法措定の問題は逆に見なければならない。人間、所有権者は自分を国家の前提と見ている。人間、所有権者が法措定者である。それゆえ、法は第一に人間的所有の前提ではなく、むしろ最初の根拠づけ措定する行為一般である。それゆえ、こうした人間的で市民的な法は基本権、basic rights と理解される。市民性、つまり、所有権者としての人間のみが根拠を成す。旧来の所有法において脅かされたことで、所有権者としての人間は今やこうした法を明示的かつ絶対的なものとして措定する。これは単に旧来の法に対して新しい法というのではない。新しい点はむしろ法措定一般のやり方にある。それは人間そのものから措定された、あるいはヘーゲル流に言えば人間から出てくる基本法、制定法の法である。それゆえ、市民権は簡単に、財産・取得・契約に対する古典的となった三つの私権に制限してはならない。市民権はこうした私権的な側面と源泉しかもたないのではない。civil right と basic right という意味での市民権は公的権利にも関わっている。それを分けることは、この場合には不可能である。というのも、アメリカ市民は、法措定が認められなかったときに自分がその市民性において決定的に脅かされていると見ていたからである。いずれにしても、財産と法との関連が問題なのであって、その際に市民が市民として有している最高の財産は法そのもののうちにあるのである。市民性が所有と法を堅く結びつけているのである。

2・3・1　ヘーゲルの法概念

2・3・1・1　法と人倫

古典的な政治理解では、法の紐帯よりも前に理性の紐帯が見られる。そこではこれが、政治的基本タイトルであるホモノイア、（理性における）一致へと至った。[61] 近代の政治は意志の紐帯の下で見ることができる。この場合には、法は二次的なものではなくむしろ一次的なものである。人間が法を措定することは、単になんらかの意志行為といったものではなく、意志行為そのものである。これは特にヘーゲルの法哲学から解明することができよう。ギリシア人にあっては理性が自然的な一致をもたらす紐帯であり、理性は次いでまた法をも産み出すことができる。理性は結び合わせるのであり、それゆえ政治的なものである。つまり、理性は人間をポリス共同体へと結び合わせるのである。こうした理性は次いでまた、自然的権利という意味での政治的権利をも展開する。polites［市民］であるというこの政治的権利は、自然による権利である、[62] つまり、そこでは私を成長させて政治的なるものという紐帯の内へと組み込む理性に基づく権利である。近代においても自然法［自然権］について語られる。ここではヘーゲルだけを引用するが、彼はホッブズからヘーゲルまでの近代自然法思想において誰にとっても同じ意味で語ることができるのである。法は、精神が自分自身から産み出す「第二の自然」[63]であり、さらには「そのもっと精確な場所と出発点は自由なる……意志」[64]である。古典的な意味で理性から成長して出て来て、法のうちに、政治的権利のうちに自然的なもの、つまり、成長してきたものとして姿を現しているものは、今や近代に至っては自ら産み出されなければならない。コギトであれ、産出であれ、ホッブズが言うように、自然を模倣する技芸、arsが問題である。[65] 技芸は自然のごときものである。

われわれは、人間と法［権利］との一致を強調した。ここからすれば、法的人格としての人間と所有権者としての人間との区分を行うことで、人間が財産の下でも法の下でも個別的なるものよりも普遍的なるものを意志するという点に、civil right の原理的なるものを見ることは、首尾一貫したことであろう。だがこの場合には、法は市民にとって隠し絵となり、そこでは市民が一方では普遍的なるものを見、他方では私的所有権者としての自己しか見ないことになる。法は財産、私有財産にのみ関わる。マルクスはこれを批判し、そのうえ、人権が「私有財産の人権[66]」に他ならないとさえ主張している。

人間は、自分の私有財産に腐心する市民（bourgeois）としてますます自己を確立してきたのであり、今やこうした市民（bourgeois）が自らを人間一般と宣言する。これが人間とその財産との関係の近代的事態と思われる。マルクス以前にヘーゲルとルソーが市民（bourgeois）と財産とを批判している。ルソーは公民（citoyen）を市民（bourgeois）に対抗させて究極的には後者を前者のうちで止揚しようと試みた。しかしながら、ヘーゲルは両者の必然性を強調した。彼は「両方の個別性が同じものである[67]」と考える。後のマルクスと同様、ヘーゲル、ルソーにとっては、人間は二つの個別性へと分裂していた。だが、ヘーゲルは言う。「人間は自分と自分の家族のために配慮し、労働し、契約を結ぶ、等々のことを行うが、また同様に、普遍的なるもののためにも労働し、これを目的とする。彼は、前者の面からは市民（bourgeois）であり、後者の面からは公民（citoyen）である[68]。」

それにもかかわらず、ヘーゲルは近代市民社会を、それが「自分の財産に対する秩序だった支配に限定されている[69]」点で批判する。彼は、その後われわれにはよく知られるようになったこうした市民社会概念を形成する。近代の政治的共同体は国家と呼ばれるが、しかしヘーゲルにとっては財産を守り増大させるという目的をもった市民社会でしかないのである。市民社会が求めるのは、所有権者のための国家に過ぎず、人間のための国家ではないとも言えよう。

2・3・1・2 財　産

ヘーゲルの法哲学は市民社会とその法との批判である。彼はこうした法概念との対決の中ではるかに進んだ自分の法概念を発見しようと試みている。法哲学の全分類を行っている節に対する解明のためのある追加において、彼はとりわけ明確に述べている。「われわれがここで法について語る場合には、法ということで普通理解されるような市民法だけを考えているのではなくて、道徳、人倫、世界史を考えている。……こうした最初の様式の自由は、われわれが財産として知ることになる自由であり、形式的で抽象的な法の領域であって、この領域にはそれに劣らず、契約というその媒介された形態での財産と、犯罪と刑罰というその損なわれた状態での法も属している。ここでわれわれが有する自由は、われわれが人格と呼ぶものであり、これは、自由な、しかも対自的に自由で、物において自らに一つの現存在を与える主体である。[70]」

市民法［市民的権利］は抽象法［抽象的権利］である。抽象的というのは、自由の外的形式しか与えないからである。自由はたしかに実現されているが、単に外的な自由としてである。これに対して道徳は内的自由の形式を示す。私は私を、一方では外的財において実現し、他方では善なるものそれ自体において実現するのである。この点に、自由の意識が外的財から私自身のうちの善なるものへと移行するという進歩を見ることができる。「（道徳の）領域とは、外面性がどうでもよいものとして措定されることで、私の見解や意図そして私の目的が重要なものとなる所である。善なるものはここでは普遍的目的であるが、それはしかし、単に私の内面に留まるべきではなく、自らを実現すべきである。つまり、主観的意志は、その内面つまりその目的が外的実在を受け取り、かくして善なるものが外的実存において完成されることを求めるのである。[71]」

だが、善なるものはどのようにして、また、どこで実現されうるのか。ヘーゲルにとっては、人倫においてである。この人倫は、ヘーゲルが近代の政治理論に持ち込んだ新しい概念である。道徳はカントの根本概念であり、これはヘーゲルも、法の第二段階として際立たせ批判する際に念頭においている。第一段階はカントから見れば合法性とも呼ぶことができ、ホッブズやロック以来の近代の法思想全体はその観点の下にあったのである。市民は所有のために自らに合法性を措定する。道徳から見ると合法性は外的なもの、作られたもの、目的に対する手段である。だが、人倫から見れば道徳も同じく外面性である。道徳もまた人間によって作られたものだからである。道徳はなんらかの外的な財の生産ではないが、善そのものの生産ではある。善なるものを意志し、善なるものを善なる意志の中でくるんでしまおうと意志するのは、自由である。善なるものは意志それ自体のうちにあり、それゆえ、世界のうちへと実現されるに至ることは全くない。ヘーゲルにとっては、道徳は合法性と同じく、「その真理がまず人倫である二つの抽象」(72)である。

ヘーゲルが直接に人倫の法について語ることはほとんどない。だが、彼がその法哲学において法概念における決定的な歩みを進めようとしていることは、彼のこうした序論的テクストだけによらなくても明白である。自由が法において実現されるのだから、今や財産に対する権利は法の一水準、一段階に過ぎないように思われる。法治国家が財産所有権にのみ配慮するのであれば、それはある特定の法段階に停留することになろう。だが、ヘーゲルにとって国家はさらに先へと進まなければならない。法問題に関しては次のことを確認しておこう。人倫という厄介な概念においてヘーゲルは多くのことを政治理論の歴史のうちからまとめ上げようとしている。たとえばそれは、エートス（äthos）、滞留であり、倫理的徳が人間において要請される一定の学習過程であるエトス（ethos）である。「習俗（Sitte）が滞留場所（Sitz）から来ている」のかどうかをヘーゲルは自問している。[73] 滞留や共同の行為ということは人倫から窺われる。法や道徳が抽象であるのに対して、人倫は具体的なものである。そしてとりわけ人倫という概念においては、それが作られた領域ではないということ、法あるいはまた道徳のように人間が作ることのできる領域ではないということが強調されている。

ヘーゲルはその法概念を私法から国家法へと張り渡しており、国家は法の完成された現実なのである。彼は法意識を継続形成することで、彼が考えるようにそもそも初めて人間のための自由を具体的なものにしようとしているのであるから、彼が財産に対する権利をも、それを人倫的法と比べて抽象的権利と呼んでいるにもかかわらず、やはり人倫の刻印を受けた法を尺度として考えているのである。法はつねに人倫的なるものとの関連をもたなければならない、つまり、単に主体から作ることができるものではなく共同のものに対する視角を切り開かなければならない。

ヘーゲルは、彼が人倫のうちに定住していると見る、主体性というさらに深い概念を欲している。人倫および人倫の法段階に規定されて、財産に対する権利もまた人倫の浸透したものでなければならない。事実、彼はその抽象法の理論において、そもそも法についてしか語ることができないことを示そうとしているのだが、それは、すでに人倫的なるものが関与しており、しかも、それがそもそも初めて所有を権利として捉えることを学ぶからである。人倫は法概念総体を規定している。ヘーゲルは、占有と所有との区別を行うことでそれを詳しく述べている。

法が占有を所有にする。これは何を言おうとしているのか。「私があるものを私自身の外的な力のうちにもっているということが、占有をなすのであり、それは、私があるものを自然的欲求・衝動また恣意から私のものにするという特殊的側面が、占有の特殊的関心であるのと同様である。だが、自由な意志である私が私に対し占有において対象的となり、これによってまた初めて現実的な意志となるという側面は、占有における真実で法的なるもの、所有という規定をなすのである。所有をもつことは、欲求を顧慮すれば、欲求が第一のものとされることで手段として現れる。だが、真実の態度は、自由の立場からすれば所有が自由の最初の現存在としてそれ自体本質的な目的であるということである(74)。」

ヘーゲルから見れば、近代になって挙げられている所有(自由・生命・所有)は占有に過ぎないのであって、この占有は、たしかに権利に格づけされてはいても、究極的には法の自由のうちで実現されておらず、保障されてはなおさらいないものだったのである。それは自然権ではあってもまだ自由権ではない。「所有である占有(75)」にあっては、私を占有へと駆り立てる自然的要因に加えて、占有を所有へと転化せしめる政治的要因が付け加わる。こうした移行には人間的‐政治的関連が現れている。所有の法措定では、私は、私の占有が他者に承認されることを望む。だが、私がこうした承認を見出すのは、私の方でもあらゆる他者に対してその占有を承認する場合だけである。占有から所有への移行は、相互承認として生じる。それゆえ、法は承認に、法を宣言し実現している結びつきに依拠している。法は人間的結びつきのさらに深い根拠を、つまり人倫を、法のやり方で産み出すのである。

ヘーゲルは市民社会の所有関係を批判しているが、重要なのは十分に区別された批判である。彼は私的所有を、後に彼に倣ってマルクスが行ったように、解消し止揚すべき問題と考えているのではない。それでいて彼は批判の点ではマルクスよりも進んでいるのである。人間は「自分の所有、物を絶対的なものにする(76)」傾向をもっている。所有は自由の一つの水準ではあっても、全面的なそれではない。所有が絶対化されると、再び占有の水準に舞い戻ることになる。というのも、そうした場合には、たとえばホッブズの自然状態の理論に記されているように、誰もが実際に人間的なるものの絆から切り離された生き物としてふるまうからである。ヘーゲルは占有絶対主義を批判しているが、この占有絶対主義は、単にフィクションとしての自然状態やそこでの万物に対する自然権のうちにのみ存在するのではなく、市民的に近代化された状態のことであって、そこでは、物が自由の地位を横領する場合には、現にある物からそれ以上のものを作ることができるのである。所有は自由にするが、しかし、所有は自由そのものではない。自由の枠組み総体との関係では、所有は人倫という高次の段階によって満たされなければならない低次の段階なのである。所有が自由にするのは、所有が結びつける場合、いずれにせよ所有が個人を他の個人に対立させるのではなく、むしろ人間を結び合わせてそれぞれの所有に共同して目を向ける場合だけである。所有が自由にするのは、所有が必要なものとして経験される場合である。ヘーゲルは「私的所有の必要性についての重要な理論[77]」について語っており、私的所有のこうしたタイトルをそもそも初めて導入している。彼はこうして市民社会と私的所有の理論を初めて定式化しているが、その場合、この理論は占有と所有とを区別する批判なのであり、またこの区別は、所有との関係では政治的要因であることが証明される法意識の成果なのである[77a]。

2・3・2 マルクスの人権批判

マルクスはその批判を、フランスの人権宣言を手掛かりにして提起している。人間の権利（droits de l'homme）、人権はブルジョア、所有市民、私的所有権者の権利である。市民の権利（droits du citoyen）は「公民の権利」であって、人間はそれによって共同体に参与する。これに対して人権によっては、人間はブルジョアとしての自分自身にのみ専心する。「公民（citoyen）と区別される人間とは誰か。市民社会の成員以外の誰でもない[78]」と、マルクスはそっけなく答えている。

ところでマルクスは主な人権を順番に批判し、それらの内実を打診している。自由は人間を結びつけないで互いに引き離す。各人に、他人との摩擦を生じない最大限可能な自由を、ということである。「それは、こうした分離の権利、局限された、自己に局限された個人の権利である。」そして要約すれば、「自由という人権が実際に適用されたものは、私的所有という人権である。[79]」

こうした解釈からすれば、マルクスはそれ以外の人権すべてを、つまり、所有・平等・安全を個人の自由と結びつけることができる。所有という人権、あるいはマルクスが自から解明しているように、私的所有という人権は、「任意に[80]（à son grē）、他の人間と関わりなく、社会とは独立に、自分の資産を享受し処分する権利、利己の権利」にあり、平等、「ここでの非政治的な意味でのそれは、前述の自由（liberté）の平等以外の何ものでもない。すなわち、ここでは人間が一様にそうした自らに安らっているモナドと見なされるということであり[81]」、最後に、「安全は、市民社会の最高の社会的概念であり、社会全体はその成員の各々にその人格、その権利、その所有の保全を保証するためにのみ存在するという警察の概念である。……安全の概念によって市民社会がその利己主義を超え出ることはない。安全は、むしろその利己主義の保証である。」次いで、マルクスはこう要約している。「それゆえ、いわゆる人権のどれも、利己的な人間、市民社会の成員であるような人間、つまり、自己に、自己の私的利害と私的随意とに引き籠り、共同体から分離された個人であるような人間を超え出るものではない[82]。」

人権は市民権であり、市民権は私的権利である。それは、そもそも、徹底した自己本位を行う権利、各人間を他の人間に対立させて私的権利に導く権利でしかない。これは、実際、人間を抽象する権利であろう。ヘーゲルのタイトル［抽象法］は、ここにその最も極端な意味を見出したことであろう。この法は人倫からの抽象である、つまり、共同的な生活、つねにすでに結びついているが故に人倫的に結合する生活からの抽象である。

だが、マルクスにとって問題なのは、自らを抽象するブルジョアを批判することよりもむしろ、政治的関係一般の大転回である。人間の一般的本質、政治的本質、あるいはマルクスがさらに進んで理解しようとしているように、「類的本質」[83]が、彼のいう意味で転回される。人間は人間的なるもの、類的なるものを目指して生きているのではなく、逆に類は、利己主義が発達し最高度の生産性へと発展できるようにのみ奉仕するのである。政治は利己主義に奉仕する。人間は公民へと高められ、公民として相集い、そこから私的市民として効用を引き出す。人間を結びつけているのは、政治的理性ではなく、権力利害である。「彼らを結び合わせている唯一の紐帯は、自然的必要、欲求、私的利害であり、彼らの所有と彼らの利己的人格との保全である。[84]」

一七九一年の人間と市民の権利宣言は、マルクスにとって二重にしかもいよいよ「不可解な」ものである。「自己を解放し、様々な国民層の間の障壁をすべて粉砕し、政治的共同体を建設することを始めたばかりの国民、そうした国民が、仲間や共同体から分離された利己的人間の権利承認を厳粛に宣言したことは、それだけでも不可解である。……公民資格、政治的共同体が、政治的解放から、これらのいわゆる人権の保全のための単なる手段へと貶められさえし、それゆえ、公民が利己的な人間の奉仕者と宣言され、人間が共同存在としてふるまう領域が、部分存在として振舞う領域以下に降格され、最後に、公民としての人間ではなくブルジョアとしての人間が、本来のそして真なる人間と考えられるのを見るならば、先の宣言の事実は一層不可解となる。[85]」マルクスは自問する。「政治的解放者たちの意識においてはどうして関係が逆立ちするのか、また、目的が手段として、さらに手段が目的として現れるのか。……この謎は簡単に解ける。……政治的革命は市民社会の革命である。……政治的革命は……市民社会の政治的性格を止揚した。政治的革命は市民社会をその単純な構成要素へと打ち砕いたのであり、一方では個人へ、他方ではこれらの個人の生活内容、市民的状況を形成する物質的および精神的要素へと打ち砕いた。……政治的解放は、同時に、市民社会の政治からの解放であった。……社会はその根拠、人間へと解消された。だがそれは、実際にその根拠であったような人間、利己的人間に、であった。市民社会の成員であるこうした人間が、今や、政治的国家の基礎、前提となる。このような人間が、そのようなものとして国家により人権の中で承認されている。[86]」

ここまでは、フランスおよびアメリカの市民革命は到達している。これが徹頭徹尾政治的革命であるのは、そこでは市民が市民に、国家、政治的なるもの、公民が私的市民に還元されるからである。この革命は、市民的根拠あるいは市民的前提つまり財産へと逆転することである。人間は財産権者として自己を主張する。財産への包摂がどのようにして生じるのかを、マルクスはきわめて正確に見ている。人間は、宗教、財産、「営業の利己主義」から解放されるのではなく、むしろ、今や人権において、宗教、財産、営業の自由を宣言し、かくして、自らを私有財産権者と宣言する。[87]

人間は自らを市民と定義し、それ以外のことはすべてそこから説明しようとする。これが人権宣言の本来の内容である。人間が自らを根拠および前提と見なすが故に、人権は基本権であり、人間が市民的財産行為のうちに自らの自然的行為を見るがゆえに、人権は自然権でもある。マルクスはこうした点をすべて見ている。[88]マルクスはそこに彼の批判を結びつけているのだが、それは、フランス革命は人間の解放の中途で立ち停まったというようにまとめることができる。

「政治的革命は、市民的生活をその構成要素に解体するが、この構成要素そのものを革命し批判にさらすことはしない。政治的革命は市民社会に対し、……それ以上基礎づけられない前提に対するようにふるまう。[89]」市民的人間は本来的人間、「公民とは区別された人間」であるが、それは、「彼が感性的で個別的で最も身近な在り方における人間であり、しかるに、政治的人間は抽象された人工的人間に過ぎないからである。[90]」今や、人間が自己を現実に自己自身に、現実的人間に還元することによって、この解放を継続することが重要なのであり、この現実的人間とは、現実的人間と人工的人間とに分割されてはならず、人間がそっくりそのまま人間存在の現実のうちで把握されるのである。次いで、マルクスは、類的存在としての人間という概念を用いて議論している。[91]

「現実の個別的人間が抽象的な公民を自らのうちに取り戻し、個別的人間として、その経験的生活、その個別的労働、その個別的関係において、類的存在になったときに、人間がその「固有の力」を社会的な力として認識し組織しており、それゆえ、社会的な力をもはや政治的な力として自己から分離しないときに初めて、人間的解放は成就されるのである。[92]」人間が、その労働において全体的労働に、個別的労働者として全体的労働者に、あるいは類的労働者とも言えようが、そうしたものになった場合に、人間は、マルクスによれば初めて自己自身に至るのである。

マルクスがここで労働の新たな質を主として指摘するのであれば、法＝権利問題は新たに立てられなければならない。事実、フランス革命の過程では労働に対する人権もまた形成される。これはさしあたり「最も重要な経済的人権[93]」として、また依然として市民的国民経済学のレベルに定住させられ、その際、国家と国民経済学は労働の配慮をし、労働を保証しなければならない。マルクス的な意味では、そこに経済的な人権を見るだけでは不十分なのであって、むしろ、次のように定式化することが誤解を生まないとすれば、最も重要な人間的人権を見るべきなのである。事実、人間は労働を通じて自らを類的性格における人間として成就することができるということこそが、まさに問題なのである。それは人間主義、人間的原理に対する権利であろう。そして、肝心なのはその原理を世界のうちで実現し、このようにしてのみ自己自身を実現することなのである。この場合われわれにとって、たとえばマルクスが言う労働の類的性格に対応する権利を定義することが問題なのではないし、まして、マルクス自身が法＝権利問題一般に関して批判的なままであればなおさらのことである(94)。

だが、われわれが法＝権利問題を取り上げるのは、マルクスの影響があったか無かったかはともかく、その後、労働に対する権利がますます要求され、重要なものとして強調されたからである。労働に対する権利が財産に対する権利と対になったと主張しても行き過ぎではない。今や、人間、類的人間にとって労働は、市民にとっての財産のようなものとなるべきなのである。この場合、労働は財産にではなく人間に奉仕する。マルクスの側からは、おそらくそのように言わなければならないであろう。われわれはただ、財産に対する権利ないし労働に対する権利を語る際に一般的となった区別を指摘したいのである。財産に対する権利は自由主義的な人権であり、労働に対する権利は社会的な人権である。権利の性格に関してここでは何が問題なのか。

自由主義的人権の場合には、その名称が言わんとしているように、各人はなんらかの自由、ここでは財産の自由をもつべきである。財産は労働を通じて生じるから、われわれは、いわば財産の権利という主権利に対する従権利として、労働の権利ももっている。労働に対する権利とは、自由主義的な主権利の下位形態ではなく、そもそも全く別な形態の権利である。このことは、労働の権利あるいは労働する権利と言わずに労働に対する権利と言っていることで、すでにその名称が言わんとしていることである。その相違はフランス語での区分に遡るが、フランス語では droit du travailler［労働する権利］および droit au travail［労働に対する権利］と語られている。後者の概念は、フーリエがそのユートピア的著作の中で鋳造したものである。労働に対する権利というタイトル(95)は、参画および要求の権利が問題であることをはっきり述べようとするものである。財産の権利あるいはその中でも労働の権利は自由権、つまり、国家が私に保証し、それを損なう危険すべてから私を防御すべき自由権である。この意味で、それは拒否権である。それは消極的な地位権に過ぎず、そこでは、私は財産と労働の自由を意のままにでき、国家は私に自由な活動の余地を保証してくれさえすればよく、そうなれば私はその余地内で自分一人で財産を取得し、労働して獲得しなければならない。労働に対する権利が意味しているのは、国家が私に単に消極的地位を与えてくれるのではなく、むしろ積極的地位を与えてくれるということ、つまり、国家が私に直接に労働を仲介してくれるということである。労働の権利は無媒介な権利であり、労働に対する権利は媒介＝仲介された権利である。だがここに、法＝権利の難題、法＝権利の実定化という難題が生じる。

以上を要約すると次のように言える。人格権および財産権としての人権は、一方では市民 (bourgeois) としての人間を析出させるが、また他方では公民 (citoyen) を析出させる、あるいはさらにヘーゲルの口調を借りれば、法的人格に関して、またヘーゲルが定義した財産概念に関して示すことができたように、個別的な契機をつねに超え出る共同的な特徴を析出させる。マルクスは、市民のうちに普遍的な法的人格を認めず、財産のうちに普遍的なるものを認めないのであれば、ヘーゲルよりも後退しているように思われる。次にまた、マルクスは、類的労働を達成しようとして、過度に解放を進めようとしているようにも思われる。だが、われわれは、社会主義あるいは共産主義において人間の終極的状況を招来せんとするマルクス主義の思惑に沿って、マルクスに従う必要は全くない。だが、市民革命の内部で、また、市民革命以降、労働に対する権利といったようなものが論議され、そしてこの間見られるように法の中に実定化する試みが行われるのであれば、われわれは、マルクスが近代の労働の問題に取り組んでいる限りで、マルクスに従わなければならない。一方では旧来の労働を止揚し、他方では労働において今日の人間の自己実現を図ることは、この間、第一級の法＝権利問題となった。この問題は、社会主義社会よりも市民社会においてわれわれを悩ませており、それゆえ、この労働に対する権利の問題によって、人権一般の問題は新たなより広い次元に入る、と思われる。だが、この次元は市民法それ自体の中で拓かれるのである。というのも、市民法では、労働がまず最初に財産をもたらすのであり、労働一般が人間的なるものの中心にあって、財産権者としての人間も労働者あるいはまた全体労働者としての人間も、依然として根本的特徴のうちで、つまり、所有のうちで結びつけているからである。

3　人間の尊厳と人権　法＝権利の実定化の問題について

実定法だけが現実の法である。実定法は、それを引き合いに出し指し示すことができる法である。実定法は述べられたものであり、それゆえ、命題の形で明らかにされている。命題の形で書き留められた法であることが、法を真ならしめる。法が真であるとか明らかになっているということは、実際、法が実定化されていることに依存しているのか。人権に関しては、われわれは次のような注目すべき事実、つまり、綿密な実定化が行われているのはきわめて稀であること、だがそれにもかかわらず、まさにほんの僅かでも実定化が行われた場合には人権の遵守について苦情を言うことができないということを、知っている。実定化からほとんど活力を得ていないイギリス憲法体制を考えてみよう。また、実定化がただ装飾として中途半端と思われるアメリカ憲法をも想起してみよう。自然であるものは自ら成長し、根拠であるものはまさに根底に在る。人間が自ら市民であるならば、人間はすでに十分に自己自身のうちに存立し依拠しており、それ以上の実定化を必要とはしない。

市民は所有を欲する。実定化された法＝権利は、命題において規定されかくして明示的に所有されている法＝権利である。実定化された法＝権利は、一般に市民的法＝権利そのものと理解することができよう。歴史的に実定法、法典が知られているのは、とりわけ社会の中での財産が問題となった場合である。ローマ法にあっても同様である。実定法化の進展は市民社会一般の進展となる。

それゆえ、法治国家、実定化された法＝権利を具えた法治国家が市民社会において達成されるのは、首尾一貫している。とはいえ、市民がその主要事において十分に自信と自覚をもっており、実定化を明示的に促進したり場合によっては過度に促進したりすることがないとしても、それは首尾一貫していないのではない。それどころか、市民的自覚が足りない場合には実定化がますます進行すると、異議を申し立てることさえできる。これは人権問題においても言えることであり、単に本源的な市民権においてではなく人権一般の展開において言えることである。厳密に言えば、人権は、アメリカ憲法にもフランス人権宣言にも実定化されなかった。人権は立法を規定するが、自ら法律となったのではない。次いで、ますます要求の度合を高めていく法実定化の進行が現れ、これはドイツ連邦共和国基本法へと帰着するが、ここでは国家、つまり、「立法、行政、司法」が、単に人権の基盤の上に立つのではなく、むしろ、国家自身が人権の国家たらんとしている。このことは、「ドイツ連邦共和国は基本法の国家である」という定式に潜んでいる。

基本法は基本権に依拠しており、そして、基本権はこれまた主要な基本権、つまり、人間の尊厳に依拠している。それゆえ、ドイツ連邦共和国は人間の尊厳の国家である。こうした基本法の憲法体制にあっては、われわれは、法実定化一般の全問題に直面しているのである。アメリカやフランスの場合には、人権は、自然的基盤を形成することで、憲法およびその立法にとっての基本権である。「基本［根拠］(Grund)」という概念は、ドイツの場合には違った意味に、あるいは、広い意味に理解すべきである。われわれは、一方で、民衆と領主との間の基本的な法律的取り決めを意味するlex fundamentalisという特殊ドイツ的な伝統をもっている。だが他方で、基本法はあらゆる法規範化の根本規範を意味する。そして、これがここで重要なのである。われわれの基本法で人権が基本権であるのは、人権があらゆる規範化の根本規範であり、しかもその際にこれまた、人間の尊厳が根本規範そのものとして措定されている、その限りでのことである。

人権は「直接に妥当する法＝権利」であり、そのようなものとして国家、つまり、「立法、行政、司法を拘束する」(第一条第三項参照)。それゆえここでは、根拠は、市民的に成長してきた基盤から、立法、行政、司法という国家として措定された行為へと移行している。直接的な自然法は直接に妥当する法と化した。これは、法が、明らかに不十分な自然の実定性から、法の実定性へと実定化されることである。背景であるような根拠は信頼されない、いやむしろ、根拠は前景とならなければならない。自然法は国家法へと成長転化しなければならない。自然法は公法的なものとならなければならないのである。このようにして初めて、自然法的人権から、実定法的人権が、つまり、現実に人間に完全に受け容れられており、実現されており、制定されている法が生じるのである。ドイツの基本法では、基本＝根拠というタイトルはつねに、根拠はその直接性のままで媒介され、根拠づけられたもののうちに完全に現れ出ているという向きに読める。

こうした新たな種類の憲法立法が人権に関してさらに何を産み出すのか、何がさらに公然となりさらに公的となるのか。概観を行うことにしよう。

一人権の実定化は、市民的私的権利から公的権利としての正当化へと進む。わがドイツの基本法の（自由に関する）第二条は、私的権利ないし私的自治としての自由権が公的権利に見事に結実したものとされる。(96) このいわゆる主要な自由の条項および自由に関するその他すべての条項において、私的権利が公的権利として正当化される。「自由・生命・財産」は、近代では第一の所有として請求されていた。こうした所有の一部に、契約の自由、財産の自由、営業の自由がある。これらの自由は、第一の市民的権利に区分されてきた。発展しつつある法治国家の功績は、これらの市民的権利あるいは私的権利がしだいに公的権利になったという点に見られている。そうはいっても、まさにアメリカ憲法はロックの十把一絡げの最初の定式のもとに留まっており、しかも、すでに以前に権利と呼ばれ権利に区分されていたとはいえ、そうした権利をその特徴に従ってさらに区分してはいなかったという点は、やはり注目に値する。もちろんアメリカ憲法では、私的権利は、公衆の意志を総じて規定していたがゆえに、すでに公的権利として正当化されている。基本法による実定化は、私的権利から今や基本権を作り出す。

だが、こうした実定化のうちには、市民的私的権利から公的権利への単なる移行以上のものがある。私的権利が公的権利に支えられているように、逆にまた、公的権利、憲法、国家も基本権としての私的権利に支えられていることが分かる。というのも、あらゆる行為に際して国家は、今や直接かつ無条件に市民の自由に拘束されているからである。自由というものを本質的に、営業の自由、契約の自由、財産の自由という市民的三点セットに見るのであれば、国家はここでは自由のこうした市民的な基本見解へと自らを義務づけることになる。だが、国家は、そのように直接に自らを拘束するのであれば、おそらくあまりに狭く自らを拘束したのである。法＝権利が実定化されると、少なくとも一時的に法＝権利が確定される。もちろん、実定化が意味しているのは、人間が法＝権利を措定するということ、そして、それには法＝権利が別な形でも措定されることが含まれるということでもあり、そしてとりわけそうしたことである。法＝権利の自由は、別な法＝権利への自由である。だが、ある権利が基本権へ、この場合には市民的自由が基本権へと実定化されると、軽々しく実定化を変更の一つの可能性と見なすことはできない。それゆえ、法＝権利の実定化への進展は、単に進歩ではなく、場合によっては一貫した退歩、つまり、法＝権利の新たな自由への道をまさに自らに遮断する退歩であろう。それゆえ、人権の実定法化に際してわれわれが直面する問題は、一方である確認や確定が行われるが、その際他方では、何がここで相対的な最終妥当性をもって確定されるのかをはっきりと自覚していなければならないという点である。第二条では実際ただ市民的私法＝私的権利だけが公的な法＝権利の性格を受け取るのであり、基本法のそれ以降の条項がこうした市民的意味での自由を実定化しているのであれば、人間の基本権としての市民的私法＝私的権利の歴史はこの第二条で終結を迎えることになるが、しかしその場合には、こうした直接的＝無媒介の基本権を新たに台頭してきた社会的基本権と媒介することは困難となろう。

実定化を行う者は、おそらく修正をも初めから視野に入れていなければならない。基本法が絶えず基礎づけ行為のうちに留まり、人間を実際に根拠として強調するということは、基本法の課題であるかもしれない。これが基本法で実際に行われているとわれわれは考えるのだが、基本法では第一条と第二〇条で、今やつねに前景に留まらねばならず、後退させ削除することの決してできない根拠へと、人間が自己自身を措定しているのである。基本法におけるすべては修正可能であるが、しかし、基本法の根拠そのもの、人間はそうではない。ここには人間の根拠づけが自己自身へと逆戻りしているという注目に値する現象が存在するが、われわれはそれが全く未決着であると考えている。というのも、人間の尊厳という概念は何を語っているのだろうか。それは、人間的なるものをそのランクにおいて強調するための、人間的なるもの一般を表わす集合概念である。これには、人権が人間の尊厳と一致して措定されなければならないということが、本質的に含まれている。また、すべての人権が修正可能でもあることが含まれている。第一条と第二〇条、つまり、「人間の尊厳」と「人間の尊厳の国家」とを唯一例外とすれば、この憲法体制は申し分なくうまくできている。

基本法の国家は人間の尊厳の国家である。国家権力全体はこうした人間の尊厳へと義務づけられている。こうした義務づけは、ドイツ連邦共和国が民主主義的社会国家である（第二〇条第一項参照）ことによって、実現される。尊厳・民主主義・社会性を義務づけるこうした構造が憲法体制のうちに存在しており、また、こうした構造を憲法体制のうちに実定化しようと企てられるがゆえに、ここでは結局、人間に対して最終的には抵抗権を実定化することが可能となる。誰であれ人間の尊厳の国家を排除せんとする者に対しては、無条件の抵抗権が対抗する（第二〇条第四項参照）。

実定化は変更を求める。基本法では、変更は、一方で行われているが、しかし、他方で制限されている。だが、この制限は、変更へ向けて開かれ開放されていることに役立つものであるべきである。まさに第二条をも変更する、あるいは、それに匹敵する主要な自由の条項に対する下位条項を変更することが、時によっては必要となるような場合がそうである。こうしたことは、少なくとも基本法から読み取ることができる。第一条および第二〇条によって法＝権利の実定化が達成される水準では、人間の尊厳という概念の下で法＝権利の自由全体が措定される。

法＝権利が自由の王国を意味し、自由の実現であることは、すでにヘーゲルで学んだ。人権は、基本権のカタログのうちで十分に細分化され具体化された形で実定化されるが、その際に人間は、こうした実定化それ自体のうちで自分に罠をしかけてはいない。実定的なるもの一般への結びつきを逆に辿ることは、人間の尊厳への結びつきを逆に辿ることによって行われる。人間の尊厳とは、人権一般に対して開かれていることであり、それはまた今日では、自由主義的人権が社会的人権へと発展するという進展の問題に対しても開かれていることである。基本権を人間の尊厳のうちでこのように位置づけることによって、基本法は徹底して開かれた状態を保つのであるが、しかしまた他方では、たとえばその最初の主要な条項つまり第二条によって、基本法は重要な仕方で拘束されてもいるということは認めなければならない。第二条は、市民的自由が近代の歩みの中で自らを法のうちにますます実現しようとする歴史の最終段階となる。

二　近代では、自由・生命・財産の所有が問題である。営業の自由・契約の自由・財産の自由という市民的私的権利の三点セットは、自由・生命・財産という定式との関連では最後の財産のもとにしか位置づけることができないのだが、こうした拡張された所有の三点セットにおいて見なければならない。これは本来の市民的定式だろうか。健康に対する権利、生活の質に対する権利——今日論議されるこうした権利の問題はどこに組み入れるべきなのか。これらの権利は、前述の旧来の権利の定式を打破するものなのか。健康に対する権利では、要求された所有もまた問題である。デモンストレイション、市民的イニシアティヴ、等々に対する権利で問題なのは、同じく自由権ではあるが、むしろ、市民的な所有の権利、政治過程への参画、参加であり、それゆえ、別な種類の所有であって、これは政治的な共同所有、政治的共同決定と性格づけることができる。

ここでは自由の新たな実現の道が開かれているのであって、その際には単純にブルジョアと公民とを分けることはもはやできない。というのも、たとえば市民的イニシアティヴは、その名称が語らんとしているように、市民から出発はするが、目指すのは共同体だからである。ここでは、私的市民が公民と融合している。それどころか、新たな市民的生活形式、そしてまた、新たな市民概念について語るところまで進まなければならないであろうが、その場合にも旧来の市民概念が固執される点は注目に値する。ブルジョア的なるもの、私的なるものが保護されるべきことは、それゆえ、すでにその概念のうちに示唆されている。今日の市民は、自分が自由の空間・生命の空間・財産の空間の中で切り縮められていると見ている。自然への技術的介入、水・大気・大地という生命空間の共通なるものへの技術的介入は、本質的にその一部であるが、しかしその際には、こうした技術をも産み出すもととなった自律はその反対物へと転回する危険にさらされている。市民は自由を破滅させるのではなくさらに所有しようとしているのであり、それゆえ、自律の修正を求めているのである。それゆえ、いずれにしても、自由・生命・財産に対する旧来の人権と、基本権としての新たに要請されている権利との関連が存在する。市民的権利は、変化した形で維持されることを望んでいる。その場合、所有は縮小されるのではなく、むしろ増大されるべきである。このことはすでに自由・生命・財産という所有定式に潜んでいるのだが、この定式は今や新たな権利形態、つまり、社会的基本権へと突き進んでいる。

窮乏と恐怖からの自由は、「四つの自由」の一つに挙げられていたが、社会権を自由権に区分している、しかしその場合、自由概念は、拡張された、おそらくは徹底して改造された形で理解しなければならないことは間違いない。その場合、社会的基本権は、ヘーゲル流に言えば自由の王国への新たな一歩であろうが、しかし、それを実現する際には、つまり、実定法化の際には、全く新たな問題を惹き起こす。

労働に対する権利のような社会的基本権は、すでにソ連やドイツ民主共和国のような社会主義憲法において実定化が企てられており、またイタリア憲法においても、すべての公民は労働に対する権利を認められている（第四条参照）[97]。そうはいっても、つねにすぐ制限が行われる。社会主義国では労働の義務づけが問題となり、イタリア共和国の場合にはこうした権利の実現を促進することが公民に約束される。

「イタリアは、労働に基づく民主主義共和国である」（第一条）。そのような憲法条項によって、われわれは、財産権者の社会としての近代社会の歩みがどのようにして労働者の社会に至ったかを、はっきりと証明することができる。ここでは、人権に関して何が修正もしくは実定化されなければならないかを、推察することができる。だが、自由・生命・財産の所有という最初の市民的定式においてすでに社会的基本権が併せて着手されていたとわれわれは考えるが、たとえそうであったとしても、社会的基本権を実際に実定化することにはほとんど成功していないということを、われわれは確認しなければならない。そうした市民的定式において実際に所有として求められているものは、今や、労働に対する権利のような社会的基本権の要求のうちに見ることができる。こうした実定化の企てがいつ行われるのであれ、この場合にはそれが成功を収めていないとはいっても、人権を最も包括的な意味で、つまり、人間の尊厳というタイトルの下で、実定化しようとする試みは行われたのである。

人間の尊厳ということによって個々に想起できるものは、人間の尊厳に関する第一条以下の基本権条項によって与えられている。だが、第一条の内容は単にそれだけではない。人間の尊厳は、人間にとっての最も包括的で最高の概念なのである。それは端的に人間を名指すことである。ドイツ連邦共和国基本法は、国家を名指しておらず、公民も名指しておらず、基本的に人間を名指している。それ故に、それはおそらく実際に基本法なのである。人間の尊厳について語る者は、実定化の点では多分先走り過ぎているのである。ただし、われわれは、人間の尊厳を、権利としてではないにせよ、近代という時代以降の自由として確定しており、それゆえまた、一種の実定化を行っているのである。もう一度振り返ってみる。

人間は、自ら自己を人間と規定する尊厳をもっている。人間は自律という尊厳をもっている。これは、自由が自律として実現されるというヨーロッパ的な自由概念である。権利はこうした実現の一部である。

権利は、最も強力な自己規定である。自己規定が実際に何を意味しているかを、われわれは権利において経験する。近代人は自律に賭けており、それを権利において、また、権利として実定化する。近代人は、それゆえ、法治国家とその発展に賭けている。近代人は、今日、社会国家を創設しかつまた所有しようとする場合でさえも、社会国家を法＝権利によって創設しようと企てるであろう。

3・1　ヘーゲルの法＝権利批判

法治国家と社会国家とは、所有問題においては一体化しているが、ただし、後者はこの問題では決定的に先を進んでいる。とはいえ、われわれはヘーゲルの示唆を看過してはならない。ヘーゲルは、彼以前の哲学者の誰も行わなかったこと、つまり、自由を法＝権利において実現し、そのために法＝権利概念を、市民と財産権者の抽象的な法＝権利から国家および国家の人倫の具体的な法＝権利へと拡張することを企てる。「法＝権利は総じて神聖なものであるが、それはただ、法＝権利が絶対的概念の現存在、自己意識的な自由の現存在であるからである。[98]」だが、ヘーゲルは、ダッシュを挟んで、法＝権利を抽象する「法＝権利の形式主義」を直ちに批判し、次いでこうした抽象的な概念に対抗して「より高次の法＝権利」の見込みを述べている。[99] 次章でもさらに詳しく見ることになるように、ヘーゲルは、実際、国家を単に市民的国家と把握するのではなく、人倫的な法治国家と把握し、かくして、新たな水準の法＝権利を展開しようと企てているのである。だが、ヘーゲルにはためらいがある。

法的に捉えられるのは、究極的には外的なるものだけである。法＝権利においては、形式化されることで外化が行われる。それゆえ、新たな法＝権利概念への出発にあたってヘーゲルは動揺することになり、人倫的なるものをおそらく捉えることができない法＝権利に対して、究極的には批判的な態度を保持する。

法＝権利のうちには新たな法＝権利への衝動すら存在しており、「法律の範囲は、一方では完結し閉じられた全体であるべきであるが、他方では新たな法律の規定を次々と要求する。……法典に対して、それが絶対的に完結しており、それ以上に規定を加えることのできないものであるべきだという完璧さを要求すること――とりわけドイツ的病である要求は……私法＝私的権利のように有限な対象の本性の誤認に……基づいている。[100]」立法は前進しなければならない。ヘーゲルは、ここで実定化の原理を認識したのである。法＝権利の成長によって、法体系のうちに理性がますます持ち込まれる。[101] 自律としての自由は、われわれが法律に服し、法律がわれわれを支配することを要求する。自由と平等は、われわれが自ら措定した法律の下でのみ現実性をもつのであり、それゆえ、法＝権利においてその現存在をもつのである。[102] だが、法＝権利は究極的には外的関係にのみ関わる。次のように言い換えることもできる、つまり、法＝権利は作られた関係、操作可能性に関わるのである。

もちろん、自律に対して、それが法＝権利を作り出すと期待してもよい。近代にあっては、自律は思惟および行為の自己生産である。ヘーゲルは、従来の自律的な市民法からさらなる人倫的な法＝権利概念へと進もうとすらしている点で、法＝権利問題ではどっちつかずのままである。「法＝権利が」適しているのは「素材、つまり、市民社会において無限なるものへと自己を個別化し錯綜していく、所有や契約の関係や種類であり――さらには心情や愛や信頼に基づく人倫的関係であるが、しかし、これらは抽象的な法＝権利という側面を含んでいる限りでのみ素材なのである。……道徳的側面や道徳的命令は、意志の最も固有な主体性と特殊性の点で意志にそうしたものとして関わるのであって、実定的立法の対象たりえない。……婚姻、愛、宗教、国家といった高次の関係にあっては、その本性上外面性を備えることのできる側面だけが、立法の対象となりうる。[103]」

ヘーゲルの法哲学は、世界史への一瞥で終わっている。[104] ヘーゲルが法＝権利について語ろうとしているのは、単に「単なる市民法」ではなくて「道徳、人倫、世界史」としての法＝権利なのだ、ということを想起しよう。世界史をもって終わることは、ヘーゲルが自分自身の哲学を転がしていった挙げ句に法哲学の最後に取り残された漂石といったものではない。もちろん見通しは混乱してはいるが、同時に重要な意味をもっている。法＝権利の歩みは国家において終わるのではなく、むしろ世界史において終わるのである。法＝権利の総体は世界史のうちに存している。それゆえ、間接的ながら、ヘーゲルは、法＝権利が歴史のうちに、それゆえ、「自由の意識の進歩」のうちにあることを示唆しているのである。自然法＝権利と実定的法＝権利とのヘーゲルによる媒介は、ここで比類のない形で証明される。自然法＝権利は歴史において止揚される。今や、精神、活動、あるいは、主体性といった原理が、全面的な、それゆえ、開かれた生産性であることが判明する。歴史はつねにかつ依然として生起する。自然は終わり、歴史が始まる。[105]

第5章　国家と社会

1　人間と国家

1・1　公共の福祉

「当会議は、基本権の一覧表の先頭に、国家は人間に奉仕しなければならず、また、人間の尊厳はいかなる所でも守られねばならないという思想を置いた。[1]」こうしたドイツの憲法スローガンは、総統国家というドイツの経験と直接に関連しており、また、人間が手段に貶められただけでなく否定つまり抹殺された全体主義国家を考慮に入れている。国家は、そもそも何のために創設されたのかというその原理へと再び立ち返って結びつけられ、また、変わることなくそれに義務づけられるべきであろう。近代では、人間が自らを国家原理と理解しているからである。政治理論は、人間が国家および国家統治の目標であると説明している。憲法体制は、人間と国家とのこうした関連を実定化したものと化す。ドイツの憲法スローガンは、総じて近代の理論原則および憲法原則なのである。

二〇世紀の総統国家や全体主義国家と、それ以前の絶対主義的で権威主義的な国家とを、前者は後者が徹底化されることで発展することを示そうとして比較すべきではない。だが、国家はそのつど人間のためのものと考えられ起草されたが、その後では国家自身のためと宣言されるという問題が、つねに不可避に起こる。近い目標として国家を樹立し、次いで遠い目標としてこうした国家のうちでの人間の公共の福祉を期待する、というマキアヴェリの国家理論が今日もなお妥当することは明らかである。マキアヴェリおよびホッブズにとっては、当時の政治的危機から、さしあたり、また、ともかく、拠りどころのない状態の真只中での固定点としての国家が必要とされるのである。

国家をこうして措定する際に起こることは、国家のために最初から正当なものとされている。君主の国家はたしかに「公共の福祉 bene comune」を目指しており、「これが国家の偉大さを成す[2]」が、しかしさしあたり、君主は自分の国家を貫徹させるのであり、そのためには君主にとって必要と思われる手段はどれも君主には正しいものなのである。

こうした「国家一般の樹立」に関連して、ヘーゲルはまずフランス革命について、次いで直ちにマキアヴェリの君主について、そこでは権力が「純粋な恐るべき支配」であると考えた。「しかし、それは、国家をこうした現実的な個人として樹立しかつ維持する限り、必要かつ正当なものである。……こうした重要な意味でマキアヴェリの君主論には次のように書かれている、つまり、国家一般の樹立においては、暗殺、陰謀、残虐、等々と呼ばれるものが悪という意味をもたず、自己自身と和解せしものという意味をもつのである[3]。」難解なのは、国家が現実的な個人と表現される際の現実的な個人という概念である。だが、ヘーゲルがそうした妙な表現で語っていることは、マキアヴェリの君主の国家から今日の全体主義的国家に至るまで、国家形成につきまとう根本問題なのである。個別性の誤った要求が多様で混乱しており、それどころかそれが不当なものであることに直面すれば、何よりもまず、現実的な個別性が措定されねばならない。このことは、マキアヴェリの実例につき、ヘーゲルを使って説明することができる。イタリアは、「外国によって国土を踏みにじられ……独立を失っており、それぞれの貴族、指導者、都市が、各々主権を主張していた。」そして、ヘーゲルにとってはここで国家形成が始まるのであって、それは、こうした外国のまたそれゆえ誤った個別性、あるいはヘーゲルの言い方では主権が、すべて排除される行為なのである。「国家を創設する、つまり、これらの主権を根絶する唯一の手段。」[4]ある一定の状態の除去、それどころか、ある一定の人間の抹殺は、単に否定的な行為だったのではなく、むしろ国家の実定化の一部だったのである。すべての施策は、ただ、国家の形成に、そしてまた、将来の人間の個別性すべての基礎にのみ奉仕するのである。

今日の全体主義的国家がそれと比較できるように思われるとしても、それは、新たな人間存在を形成するためとして今いる人間が貶られ犠牲にされているという限りでである。どちらの場合にも問題なのは、新たなそして初めて現実的な個人が生まれでるべき自己形成である。公共の福祉はやはり遠い目標と主張され、それに対して、近い目標はまず国家であって、そのために人間の不利益になるあらゆることが起こりうるのである。

国家は、人間のために樹立されるが、さしあたり人間に対抗させられている。近代の国家理論および近代の国家体制に探りを入れて、善き国家と悪しき国家とを互いに区別するのが当然と思われよう。こうして、一方では、君主の国家やリヴァイアサンの国家から総統国家や全体主義的国家に至る国家があり、他方では、ロックの市民的法治国家[5]からわがドイツの基本法の国家に至る国家があるのだろうか。

だが、近代の国家が残忍な暴力をもってこの世に出現しかつそれに一貫して恩義を感じていたということは、依然として否定できない。それには、マキアヴェリの初期の例があり、また、後世のさらに具体的なフランス革命の経験がある。市民革命は犠牲を要求したのであり、現代の共産主義革命がどうして犠牲なしに済ませられようか。もちろん、違いが重要である。共産主義革命は市民革命の継続であって、ますます拡大するそれゆえ新たなこうした自己形成の生みの苦しみは甘受すべきだ、と主張されることはほとんどないであろう。

国家は人間のために存在する。こうした原則が堅持されねばならない。国家が少なくとも長期にわたりこうした原則に反した行動をとる場合には、国家からその国家という肩書を剝奪しなければならない。まさしく反人間的でありそれゆえまた反国家であることが明らかとなった総統「国家」では、少なくともそうである。全体主義的国家も同じくもはや国家ではない。遠い目標としての公共の福祉は見えず、また、そもそも国家と人間との目的‐手段‐関係も守られておらず、完全に逆転しているのである。では、国家という肩書がなお当てはまるのはどういう場合か。国家が導入されたのは、まさに、マキアヴェリやホッブズの理論においてではなく［現実に］恐怖国家の増強につれて人間に反することが行われたときであった、ということをともかくも考慮してみなければならない。国家は、人間の間での恐怖に終止符を打つべきものだったが、自ら新たな規模の恐怖の展開をもたらしたのである。

国家は人間のために樹立される。人間は近代以降ますます国家という実験に関わり合い、以前に可能であったよりも多くのものを国家の助けを借りて世界から自分のために引き出していると言えよう。人間自身に啓示されるような理性に人間はさして期待を寄せず疑念を抱いているが、しかし、マキアヴェリそしてとりわけホッブズが明確にしているように、人間は理性に国家の中で新たな位置を指定している。マキアヴェリとともに始まった国家理性の理論は、理性をもはや直接にではなく国家に媒介されて受け取るというこうした大胆な企ての一部なのである。「真理ではなく権威が法律をつくる（sed authoritas, non veritas, facit legem)[6]。」

1・2　自律

近代の国家概念をその核心で摑むために、われわれは人間のための国家という定式からさらに、人間の市民定式あるいは所有定式として知られている近代の核心的定式へと移る。国家は自己自身を規定し自己を所有する人間のために樹立された。それは自律‐人間の国家、簡潔に言えば、自律の国家である。自律は人間を個別性として規定する。ヘーゲルの国家的個人の概念およびそれが現実的個別性であることの強調は、おそらくこうした点から反省しなければならないだろう。国家が現実的個人一般と語られるのは、国家が樹立されることでそれと同時に初めて人間の個別性を可能ならしめるからである。それは個人の国家あるいは自律の国家である。この国家は、個人が自らを個人として定め自己を規定することのできる拠り所を確定し与えるのである。国家が自律に由来するものであり、だがまた逆に自律を国家に由来するものとすることで自ら自律の真の源泉となる点で、国家が自律のこうした形成態であるならば、この国家概念は、そのように近代的な自己理解をしているこれらの人間にしか適用できない。

契約は最初でしかも本質的な自律の行為であり、次いでさらに、民族的および領土的な自己規定がこの自律に含まれる。国家は人間の自己という基盤の上に樹立されるのであり、人間はこの基盤をまさに事実上この世でしかも国民として占めることで、こうした事実性そのものにおいて自らを受け容れ規定しているのである。[7]事実的なるものの一種の規範性を語ることができるが、それは、民族的および領土的状況から、まさに人間の本来的自己は、自らが状況のうちに置かれていることを観て取ることで、こうした状況から自らの形成を引き受けこの状態に自らを現実的に適合させることを引き受ける、という意味においてである。国家、国民、民族性、領土の関連を考察すれば、民族‐国家ないし領土‐国家という概念はほとんどトートロジーとなるが、それは、こうした国家の基盤がまさにその民族でありまた民族の領土であるからであって、そこでは自律的人間が今や民族と領土の中で自己自身を所有しつつ自らを確定しているのである。国家は自律の具体的形態である。

1・3　市民社会――結社・社会性・社交性

市民社会とは、ある目的のためにする人間個人の結合である。この目的は財産の保全と増大である。財産は、自由、生命、所有のうちにある。それゆえ、市民社会はある特定の目的のための手段である。それは目的団体、あるいは、古いラテン語の表題を用いることが許されるならば、ソキエタス (societas) である。善きソキエタス (societas boni) と悪しきソキエタス (societas sceleris) ということが、そしてまた、支配のソキエタス (societas regni) ということが語られる(8)。どの場合にも、目的が決まっている。

どの生物とも同様、人間には一種の社会性があり、人間は社会的動物 (animal sociale) である。ただし、一八世紀において社交的動物 (animal sociabile)(9) ということが耳にされるとしても、この場合には社会性そのもののうちで区別が行われているのである。そうした本性は、人間では衰弱しているか、あるいは、近代の思想家達の主張するように全く存在せず、その結果、人間は非社交的、没社会的、それどころか、反社会的存在と理解される。だが、この本性が単に衰弱していようとそもそも別なものであろうと、衰弱ならびに社会性から没社会性への完全な転回は、社会性を復元するきっかけなのである。そしてこのことが社交的人間という名称に含まれているのである。人間は社会的でないか、まだ社会的でないか、もはや社会的でないかだが、社会的なものにし、社会性に向けて発達させることができ、また、そうしなければならないのである。

人間を社会的なものとするために、特に結社を創設することができる。たとえば、市民社会を社交性のための結社に格づけすることは全く可能である。ただしその場合、社交性とは、人間が市民社会に適した能力をもっているという程度のことしか意味しえない。そして、人間は、これに関する結社の創設によって自らを能力あるものとするのである。だがその場合、個人つまり市民的主体の財産問題をこえる社会性の確立が問題なのでは決してない。社交性は、さらに先へと考えられている。

社交的動物ということの意味は、単に、人間が原則としてその動物性から抜け出て、社会的存在へと発展する能力がある、あるいは、人工的に作られた結社を用いて自らを社会的存在へと発展させる能力があるということではなくて、むしろそれ以上に、人間が社会的なるものの一部になることができるということである。これは次のように表現することができる、つまり、人間は単に社会的な生物なのではなく社会主義的な生物である、と。このことは、すでに社交的動物という定式に潜んでいる。さらに進展しそれゆえ社会性を徹底化するこうした発展のために、特に結社を作ることができるが、これは社会主義の発展の過程でも起こっていることである。

結社は、それゆえ、多様な目的に役立ち、まさに社会性と人間の社会化をもたらすという目的にも役に立つ。市民社会は契約社会、つまり、契約によって初めて集まる社会である。その社会性は、それゆえ、結社に基づいている。

1・4　政治的共同体

政治的共同体（koinonia politikä）は、契約によって樹立することはできない。[10] したがって、それは結社ではない。それはまた単なる社会性でもなく、ここでは社交性が問題となることは全くない。こうした政治的生活は、単に自然的共同生活ではなく、それゆえ、社会的生活でもない。それは、単に自然必然性という意味における共同生活ではなくて、自然からの自由という意味における共同生活である。人間は、自然から自由となることで、単に社会的な生活をこえて政治的な生活へと到達するのである。自然的な社会的生活において社交性への衝動および欲求に従うならば、政治的生活への移行に際していわば人間の第二の誕生が、政治的なるものつまり政治的共同体のうちで人間となることが、起こる。

この場合、困難は自然概念にある。人間は動物と同様生まれつき自然によって社会的であり、人間は生まれつき自然によって政治的でもある、つまり、ポリスを成立・成長させ人間的なるものをそのうちで完成させる能力がある。ギリシアの定義にあるように、自然は究極目標である[11]。しかも、人間の究極目標はポリス、政治的共同体にある。それゆえ、アリストテレスはポリス的（政治的）動物と語ったのである。こうした視角からすると、人間の生の究極目標は政治的共同体生活であって、それによって生が展開されそしてまた善き生活となるのである。

要約するとおそらく次のように言うことができよう、つまり、社会が自然必然性であるのに対し、政治的共同体は自然からの自由である、と。この場合、自由とは、人間が生まれつき自然によってチャンスをもっており、しかも、このチャンスは単に必然的に生じるのではなく、チャンスとして摑まえ実現しなければならない、という意味である。

ポリスあるいはポリス哲学――これこそ実際、唯一正当に政治哲学というタイトルを主張できるものだが――の自己理解からすれば、共同体が存在するのは、ポリスが事実上あるいは課題として現存している場合だけである。政治哲学は、政治的共同体の理論である。それゆえ、それはまた、ホモノイアつまり理性における統一の理論でもある。哲学と政治哲学とは、それゆえ、事柄と課題において重なり合う。哲学にあっては、私は理性を追求しておりそれゆえ理性の友人である。だが政治哲学では、私は、理性の統合的紐帯につき従うことで理性の本質を実行しているだけである。政治的共同体は、友情、相互志向に外ならない。哲学は友情であり、政治は友情である。友情は、哲学的および政治的な基本的徳である。哲学が政治から生じたのか、それとも、政治が哲学から生じたのかと問うことができる。両者はおそらく単一の構造と見なければならず、その構造の中で哲学と政治が互いに結びついた歴史の出来事となるのである。

2 ホッブズ

2・1 学問と政治

理性を信じなければ人間同士の信頼も消滅するし、また、その逆も言える。哲学の危機は、政治の危機と軌を一にしている。両者は、信頼・友情・共同体から生を得ている。哲学と政治は、信頼が存在する限りでのみ存在する。それゆえ、哲学および政治というタイトルを人間の古典的な自己理解のために留保しておくことは、全く首尾一貫したことであろう。厳密に言えば、近代以降には哲学も政治も存在しない。哲学と政治は学問になったのである。このテーゼは何を言おうとしているのか。私はそのテーゼをホッブズを使って確証したいと思うが、彼はこの点では決定的に哲学と政治の学問への転換に関与しているのである。

「学問は権力にのみ奉仕する！　理論は……形成にのみ奉仕する！　しかも、すべての思索は最終的には行為あるいは仕事を目指している。[12]」これをホッブズが要請するのは、「哲学に対して」であり、また、彼が『物体論』の序章のタイトルとしている哲学の「計算あるいは論理」に対してである。そのリヴァイアサンの国家論の序論でホッブズは次のように書いている。「というのも、共同体・国家……civitas と呼ばれる偉大なリヴァイアサンが創設されるのは人為によってであり、これは人為的人間に他ならない……。」こうした人為的な国家体の各部分をすべて挙げた後で、ホッブズは最後に次のように述べている。「だが最後に、こうした政治体の各部分が最初に創設され組み立てられ一体化された際の契約や取り決めは、天地創造の際に神が発した『かくあれかし』あるいは『人間を作ろう』に匹敵する。[13]」

この最後の引用によって初めて、先の主張の意味がはっきりする。国家を作る人為は、人間を作った神の天地創造に匹敵するのである。今や人間が人間の側で人為的人間、つまり、国家を作る。この国家は、端的に人間によって作られたものであり、制作可能性［操作可能性］という人間の力、人間の権力を証するものである。そして、これにはあらゆる学問が奉仕する。学問は、あらゆる形成が合流する国家の形成にその頂点を見出す。ホッブズからの最初の引用に並べられている権力・形成・仕事といった学問に帰属せしめられている特性は、それゆえ、学問を政治的な学問と規定する。学問は政治に奉仕する。だが、この政治は、今や純粋に学問からの規定を受け学問によって不断に導かれる政治である。したがってここでは、政治が学問になっている、つまり、政治に学問的に接近し政治を学問的なものとすべしという近代的な意味でのかつホッブズが併せて導入した意味での学問になっている。

学問は方法において存在する。それは分解合成的方法である。[14]これは、あるものをその要素へと分解し、次いで再び組み立てるという方法である。そこで人間は、自ら合成したもの、自ら作ったものを実際に知るのである。哲学は、こうした生産および制作可能性が存在するところでのみ、存在する。

2・2　服従契約

ところでこの場合、政治としての学問および学問としての政治において、政治的なるものおよび学問的なるものの双方を定義する形成・権力・仕事という特性が究極的に意味するものは、契約という人為に表わされる。それは、社会契約の理論である。こうした契約において国家が作られる。この契約のうちに、制作という人為の総体がある。そこにおいて、学問的つまり分解合成的方法とは何かが明らかとなる、つまり、人間は自分が分裂しかつ徹底して分化した要素であって、こうした個人が次いで契約という人為によって「合成され一体化され」ると考えるのであり、ホッブズはその点に人間による国家のかくあれかしを見るのである。

われわれが依拠しているのは、ホッブズが国家学に関するその初期の主著である『臣民論』という作品で公表した、「国家の原因と成立について」という章である。(15) この章で、ホッブズの国家論の骨格総体を簡潔に概観することができる。私は、以下のように区分を行う。

一　焦眉の問題は安全に関するものである。私はどのようにして安全に生活することができるのか。これは自己保存の問題である。この問題が生じるのは、人間が自分は脅かされていると考えているからである。これは、人間の自然の状況、つまり、自然状態である。そこでは、各人の無制限の欲求が支配しており、そのために、各人は自分のためにすべてを取ろうとし、またそれゆえ、できることならば他人から彼のものを取ろうとする。万人がすべてを欲するのだから、各人は各人と対立していると考える。基本経験は、相互の恐怖である。

欲求は権力の表現、つまり、さらに多くをもとうとすることの表現である。だが、権力の基本衝動の結果は恐怖の基本経験である。したがって、欲求はそれ自身で制限を受け、その結果、この恐怖は欲求の理性と呼ぶことができる(これはレオ・シュトラウスも特別に分析していた[16])。欲求は恐怖によって確保され、かくしてある基準の安全を保証する。だが、これは、もっぱら欲求の上に据えられ欲求から保証された安全である。こうして、各人は、どのような意味でそれを必要で正しいことと考えようとも、一人で自分の安全に配慮することができるのである。安全を支えているのは共同体ではなく、それぞれ孤立した各人である。ここに、ホッブズにとっての決定的な点、つまり、自然状態では「望みかつ可能でありさえすればあらゆる仕方で自分を守る本源的権利が、つまり、すべてに対する権利、あるいは、戦いの権利が各人に残されている[17]」ことを支持する論点があるのである。これは「万人の万人に対する戦い[18]」であり、自分の生存が保証されるのは、他者に先んじる場合だけである。

依然として決定的なのは、自然がそれ自身からはわれわれに安全を保証することができないという点である。一方では、自然法則は自然法そのものに起因し、その補完物であるが、しかし他方では、自然状態において人間は、自己確保を自ら追求し主張する場合には万人の万人に対する戦いを煽り立て永続させるという危険に、依然としてさらされているのである。というのも、各人間の自然的権利が依然として残っているからであり、自然法論の言い方では、「自分自身の自然つまり自分自身の生命の保存の意志に従って自分自身の力を投入し、それゆえ、自らの判断と自らの理性に従ってこうした目的に適した手段と見なすことをすべて行う、各人の自由[19]」が依然として残っているからである。それに適した手段とは、結局、戦いでありうるしまたそうであるしかない。これは不都合な面である。したがって、すべてに対する要求が行われている状態である自然状態では、平和を維持せよとの命令が生じる。これは、ホッブズにとって最初の自然的法則である。この法則が存続するのは、各人が自分自身にとっての安全が保証されていると考えるその限りでのことでしかない。というのも、この自然の命令では、次のことがはっきりと語られているからである。汝にできる限りで「平和を求めかつ維持せよ」、しかし、「われわれは、用いることのできるあらゆる手段をもって自らを擁護する資格がある」[20]と。自然法則は、安全を命じはするが保証はしない。したがって、ホッブズにとって決定的な問題は、どのようにして安全を保証することができるかである。

二　安全は、自然によって自ずから存在するのではなく、人為によって樹立される。人間の明示的な意志が付け加わることによって、各人が他人に安全を保証しようと意志するという形で互いに結合することが必要である。ここでホッブズは、どのような仕方で人間が結合すべきか、自問する。社会つまり結社は相互援助のために創設されるというだけでは、ホッブズにとって十分ではなく、「平和と相互援助のために共通の最高善を求めていったん結合した人々が、後に、たとえば彼らの私的利害が一般的利害と一致しない場合、再び別れてしまうのを恐怖によって阻止されるためには、さらにそれ以上のことが起こらなければならない[21]。」

決定的なことは、「一つの意志[22]」が万人の意志を現実に表現することである。ホッブズは、人間が国家において一体化することの特殊的なるものを際立たせようとして、結局次のような確認を行っている。「かの理性をもたない動物の一致は自然的一致である。だが、人間の一致は契約にのみ基づいている、つまり、それは人為的一致である。」「単なる」（つまり、自然的な）「一致、あるいは、共通の権力を創設することなくある結社に合意することは……それゆえ、安全にとって十分ではない。」人間が何を為さねばならないかは、はっきりと語られている。それは、「共通の権力の創設[23]」である。

この創設は、形成あるいは人為である。こうした人為が必要となるのは、人間がその自然本性そのものからはこうした一つの意志へと到達できないからである。欲求に規定されているため、欲求から独立した意志は発達できないのである。ここで必要であり創設されねばならない意志は、人間本性の外部のものである。この意志は人為の問題であって、これは人間がもちろん自然・自己保存を求めて自然そのものの補助的形成として造り出すことのできるものである。

だが、問題は、国家において自分のために人為的人間を作った人間が、究極的にはこの人為的人間に完全に服従しなければならないのかどうかである。人為的人間、つまり、国家は、人間から結局は自然的なるものをすべて奪い取ることもできよう。実際、国家は、人間をその根元的欲求においてすら刈り込んでしまい、人間がもはやすべてに対する権利を意志しなくなるようにしなければならない。だがその場合、人間がなお何を意志することができるかが問題である。一つの意志の形成とともに、自然的人間とならんで人為的人間が、つまり、自然的人間が服従する国家が、登場する。

三　一つの意志への一致は、一つの意志への服従である。この契約は服従契約 (pactum subjectionis) である。人間の欲求が互いに入り乱れるという危機は、一つの意志に固定され、平穏、一つの状態とされる。意志の設立、一つの意志において意志を確立すること、これは究極的には契約の人為あるいは形成である。

「それゆえ、同一の目的へと多数の人々の意志が一致するだけでは、平和を維持し持続的防御を可能ならしめるのに十分でないならば、平和と自己防御に必要な手段に関して一つの意志が万人のうちに存在しなければならない。だが、これが可能なのは、個々人が彼らの意志をある個人の意志に、つまり、一人の人間あるいは一つの集会の意志に服従させ、この意志が、共通の平和に必要なるものについて何事かを規定している限り、すべての個人の意志として妥当する、その場合に限られる。……このように一人の人間あるいは一つの集会の意志に万人の意志が服従するのは、各人が、それが人間であれ集会であれ自分が服従したこうした一つの意志に抵抗しないという義務を、契約によって他の各人に負う場合である。[24]」これが服従契約としての社会契約の理論である。

その場合重要なのは、ホッブズが、こうした契約の独自性を単なる契約（Kontrakt）に対して協約（Pakt）という種差的概念によって強調していること、だがそれに留まらず、単なる協約も十分ではなく、「彼らの一致を恒常的で永続的なものとするには、契約の外になおあるものが必要である[25]」と述べていることである。『リヴァイアサン』のこの箇所にあるように一般的権力、common power が、あるいは、『臣民論[26]』にあるように共通の権力という基礎が、必要なのである。

ホッブズには、万人の意志がただ一つの意志へと合流することが問題なのである。これが達成されるのは、各個人が、人格、国家人格（これは現実には具体的な人格あるいは集会でありうるが、そのことは究極的には副次的なことである）へと自己を譲渡するよう互いに一致する場合である。これは、協約、つまり、一人の人格、国家人格への多くの人格の同盟である。「このようにして形成された結社が、国家、あるいは、市民社会、あるいはまた、市民的人格である[27]。」問題なのは、すべての人が人格と見なされるよう意志することである。「こうした人格を体現する者は、主権者と呼ばれ、最高権力をもつと言われる、そして、それ以外の各人は臣民（subject）である[28]。」これは、臣民たることの合意、pactum subjectionis である。

服従契約というふうに語るのであれば、それは好ましからざる翻訳である。服従はこうした合意への意志から生じる。生の確保、つまり、自己保存と自己増大のために、詰まるところ権力のためには、執拗に自己自身と永続的未来に向けられた意志がこうした協約を未来と締結することは、一般に可能である[29]。

個々の権力個体は、権力のために、自分たちにのみ奉仕する権力中枢を成立せしめる。各個人は、それぞれ個別の権力の担い手としては、互いに摩滅させ合い、自分たちの権力を権力の真空状態へと転化させるであろう。だが、権力は、その維持と増大とを意志するものであるがゆえに、人間をそれぞれ個別に分け隔てる原理としての権力を共通の原理としなければならない。権力がこれを為しうるということが、そもそも権力の高度な能力を証明している。ここに国家が作られる。市民は、自分たちの意志そのものによって、「最高権力をもち自分たちの上に立つ主人を」[30]措定するのである。こうした措定を、ホッブズは制度としての国家とも呼んでいる。[31]共通の権力の創設は、ここでは権力の制度化を意味している。

2・3　学としての政治

われわれは、ホッブズが自ら学問的な手続きを踏んでいることを証明しようとして企てた次のような手順を確認することができる。分解およびそれと同時に組み立てが行われているのである。契約および取り決めは、「こうした政治体の部分がともかくもまず作られ、合成され、一体化させせられた[32]」方法である。ここに、決定的なヒントがある。契約は、こうした意味で単に、道および橋、つまり、離ればなれになっている要素を互いに結びつけるための方法なのではない。そもそも契約によって初めてこれらの部分が作られると、はっきり述べられているのである。それゆえ、契約とは、組み立てという人為のためにまず最初に部分を作り出す、そういった人為なのである。この点に、政治が学問になる、ないしは、学問に依存するようになったしだいを見ることができる。

契約の政治は学問的政治である。その学問的なるものは方法にあるが、方法とは製作し製造することである。だが、こうした方法は、人間が新たに発見した人為なのではなく、むしろホッブズが理解しようとしているように、自然における天地創造の、今や独自な領域つまり人為の領域における追体験なのである。それゆえ、契約は、力および制作可能性としての、製造としての、学問および方法としての、人為の総括なのである。国家は契約国家である。したがって、国家は、人間によって作られるのであり、人間が自らを新たな市民的人間として生み出す人間の最高の生産なのである。それゆえ、天地創造の模倣がそっくり人間のある種の自己創造となる。

しかしながら、ホッブズは、神的ないし自然的な天地創造から降りようとするのではなく、むしろ文字どおり自然に乗り込もうとする。ホッブズはこのことを、学問としての自分の哲学に対しても、契約政治としての政治に対しても主張している。ホッブズは、学問を自然の製造過程への参画と理解している。契約に際して、人為的人間が、「国家」が、作られ合成されるが、それは神が自然を作り最後に人間を作ったのと同断である。こうした製造過程は、学問に引き継がれる、つまり、人為として模倣されるべきである。ホッブズは、哲学と政治の関係総体を、天地創造と自然に対する模倣関係と見ている。思惟においても行為においても、自然からは、実際に自然の内に潜んでいるものだけが取り出されるべきである。だから、この人為は、形づくるというよりも自然から取り出すことである。(33) ホッブズは、こうした意味で「天地創造を模倣せよ(34)」と要求する。思惟と契約締結は模倣なのである。それゆえ、ホッブズは、学問的思惟と学問的政治を、単純に自然と存在に対置しているのではない。学問がこうした意味で製造的あるいは製作的なものであるのは、ただ、学問が自然の内にある製造と製作を見て共同で遂行することによるのである。

ただし、学問は今やこうした共同遂行において自然を一歩超え出ている。人為において取り出されるのは、すでに自然の内に存在しているものである。それゆえ、人為は自然それ自体の生産、自然の遂行、自然の成就である。自然は人為を必要とする。このことを、ホッブズは人間的自然を使って証明することができる。人間的自然だけに委ねられるならば、人間は滅亡するであろう。人間は、自然に人為を付け加えることで自然の中に拠り所を求めるのである。自然と人為のこうした統一をホッブズの学問概念に見ることが重要なのである。

したがって、また別な問題が付け加わってくる。自然は、こうした学問概念の意味でのみ、学問にとっての意義をもっている。自然は、単純に「自然的」に存在するのではない。ホッブズが記述している自然状態については、様々な研究が繰り返し行われてきているが、この自然状態は歴史的にも存在の事実としても受け容れることはできないからである。自然状態はフィクションというふうに語られている。学問的な語り口をするならば、自然の内に方法的原理を見なければならないであろう。自然とは、製造し製作することだからである。

われわれは、これまで学問と人為とを一つにして取り扱ってきた。学問を上位概念とし、自然と人為をその下に置くこともできる。言い換えれば、基本概念は力という概念であり、この力は制作可能性、製造と製作であることが明らかになる。力は、自然においても人為においても現れる。

2・4　人為による自然

人為は、自然を模倣するという点で、自然に由来する人為である、というふうにわれわれは上で語ってきた。今やわれわれは逆に、それは、人為による自然、辛辣に言えば人為を欠くと無であるような自然、つまり、人為を欠くと維持されず滅亡するような自然なのである、とも言わねばならない。(35)

自然は、その概念がすでに表現しているように、それ自体で自己を維持し増大することを意志する。古典古代の哲学の自然概念は、自己自身へと編入されかつ自己から出ていくことであった。ホッブズでは、自然は、人為によって摑み取られ作られることでのみ、立ち現れる。だがその結果、人為と自然は共に学問的なものとなったのである、つまり、自然についての学問の要素ないしは契機となったのである。学問的思惟は、分析し弁別するものである。自然と人為とは、学問的方法のために分けられる異なった部分なのである。

自然と人為とは区別される。この学問的区別が目指しているのは、自然の内に身体を見、人為の内に方法を見ることである。ところで、ホッブズは、自然的身体と人為的身体を知っている。人為的身体とは、まさに、契約、つまり、人為、すなわち、方法によって成立した身体であるという点にある。自然身体は、国家体を樹立する場合に初めて、最終的にその構造が与えられ生産されるのである。

自然身体としての人間は、そもそも国家体を形成する場合にのみ、生命を維持することができるのである。リヴァイアサンは、人間が生きていくために人間の自然身体から構成された人為による身体なのである。リヴァイアサンは、人間の生命の条件であり、それゆえ、自然的身体一般の条件である。したがって、この人為は自然の条件のごときものであろう。そして、リヴァイアサンは自然一般の新たで偉大な確立者なのである。

自然と人為とは、どうひねくりまわしてみても、その一方の優位を云々することはできない。両者は一つの循環過程の内で互いに結びついているのである。円環的因果関係、サイバネティクス的過程というふうにも言うことができる。これは、実際、過程構造である。その際さらに重要なのは、自己維持、自己増大というこうした過程構造が自然から読み取られて国家に転用されるという点である[36]。これは、学問的‐方法的な視点の成果である。というのも、自然一般にサイバネティクス的過程を見ることができるのは、まずもってそのような過程が人間によって思惟される、つまり、確立されることによるのである。私は私が作るものだけを理解する、という原則が妥当する。

自然と人為、自然的身体と人為的身体という対は、方法的区別である。このことは、もっとはっきりさせることができる。破滅の淵、激情の権力的渦、差し迫った人間の滅亡と述べられることで、自然は、人為的理性、人為的市民人間、人為的リヴァイアサンを生み出す人為のうちに根拠を獲得することになる。ここでは、こうした方法的弁別が橋渡しとなっているとはいえ、妥協の余地は残されていない。というのも、自然身体へと方法的に弁別される人間が完全にその構造を与えられるのは、国家体において初めて、それゆえ、究極的にはリヴァイアサンにおいてなのである。この方法が何をもたらすかは、そこにおいて明らかになる。この方法は、単に道や橋なのではなく、リヴァイアサンへと至り、リヴァイアサンと結びついているのである。人間は、その場合、ただもうリヴァイアサンの国家において可能であるものでしかなくなる。人間は臣下となる。

自然身体と国家体とが方法的に分裂することで、自然身体には安全がもたらされ、それにはさらに裕福と富が伴うべきであり[37]、国家体には権力の座席(seat of power)、主権がもたらされる。国家体では、「主権」は「人為的魂」を表している[38]。この魂は、昔から[39]、ある意味では一切のもののすべてと理解されていた。ホッブズがここで魂という概念を導入しているのは、主権が一切のものを徹底して管理しているからに他ならない。人間の権力については、事情はどうであろうか。

権力が人間にとって否定的原理となる、人間と矛盾するに至るという形で、人間が権力に規定されている、とホッブズは見ている。だが、権力的存在としての人間にはさらに、こうした権力を超える権力が可能とならなければならない。この権力は、また、飼い慣らされていずすべてに手を伸ばしすべてをわが物としようとする権力が飼い慣らされることで、否定ではなく肯定そのものとなる。権力は、方法を具えた権力とならなければならない。学問およびその方法は、そうした権力の一部である。その場合、分解合成的方法は、こうした権力の方法なのである。学問は、単に権力に奉仕するのではなく、こうした権力に起因しているのである。こうした権力のために学問が生み出されたのであり、哲学や政治は権力の一形式としての学問となるのである。

2・5　権力人間と権力国家

近代の学問の努力は権力に奉仕するものである。学問は自ら権力となったのである。知識は知識のために探求されるという旧来の定式は、もはや妥当しない。近代の学問の起源は権力であると、われわれは主張することができる。ホッブズでは、こうした学問は、それがリヴァイアサンの国家へと導くものである限り、徹頭徹尾、権力学問であり続けるということが見られる。リヴァイアサンの国家では、すべての権力を絶対的に委ねられている権力の座席が形成され、それによって、その下に生活する人間が相対的に、つまり、こうした絶対的権力に関連づけられて、自分たちそれぞれの小さな権力を保持することができるように図られるのである。彼らの小さな権力は、第一に、端的な生存、第二に、いわゆる快適な生活というある程度の裕福や、せいぜい富にある。こうした生存の安全、裕福や富の安全は、相も変わらぬ、リヴァイアサンの全権力からの施し物として後に残された、個別人間のための権力である。だがこの点に、こうした個別人間がきわめて縮減された人間であることが示されている。それは権力へと縮減された人間である。きわめて大雑把に言えば、権力は、小規格の人間を後に残すという帰結をもたらす。

こうした人間を、ポリス的共同体における人間と較べてみよう。なんといっても、ポリス的共同体では、外的な財のレベルは政治的レベルの方向に向けて乗り越えられるべきものだったのである。そこでは、理性的存在としての人間が人間をはるかに越えた生の可能性に向かって限界を越えていくという仕方で、人間の権力的本質が制限されていた。もちろん、ポリス的共同体では、たとえば観想の生において、[40]人間は神的な限界に突き当たったが、しかし、今や近代のホッブズにおいては、人間が、人間の生活能力の限界を自らに設定するのであって、そこでは人間に可能な水準をおそらく越え出ることはないのである。というのも、なんといっても最初の規準としては、単なる生存、しかも当然に生活の向上を意志する生存が、権力の内での生活の最初の見込みとして認められねばならないのである。まず生存するためにその全権力を使い果たすものとは、どのような権力的存在なのか。

この場合、権威主義的な国家モデルと言うこともできるが、しかし、私は、さらに歩を進めて全体主義的な国家モデルと言いたい。もちろん、ホッブズがまずそのように考えていたというのではないが、しかし、国家の発展から分かるように、その歩みは始まっていたのである。こうした国家が全体主義的であるのは、それがこうした人間の本質、魂を引き継いでいる限りのことである。権力人間は自らのために権力国家を形成しなければならないが、その場合、権力は全体を規定する生活要因となるのである。このような意味で、われわれはここに全体主義的国家に向かう体質を見るのである。[41]

もちろん、この場合、ホッブズの直後においては、国家のその後の歩みは全く別なものであったと言うことができる。ロックは、その国家論で、人間の拡張された権力を見込んでいたが、それは、単に生命の所有ではなく、さらに進んで自由の所有および世界の取得とされている。こうした道は、「労働と財産」の章で人間という総体的労働者の世界生産を叙述することができたように、マルクスに至るまで、またおそらくそれを越えて今日に至るまで、ずっと追求されてきている。この権力は小さいとは思われない。万物に対する権利は削減されているが、しかしそうとはいっても、ことに自由主義的基本権から社会的基本権への移行による人権の発展に伴って、ここで権力が、つまり、所有が人間にとって現在でないとしても将来となった限りで、その削減には限度があるのである。

しかしながら、社会的基本権の人間は、国家にすべてを期待している。それゆえ、そうした人間は、権力問題では完全に国家の権力に適応している。彼の権力は国家の権力に依存している。全体主義的国家と言う場合には、全体主義的なるもののこうした契機も同じく見なければならない。全体主義的国家とは、単に、人間を経済的および政治的に抑圧し規定で縛る国家ではない。この場合には、上から支配者として臨む国家が、全体主義的なものと考えられている。国家にすべてが期待される場合には、逆に下からでも、国家は全体主義的となる。人間は、国家が人間に与えるもののことである。上からの全体主義的支配というものと、下からの全体主義的要求というものが、存在する。社会的基本権が過度に酷使されれば、こうした要求は全体主義的な方向へと成長する可能性があろう。その場合には、それと必然的に結びついて、国家の支配がこれまた全体主義的なものにならざるをえないであろう。

全面的所有という社会的要求からは、必然的に、全体主義的な支配を行う国家が生じる。これは、ホッブズのモデルに前もって構造が与えられている。この場合、たとえ人間がさしあたり生存することしか意志しないとしても、権力に対するこうした一時的な最小限の要求には、権力の問題総体が、つまり、絶えず産出しつつさらに多くの権力を意志するという権力の問題が、潜んでいるのである。

権力人間が権力国家を作る。往時にあっては、リヴァイアサンである。リヴァイアサンは、個別人間にとっての権力を依然としてかなり僅かしか提供していないが、それでも、権力を存続させ、それを顕在的なものとするのである。権力の学問はようやく始まったのである。ホッブズは、こうした始原状況をしっかりと見ていた。目下のところ、権力創設からは二つの同等ではないパートナー、つまり、リヴァイアサンと個人が、あとに残される。したがって、ここにはまだ相互作用はない。それは、相互的な交換において何かが引き寄せられるという契約（contractus）ではない。それは、さしあたり、一面的な移行、つまり、将来への眼差しと出会うことになる合意である。したがって、約束（pact）である。この場合には、人間は自分の将来に対して、つまり、市民としての将来に対して手形を振り出すのである。人間は、人間としての自然権を断念するが、しかし、安全という市民権を手に入れるためなのである。人間は、自己の人間本性を、つまり、権力を他の人間に譲渡することで、自らに人間としての構造を与え直す。人間は、他の人間を権威づけるが、しかし、それはただそのことによって自己のアイデンティティを維持するためなのである。ところで、こうした他の人間とは、権力人間であり、これは作られたものであるが、しかし、すべての人間によってである。これらの人間が現実に自分たちの権力を示すのは、互いに権力中枢として分散し結局は相殺し合う（つまり、殺し合う）ことによってではなく、一つの中枢へと結束することによってである。これは約束によって果たされる。この約束は帰結それ自体である。

3 ロック

3・1 多数派契約

権力は多数派である。「つまり、ある数の人間が各個人の同意の下である共同体を形成した場合には、彼らはこの共同体を単独の身体としたのであり、しかも、それは単独の身体のごとくにふるまう権力をもっているのであるが、このことは、多数派の意志と決議によってのみ可能となる。[42]」ホッブズでは、権力はリヴァイアサンにあるが、リヴァイアサンは単独の人間あるいは小さな集合体である。しかし、単独の権力者かあるいは多数派からなる権力者かは、量的な問題ではない。ホッブズにおいてもロックにおいても、相も変わらず、単独の人間の権力が問題なのであって、そのことはロックでは、人間は自分自身の人格の主人であり、また、自由・生命・財産の所有者であるという二つの原則に語られている。この場合にも、ホッブズでは生存だけが問題であり、ロックではさらなる財産が問題であるという量的な問題を見ることができよう。さしあたり次のように言える。両者の政治理論は、共に人間の財産をできる限り維持し増大させることを意志している、と。それらは権力理論である。「人間に必要とされる以上をもちたいという欲求[43]」の原則がロックにも由来していることが想起されるが、それは偶然ではない。人間をそのようなものと見る者は、権力国家を必要とする。それゆえ、この点でホッブズとロックに質的な相違を見ることは全くできない。むしろ、われわれの主張では、ロックにおいて多数派国家および法治国家が確立されるまさにその中で近代の権力国家が仕上げられる際に、そしてまたこれは直ちに挙げなければならないが、その後、ヘーゲルの理性国家において、権力は緩和されるのではなく、権力のままであり続けるべきなのである。つまり、理性国家は仕上げられた権力国家なのである。

ホッブズに較べて、ロックの権力基盤は、多数派の価値評価視点を決定的な権力要因として導入することで、広いものとなっている。ホッブズがリヴァイアサンの権力を必要としているのに対して、ロックは多数派に権力を与えている。その相違は何か。ロックは自然的人間のもとで権力を探求しているが、ホッブズは人為的人間のもとで行っているのである。ロックでは権力関係が手に取るように明白であるのに、ホッブズにとっては人間が権力関係をともかくもまず手に取らなければならないのである。ホッブズは権力中枢を確立するが、ロックはそれを眼前に見出すのである。

前節で考察したことだが、権力＝力からは学問、人為、契約が成立し、そして、これらからは国家総体が比較的複雑な思惟的企てとして、まさに学問として成立したのであるが、今やロックでは、学問というこうしたレベル総体が再び忘れ去られているように思われる。初めに単純だと思われるものは、実はそれほど単純ではないのである。以下でルソーの『社会契約論』あるいは人倫的国家というヘーゲルの国家概念を検討する場合も、事情は同じであろう。

われわれは、直ちに多数派と法ないし理性との関連を見なければならない。ロックは、多数派の方に権利能力があるということから出発している。多数派の権力は、単に、多数派が事実上の権力集団を意味しているという点に基づくのではない。はるかに重要なのは、多数派が権力を正当にもっているという点である。多数派を占める者は、法＝権利をも手に入れるのである。こうした関連は、注目に値する。というのも、その場合には、多数派がつねに意志するかあるいは決議するものは、正しくかつ理性的であると前提されているのである。いずれにせよ、少数派が時には望むものよりは理性的なのである。しかし、これはつねに問題である。ホッブズは、多数派にそれほどの信を寄せたことは決してなかった。ロックをこうした信へと動かしているものは何か。それは、同意（consent）の能力と理解である。

ロックの政治理論は、合意理論である。そもそも最初に同意されるのは、市民社会へと一体化することである。その際に決定的なのは、そのつどの多数派に同意が寄せられるということである。それは、市民社会に同意する契約であり、その要点は多数派に同意するという点にある。ホッブズのもとで、人間がリヴァイアサンに服従するという服従契約しか見ないのであれば、それはとんでもない間違いであろう。ロックでは、人間が多数派に服従する。この方が容易なのであろうか。ロックにとって、社会体はその身体的重点の方向に流れていく。ここでロックは、ホッブズと同じく学問的ないし方法的に考えており、彼は、部分身体を一つの総体身体へと囲い込み、こうした総体の中で徹底して部分にその相対的な部分重量に応じて権力を発現させているのである。権力はそれぞれの個別的な権力の担い手へと限量化されるが、しかし、こうした権力の担い手は、数を数えられ一纏めにされると、単に一つの量ではなく、市民社会内部の一つの新たな質であることが明らかになる。こうした権力の担い手は、市民社会の声であり、他の者は皆それに同意し算入されなければならないのである。

「共同体に属する個人の同意のみが、共同体に行為能力を与えることができる。単独の身体は必然的に一つの方向にしか動くことができないから、この身体は必然的にまた、より大きな力によって駆り立てられる方向へと動かなければならない——そしてこの力とは、多数派の合意である。さもなければ、共同体は行為できないか、あるいは、単独の身体つまり単独の共同体として——この点では一体化している各個別存在の同意によって決議されたごとくに——行為するとか存続することができないのであり、それゆえ、各人はこうした同意によって多数派に服従するよう義務づけられているのである。[44]」この場合、多数派が意志することとは、全員が意志しなければならない。「多数派の決議は全員の決議として妥当する。[45]」ロックは、これを「自然と理性の法則[46]」と見なす。多数派へのこうした同意こそが、全員との同盟および取り決めなのである。ロックは、単に約束（pact）と言うのではなく、さらに強く契約（compact）と言っているのである。多数派に同意することで、全員が実際に結集するのである。そして、こうした集会のために、調和という未来全般にわたる約束が樹立されるのである。

多数派を占める者は、正当に統治を行うことができる。多数派への同意は、法治国家の端緒である。この点については、ロックの「政治社会の成立」に関する節の有名な箇所を引用する。[47]「それゆえ、自然状

だけが、世界のあらゆる合法的な政府の端緒となった、あるいは、なりえたのである。[48]」これが、そして、ただこれ

間が、一体化しそのような社会の一員となるよう合意することに他ならない。これが、そして、ただこれ

ている。

態から出て共同体へと一体化する人間すべてについて、彼らが社会へと一体化した目標にとって必要であ
る一切の権力を、彼らが当該共同体の多数派に譲渡するということが前提されねばならない……これがす
でに、国家制度に参入するか国家制度を創設する個人の間で、議決されまた必要である契約の総体を成し
ているのである。だから、政治社会の端緒および事実的創設は、多数派を形成できるだけの数の自由な人
間が、一体化しそのような社会の一員となるよう合意することに他ならない。これが、そして、ただこれ
だけが、世界のあらゆる合法的な政府の端緒となった、あるいは、なりえたのである。[48]」

国家は、もはやリヴァイアサンではない。権力の座席は、一人の人為的人間から人間そのものの人為へと移ったのである。それに伴って、単なる権力国家は法治国家へと進展したであろう。これはロックの財産要求の系列に完全に沿っており、その要求はまさにこの点に最善の仕方で表明されている。というのも、ここでは、政治的自由という全く新たな種類の所有が達成されるのである。権力は、外部の他者のもとにあるのではなく、われわれ自身のもとにあるのである。われわれは、多数派の自由をもっている。多数派は、法=権利の権力、つまり、自由を法=権利において実現する権力を保有する。多数派に対する同意、多数派の権力と自由に対する同意が、人間の市民的自由であり、この自由において人間は同時に自分の権力を経験するのである。というのも、人間は、同意すれば権力を手に入れるからである。多数派は規定する権力として受け容れられる、つまり、多数派は初めから同意を受けるのであるが、それは、多数派の中で市民が権力を自己自身の手元でしかも適合的に形作るからである。したがって、その場合、権力行使は正当なものである。権力は法=権利となったのである。

ホッブズに較べてロックには、政治理論のはるかに筋道立った試みが見られる。こうした意味で、ロックの政治理論は、ホッブズよりも方法的であるが故にホッブズよりも学問的である。ロックの政治理論は、

権力という人為的人間を人間の外部ではなく人間の中に人間自身の人為として構成している。

ロックの政治理論は、権力の民主化を企てている。こうした多数派権力あるいは多数派支配と、こうした意味での民主制とは、同じように権力それ自体にのみ起因するのである。民主制は権力に由来し、自由・生命・財産という所有形式で権力に奉仕するのである。民主制は合意である。だが、合意は、前述の意味で権力に起因し権力に奉仕する。市民社会は、財産所有者の社会である。こうした社会をまずもってそもそも組み立て結びつけているのは、権力である。ホッブズでは、権力のために権力中枢が形成されたのであり、それに対して人間はせいぜい震央として残されたのである。しかし、ロックでは、人間は権力の中枢のままである。社会契約は、つねに権力との一致あるいは権力への同意なのである。

ここで、民主制の問題を立てるべきである。出発点としては、人民の人民による人民のための統治(government of the people, by the people, for the people)が真の民主制であるというリンカーンの定義がある。[49] リヴァイアサンも人民に由来するが、これも同じく「人民のため」と考えられている。国家の創設と国家における権力の設定は、社会契約の理論ではつねに「人民に」発し人民へと向かうものである。したがって、リヴァイアサンも民主的である。あと残っているのは、どうやら「人民による」支配という環一つである。ロックでは事情はそのようであり、それゆえ、民主制の定式総体をすでに彼に適用することもできよう。というのも、多数派は総体なのである、つまり、多数派を総体として妥当させ総体と表象するという契約を締結する人民なのである。ここに、民主制にとっての創設行為、つまり、契約行為を見ることができる。

3・2　ヘロドトスの民主制

さて、ヘロドトスによる西洋で最初の民主制についての考察を思い起こそう。ヘロドトスは、支配と権力に埋没してしまうことを望まない人間の生を目指している。「つまり、私は、支配することも支配されることも望まない。[50]」厳密に言えば、これがポリス組織と理解される民主制をもたらすものなのである。支配問題がある程度解消されているポリス組織と、支配問題が政治的基本問題となってしまった民主制とを区別することで、政治哲学は、政治の本質に関する決定を財の問題に依存させたのである。民主制は、万人に可能な限りの万物を調達してやるべきであり、いずれにせよ貧しい者を豊かにするべきである。民主制は、すべての財に対する支配を戦い取るための万人の支配である。これに対し、ポリス組織は、最善の支配形態として人間に最善の財を取り計らおうとする。ポリス組織では、（労働や技術という）外的な財が（実践や政治という）内的な実際に政治的な財から区別される。こうした分離を実施することが、ポリス組織本来の支配である。標準的な政治的財には、正義や実践が含まれる。それを求めそれを生の糧としている者は、支配することも支配されることも望まないと、まことに語ることができる。[51]

われわれは、ポリス組織のこうした原則にホッブズやロック以降の近代民主制の原則を対置して、次のように定式化することができる。つまり、万物に対する支配を望む者は、自分自身も支配されなければならない、と。ホッブズがわれわれに教えようとしているように、人間は、そのようにして権力に就くのであれば、リヴァイアサンのこうした権力地位に就くのは、まさに権力それ自体のためでなければならない。人間は、そのようにある権力に屈服するのであれば、それは自分のための権力を作り出すためでなければならない。ここに、権力の循環関係を見ることができる。ロックでも、こうした権力問題が少なからず出現する。権力は、多数決原理そしてまた人民自身の中へと織り込まれているのである。ここで問題なのが近代的権力問題でなければ、ヘロドトスをこうした民主制理論の父として引き合いに出すこともできるであろう。

ヘロドトスの第二の有名な原則はこうである。「というのも、多さに全体がある。」こうした意味での民主制は、「すべての議決を総体（plethos）の前に持ち出す。[52]」多さは、全体を代表する。だがすでに述べたように、支配はポリス組織に向けられているのであり、ギリシアの政治理論および政治実践では、このポリス組織には、eunomia、つまり善き秩序、あるいはisonomia、つまり法律の前の平等といった、民主制の基礎であるもっと別の内実ある類似概念があるのである。これは、政治的な財のための支配である。

3・3　権力と代表

近代の権力民主制をこうしたポリス的民主制と較べることは、ほとんど不可能であろう。われわれが権力と政治との区別を導入するのは、まさに前者では理論において、権力が手段であって目的ではない体制を表わすものとしてポリス組織という表題が導入されたからである。われわれが出発点としなければならないのは、近代民主制では権力それ自体のために支配が行われるということである。

なぜ自由かつ平等な人間として支配されなければならないのかという有名な問いに対する解答は、自由と平等は本質的に権力に基づいているという点にある。ホッブズでは、このことはとりわけはっきりとしている。したがって、ホッブズの説は民主制のその後の発展においても全く古臭くはなっていない。民主制問題に関しては、ホッブズにはすでに一種の代表民主制があることに注目すべきである。代表とは、権力が代表されること、つまり、ホッブズではリヴァイアサン、すなわち、自然的人間のために権力を組織する人為的人間において、代表されることに本質があるのである。

人間は代表されるべきである。だが、代表という中途半端な問題にいつまでも引っかかっていないためには、人間は自分の権力を代理させることを意志するのだと、付け加えなければならない。その場合には、まさに代表においては人間の現前に成功していないと見るフランス革命の憤激も考量すべきであり、それについてヘーゲルは、次のような命題を打ち出したのである。「というのも、自己は、代表され表象されているに過ぎない場合には現実的でなく、代理される場合には存在しない[53]」。

ロックでは、多数派は単に権力を代表するのではなく権力なのであって、それは、まさに多数派が単に全体を代表するのではなく全体であるといった意味においてなのであり、われわれは、こうした権力の代表が問題なのだと主張する。われわれは、周知のように、代表民主制という一般的で重要なものとなった概念を別様な意味で用いている[54]。国家権力の行使への人民の参画が、代表という政治的原理と結びつけられ、この原理が国家権力を行使する代表者の選出に効力をもつようになる場合には、こうした代表概念は民主制においてあまりに素気なく扱われるのである。

われわれは、民主制の本質をなしており以下のような順序で歴史的にも発展してきた要因を、簡単に概観してみようと思う。それによって、国民投票的民主制あるいは人民民主制に対置させられる代表民主制の現行概念は、懸案の代表問題に即応しないものであることが明らかとなる。問題なのはいつでも、権力の貫徹である。誰が決定するのか。真理ではなく権威が法律を作る(Quis interpretabitur? Authoritas, non veritas, facit legem)[55]。ホッブズではリヴァイアサンが権威を与えられており、ロックでは全体である多数派が、また、この問題では最も前進しようとするルソーでは、彼が権力と同一視する者、つまり、彼が主権者とする誰もが権威を与えられている。

われわれは、代表において、表象と代理という入り組んだ問題を考慮しなければならない。以下の民主制発展の概略を、われわれは代表の発展と理解する。

(1) 多数派
(2) 権力分立
(3) 法律の支配
(4) 裁判の独立
(5) 基本権
(6) 憲法裁判権

こうした順序で法治国家は発展するのであり、法治国家はさらに立憲国家への発展と見ることもできる。法治国家は、ロックが正当な支配と描いているような多数決原理によって開始された。ロックは、その政府論で、本質的には権力分立論を、また、法律の支配の理論を仕上げたのである。「人間の尊厳と人権」の章を振り返ってみれば、ロックは、基本権の発展に対して間接的なものに留まらない多大な貢献をしているのである。法治国家が基本権に通じている、ないしは、基本権に基づいているということは、おそらくロック以降明らかになったのである。国家は、人間に発していながらますます人間に接近する。このことをわれわれは、われわれの基本法の国家に関連して考えているのであるが、この国家は人間の尊厳の国家、それゆえまた、人間一般の国家と呼ぶことができたのである。

ところで、法治国家を立憲国家へと発展させるまた別の系列も存在するように思われる。われわれがこう言うのは、国家権力は権力一般と同じく憲法体制に依存しているという意味においてである。これが、法治国家の頂点と認められる憲法裁判権へと至る発展の最終段階を証明するものなのである。憲法裁判所

は、「憲法の番人」である。しかし今日では、憲法裁判所だけではなく社会それ自身が「憲法の番人」である。(56)

それゆえ、民主制の発展においてはまた別の点を挙げることができる。われわれがただ確認しておきたいのは、法治国家から立憲的法治国家への発展の系列は、同時に代表の発展でもあるということである。憲法を常に解釈する、つまり、憲法の解釈とともに生き自らの生を送ることで、誰もが憲法の番をするよう指名されているという場合には、各人に権力が完全に存在しているのか、それとも、各人はただ最終的な場合に憲法の番人として通常の範囲を越えて包括的に権力を代表するだけなのか、という困難な問いが生じる。こうした法治国家の歴史の端緒で開始されたものは、今日誰もが憲法の番人としての自己理解をもつということでもって終結したように思われる。誰もが権威を与えられている。それに伴って、元来はただ一人のリヴァイアサンにのみ機会が与えられていた権威が、今やすべての人に可能となったことであろう。だが逆に、またもや新たに真理‐原理を引き合いに出すこともできよう。というのも、解釈は、真理を発見するため、あるいは、少なくとも真理を探求するためにのみ行うのである。その場合には、真理は、思いもかけず再び戻ってくるか、ないしは、民主的に可能となるであろう。

権威から法律が作られるという旧い判決にあっては、権威がこの場合には入り組んだ意味で語られていることを考慮しなければならない。権威を単に権威主義的に考えることはできず、しかも、こうした理解が権威について普通のこととなったのは、実際ずっと後になってからであるが故に、なおさらである。真理とは、法律に関しては、正当な法律の理解が開かれている、結局は誰にも公開されているということを意味するが、これに対して権威では、真理の道が閉ざされていることを意味する。「理性と権力」の章で述べたように、これこそが真理と理性に関する近代の基本的理解なのである。真理が欠如していても、それにもかかわらず、法律は作られなければならないのである。法律が作られるということが権威を必要とする。権威とは、さしあたり産出である。権威は不当に行使されもしない。ホッブズが最低限教えようとしたように、権威は人民の全体から産出されるのである。すべての人は、国家権威を権威づけることで、権威なのである。それゆえ、権威は、いわゆる権威主義的な権力要因に関しても十分に保護されている――少なくとも理論ではそうである。権威は恣意的ではなく、契約に起因するコントロールされた制度である。権威は手続きに基づいている。

手続き(57)は、民主制を規定する概念となった。方法が学問の一部であるように、民主制は手続きを必要としている。方法と手続きの間には、一種の等価関係がある。というのも、手続きは、さしあたりある特定の学問から発展したものとは思われなくとも、それにもかかわらず、それが方法的であるが故に、その方法の流儀で初めから学問的精神の刻印を受けているのである。

民主化は、それゆえ、同時に科学＝学問化でもある。遅くとも、民主化が到達していると思われる最後の時点で、つまり、誰もが解釈を行える時点では、すべてが方法と手続きの上に据えられる。

このことは、法律の支配および裁判官の独立によって強調される。というのも、単に、法律に拘束されていること、また、法律によって規制されている手続きを当てにすることができるということだけでなく、法律を変更する、さしあたりは新しい条項を追加し解釈することができるということは、法律の支配の一部なのである。そして、裁判官はその限りで法律から独立している。民主化と科学化とのこうした相互嵌入を概観すれば、われわれがロックのもとで、政治における学問の、ホッブズと較べてさらに進んだ傾向を見た理由も、おそらく理解されよう。ホッブズは、人間のために権力を望んでいる。だが、多分魂であり、それゆえまた、自らの息吹を最後の臣下になお吹き込む主権者の下に、ホッブズは、人間を臣下として遺している。人間は、リヴァイアサンという権力身体の分肢である。(58) 人間は、その限りで権力に対する相対的な持ち分をもっているが、しかし、決して主権はもっていない。ロックは、彼の時代に人間がより多くの権力をすでに保持しているのに、主権とは語っていないのである。しかしながら、ルソーは、主権に固執しており、主権という語を新たな概念の高みにまで引き上げている。(59) 社会契約は主権者と締結されるのだが、その主権者とは人民であり、それゆえ、各々自身なのである。

4　ルソー

4・1　「道徳的で集合的な身体」

ルソーは、人間が次のような政治的根本問題に直面していると見ている。「『各参加者の人格と財産を共通の力すべてをもって防衛し保護するような、社会化の一形式を見つけることが問題である。そこでは、各人がすべての人と一体化していながら、しかもそれでいて自分自身にしか服従しておらず、それゆえ、以前と同様に自由のままなのである。』これが根本問題であって、社会契約がその解決なのである。(60)」

社会契約において解決されなければならない問題が、二つある。第一は、近代では絶えず現れる生命と財産の安全の問題であるが、第二は、しかし、ルソーによって初めて立てられた次のような新たな問題である。つまり、「私は、自由な国家の市民および主権者の一員として生まれた。(61)」ルソーは、ジュネーヴの市民(citoyen de Geneve)である。ルソーは、市民として書いている。(62) ルソーは、すでにその最初の有名な文化批判の書を、それ以外の肩書をつけずに公刊している。(63) 市民として、また、市民のために書かれるのである。この市民という称号は新たな人間を表わす全体概念であって、それは旧来の人間を市民にしようとするのであり、それと同時に人間は初めて現実に人間となるのである。私人（bourgeois）の市民への止揚が起こる。私人の生命と所有の安全にとっては、結社（Sozietät）の樹立で十分であるが、市民にとってはそれ以上のものが、つまり、社交性（Soziabilität）が必要なのである。

万人と一体化するのは、自由になるためである。社会化（Vergesellschaftung）は、人間の自由に奉仕する。この社会化は、人間の人間化（Humanisierung）の最終段階となるべき社会化（Sozialisierung）なのか。いずれにせよ、ルソーによれば、人は自己を万人に譲渡することで、それによって失った以上のものを受け取るのである。人は、「自分が失うすべてのものの対価を、また、自分がもっているものを保持するより多くの力を[64]」、獲得するのである。

ルソーは、社会契約を一つの定式にまとめようと企て、こうした行為の本質を基本概念に明確に書き留めようとしている。ルソーは行為と言っているが、こうした行為の表出である契約においてその定式化を規定している原行為と言うこともできよう[65]。ルソーにとって問題なのは、人間の原行為、後に契約において詳細に実定化される原行為を指摘することであるのが分かる。

以下に三つの定式化を引用するが、第一のものは、ルソーが『社会契約論』で行っているものであり、それにはまた初稿と、次いで教育小説である『エミール』に異稿がある。「われわれの各々は、共同体に、自己の人格と自分のものであるすべてとを一般意志の最高の指揮の下に置く、そして、われわれは団体として、各成員を全体と不可分の（indivisible）部分として受け取るのである。[66]」初稿「われわれの各々は、自己の意志、自己の財、自己の力、自己の人格を一般意志の指揮の下に共同化し、われわれは団体として、各成員を全体の譲渡できない（inalienable）部分として受け取る。[67]」『エミール』「われわれの各々は、自己の財、自己の人格、自己の全支配権力（puissance）を共同体の下に置く(68)。」

この本源的行為は、一般意志（volonté générale）である。一般意志は社会契約の中心であって、社会はそこに起因しており、人間はそれによって社会的存在となり、自らの自由をそこから汲み出すのである。特殊意志（volonté particulière）は、一般意志へと改造されるか、もしくは、より決定的な意志である一般意志から生じる。ここに根本問題がある。個別存在であり、その個別性が個別意志によって特徴づけられている人間が、どのようにして共同存在、一般意志へと転化するのか。個別意志は、言葉として冗語である。しかし、ルソーが言おうとしていることに注目しなければならない。意志が個別化するのである。したがって、この訳には問題があり、誤訳と考えることさえできる。個別化された意志――このように言うこともできよう。だが、意志においては一般的なるものが問題なのである。したがって、一般意志は、一般化する意志である。

先に引用した契約定式の三つの異稿から、一体性へと駆り立てる要因を簡単に探ってみよう。各人がそれぞれ一般意志を実効的なものとすることで、人格および人格に属するすべてのものが、共同体の指揮の下に入る。第一稿では、人格、および、人格が有するもの、詳しく細分化すれば、意志、財、力が挙げられている。第三の定式化では、生命と人間のそれぞれの全支配権力とが挙げられているが、この支配権力は今や共同体へと取り込まれる。注目に値するのは、第一の定式化では意志が、そして、第三の定式化では支配権力が、明示的に挙げられていることである。

契約定式の後半部で重要なのは、各人が、一般意志の制御によって自らを譲渡できない不可分の成員となす、もしくは、そのようなものとして共同体の懐にいると感じる、という点である。この場合、「不可分の」や「譲渡できない」とは、こうした取り込みを強調するための言葉である。私は、自己のすべてを与え、自己のすべてを受け取るのである。これは、より多くをもたらす交換でさえある。多くを引き渡すが、さらに多くを獲得する交換契約と言うことすらできよう。これはもう人為であり、術策である。人は、自らを身体においてさえ改造する。生命のある単独の身体から、新たな政治的、集合的、道徳的な身体が成立する。

ここで、ルソーは、身体概念を次のような近代的で複雑な意味で使用している。つまり、人間が自己を身体データへと縮減するのは、そうすることで、世界関係すべてに入り込むための出発点、明確簡潔で人間が把握し所有できる出発点を得るためである、と。これは、すでにロックにおいて述べたことであり、ルソーは、ホッブズからロックに連なるこうした系列の上に完全に乗っていると見ることができる。だが他方で、ルソーは、人為的に組織されたという側面に対して、自然的で有機的な側面を強調している。最終的には、どちらの側面もルソーの身体概念にはある。人為的身体に関しては、ルソーをホッブズと結びつけることができ、自然的身体に関しては、アリストテレスと結びつけることができる。

この新たな政治的身体は、一体性、共通の自我、つまり、moi commun、新たな生、新たな意志（一般意志）を表明している。この四つの属性は、ルソーによって挙げられているものである。[69] しかも、これらの要因から生を得ている身体は、ポリス、もしくは、共和国である。

ルソーは、古代のポリス共同体を熱愛しているが、これが今や社会契約において樹立されるのである。ルソーの共和国では、古代のポリスの再興が図られる。ルソーは、すでにその最初の大著である『学問芸術論[70]』において古代ポリスに目を向けていたが、そこでは、ポリスと古代哲学がルソーの文化批判からは除外されていた。それゆえこの場合、ルソーが目指したこうした比較をかなえてやるために、われわれは、この新たな国家身体を、道徳的あるいは集合的身体というよりもむしろ政治的身体と呼ぶこともできようが、こうした名称はすべてルソーに出てきており、ルソーはその間で動揺している。

しかしながら、「道徳的」および「集合的」という肩書の方が多分適切であろうし、あるいは、おそらくそれだけがそもそも適切なものであろう。というのも、ポリスは、究極的には、単に強制を含んでいるというのではなく強制にまさに手をつける、そのような行動に基づいていたのではないのである。というのも、強制は、本来道徳的で集合的な要因であり、自分自身で一般意志への決心をしない者は誰でも、そうした要因によって一般意志へと強制することができ、また、強制しなければならないのである。「したがって、社会契約が空虚な形式とならないために、社会契約は、次のような義務づけ、つまり、一般意志への服従を拒む者は誰でも共同体によって一般意志へと強制されるという義務づけを、暗黙の裡に含んでおり、それだけが他の義務づけに重みを付与することができるのである。これが意味しているのは、彼を自由であるように強制するということに他ならない。(71)」この言明は後続の章にあるのだが、それが「主権者について(72)」という標題を与えられているのは偶然ではない。

4・2 「主権者について」

主権は、自由のためにする自由への支配である。汝自由となるべしが、この社会の命令でありまた固有な根本法則である。したがって、この社会は道徳的であると同時に集合的な身体であるが、それはつまり、この社会が集合性へと呼びかけるものだからである。汝自己を一般意志の下に集中し集合すべし。これはまさに人間の社会、社会状態であって、それによって人間に次のように語ることができるのである、つまり、人間を万物へと駆り立てるかもしれない欲求が人間を自由にするのではなく、万物に対する権利が人間の現実的な権利なのではなく、むしろ、共同して自らに課す法律がそうなのであり、そこにおいて各人は万人と共同して自由を見つけることができるのである、と。「というのも、欲求の衝動だけでは奴隷状態なのであり、自らに定めた法律への服従が自由なのである。[73]」この引用は社会状態についての章にあるが、社会状態とは自己立法の状態なのである。

主権、道徳性、集合性は、この新たな共同の人間的身体の行為である。この身体は、それらによってそもそも身体としてのまとまりを保っているのである。各人がこの身体において不可分で譲渡できないものであるのは、各人が自らを強制しかつまた強制させているからであり、自らを義務づけかつまた義務づけさせているからであり、自らを集合化しようとしておりかつまた集合化させているからである。ルソーは、多くの箇所で道徳的自由について、そしてまた、人間がこうした新たな国家身体において入り込んで行く道徳的平等について語っている。これは、人間が自然的自由と自然的平等を放棄した際の代償、それどころか利益でさえある。「人間が獲得するものは、つまり、社会的自由であり、彼が所有するすべてのものに対する所有権である。[74]」社会的自由は、自己自身に法律を定める自由である。

契約は行為であり、この行為は道徳化し、集合化し、支配することである。支配、主権は、こうした行為における本来的出来事である。主権からの出発と、主権への接近が行われる。当初、われわれは一般意志を人間的基礎と見たのだが、今や、一般意志を主権によって補完する、ないしは、一般意志を主権と一つのものと考えなければならない。この契約行為は意志および支配の事象であり、それには以下のような要因が伴っているが、ただしそれは、究極的にはまさにこうした行為における集約性が問題であるが故に、分析的アプローチの考え方に沿ってのみ分離することができるものである。すなわち、(1)自然的身体の移譲。(2)この移譲の結果である新たな自然的および人為的身体（道徳的ないし集合的身体）。(3)この身体が、一体性、共通の自我体験、新たな現実的生と意志一般、というこれらの新たな要因において体験する活力。

社会契約は共通の意志と主権に基づいていると、われわれは語った。主権は、こうした支配形態を表わす新たな概念である。「社会契約について」、「主権者について」、「社会状態について」という章の順番が、それぞれはっきりと区分しているように、人は契約によって主権に至り、そして、主権によって新たな社会的状態を、つまり、この場合ルソーにとっては、人間の道徳的で集合的な一体的状態を達成するのである。中心には当然に主権があり、この主権はルソーでは他をもって換えることができないものとして主権者（le souverain）と言われており、また、われわれが使っているドイツ語訳では「主権者について（Über das Souverain）」となっている。普通のドイツ語訳では、「国家元首について（Vom Staatsoberhaupt）」となっている。これはたしかに誤訳であり、おそらく典型的にドイツ的な誤訳であろう。たしかに、この訳は身体を、その長を、それどころか首長を指示している。しかし、この独自な主権者の主権は、身体そのものの内にあるのである。主権は、こうした身体の魂、それゆえ、活力である。これを理解することが重要なのである。

ルソーの社会契約の理論は、基本的には、人民主権の理論であり、ルソー自身がそう呼んでいることもあるように[75]、最高形態の権威の理論なのである。ルソーは国家と主権者とを区別しているが[76]、この場合、支配問題における区別を表現することが意図されているのである。ここで、『社会契約論』中の箇所ではなく、初期の百科全書的性格の論文『政治経済論』中の箇所を引用する。というのも、ルソーは、「私が政府と呼ぶ……公的経済」を、「私が主権と呼ぶ最高の権威」と区別しているのだが、「この区別は、後者が立法権をもっており一定の場合には人民身体それ自体に関する決定を行うのに対し、前者は執行権しかもたず個人に関する決定しか行なえない、という点にある[77]。」立法権と行政権との区別、すべてを産出し支配する本来的な権威と、法律に従って執行されそれゆえまさにルソーには公的な家政として「公的な経済」という肩書をつけられる政府との、こうした区別を、ルソーは、ある対比によって明らかにしようとする。その場合、それが「よく行われるが、多くの点で不正確な比較」であることは、ルソーにとって全く自明なのであり、それは「しかし、理解を深めるのに役立つ」のである。それは、身体を具えたイメージである。ここでは単に一つの図だけが問題なのである。

身体は、生きた有機体であり、また、生きた機械でもある。機械的という性格は、とりわけ、身体が明確な部分に互いに分離することができ、その機能を確定することができるという点にある。身体は組織されており、が一つの全体へと合流することで、この機械は、有機的で組織された機械となる。次いですべて機械は有機的である。両者は、流入し合っており、相互の解釈と規定に奉仕している。こうした身体イメージないし機械イメージは、デカルトから一八世紀にかけて発展したような近代的関連の裡に立っている。(78)

身体における頭＝首は、こうした政治では主権であり、また、心臓は経済である。頭は支配し、心臓は全器官に生命を送り出して生命を維持する。身体が手足をもつように、国家身体は市民という手足をもっている。身体と手足、全体と部分は、相互嵌入、結びつきにおいて見られている。こうした結びつきは意志によって成し遂げられる。「それゆえ、国家身体は、一つの意志をもった道徳的存在でもある。(79)」こうした単一の一般意志が、全体および部分の維持と増大を意志するのである。一般意志は、全体に関しては、最初の本源的な権威、すなわち主権であり、部分に関しては、政府あるいは公的な家政である。(80)

私自身のための意志、部分のための意志は、自ずから存在し、自ずと生じ、自然的なものである。全体のための意志は、道徳的なものである。ルソーでは、全体のための意志は、そのようなものとして際立たせられている。それゆえ、道徳的意志とか、道徳的自由、また最後に、こうした意志や自由が内在している道徳的身体について語られるのである。ところで、人間の生において、こうした道徳的意志はいつ始まるのか、また、自然的生から道徳的生への発展は、いつ始まるのか。「生の最初の瞬間から、生に値するよう学ばなければならない[81]」われわれは生を単に与えられているままに受け容れ甘受するのではないということを学ぶのである。われわれは、こうした受動性を越えて能動性へと進まなければならない。その最初の基礎的な、そして、こうした意味でこの先もずっと基礎づけを行いかつそうであり続ける行為が、社会契約なのである。こうした能動性を、ルソーは支配、主権との関連で見ている。

国家身体、共和国においては、人間は、一方では受動的な分肢であり、他方では能動的な分肢である。国家身体は、一方では国家であり、他方では主権である。ここではすでに、受動的要因と能動的要因とが、概念において明らかである。国家、status は措定されたもの、この場合には主権者に基づいて措定されたものである。主権者が何事かを措定した範囲内で、国家は法律を施行し執行することができる。ルソーが「社会契約について」という章でさらに詳しく述べているように、国家には行政部が残る。しかし、決定的なのは、市民を伴った国家身体であり、それらが主権を行使するのである。では、こうした主権は最終的にはどこにあるのか。主権は、支配に、一般意志への強制にあるが、しかし、一般意志は自由への強制である。こうした主権的権威に参画する者が、市民 (citoyen、Staatsbürger) なのである。主権者は、個別に言えば、市民であり、ルソーが厳かに述べている人民主権を具えたものとしては、すべての人を含めての人民である。

主権は、本質的に強制にある。ルソーは義務について、しかも、二重の仕方で語っている。つまり、まず、「個人に対しては主権者の成員として」、そして次に、「主権者に対しては国家の成員として[82]」である。主権者の成員として、つまり、市民として、市民は他の市民と義務づけ合う。こうした義務によって初めて、人間は市民となる。こうした義務があって、私は主権的市民、つまり、簡単に言えば主権者となるのである。こうした義務は、ルソーにとって唯一無比のものである。したがって、この義務を廃棄したり撤回したり無効にしたりすることはできない。この義務は、確固たる無条件のものである。この義務が由来しているのは、いわば、自然的自由の裡では未発達であるが、そこでは道徳的自由へと発展するべく自己自身を制限している、そうした自由そのものの無条件的なるものである。

ここには市民法の意味での二人の個人間の契約があるのではないということを、ルソーは、その義務の確固として破ることのできない性質の理由としている。「誰も自分自身を相手として引き受けた義務には拘束されないという……市民法の原則(83)」は、この場合当てはまらないが、それというのも、それは単に自己自身との取り決めではなく、「人が参画する全体(84)」との取り決めなのである。ここにはそもそも、人間が個人として相並んでいるのではなく、またそれゆえ、身体図式というイメージの中で、分肢あるいは部分として相並んでいるのでもなく、むしろ、身体が部分をもっているのだと言っても、全体の中の部分である、そのような部分が相並んでいるのだということを、われわれは強調しなければならない。私が私自身であるのは、全体の中にあることによってである。ここで全体とは国家身体である。それゆえ結局、それは単に自己自身との契約ではなくて、一つの全体としての自己との契約なのである。人間は、それゆえそもそもの発想において、個別的な視角の中で取り扱われていないのである。たとえばロックで基礎的なものであるこうした視角は破砕される。このことは、すでにルソーが『百科全書』のために書いた初期の論稿で明らかになるのだが、その際とりわけ次のことが強調されなければならない、つまり、その論稿では、主権が論じられないで公的経済あるいは政府が論じられているのだが、主権の視角が常に全論稿を規定しているのである。

4・3　一般意志と公共の福祉

その論稿でルソーは、政府つまり公的経済を樹立する際に従うべき三つの原則を論じている。それは主権の権威に基づいて定められている。ルソーは、首尾一貫して、あらゆる政府を樹立する際に従うべき一般意志の原則から始めている。[85] 二番目の原則はこうである、つまり、「一般意志が満たされるよう汝らが意志するならば、個別意志がすべて一般意志において解消されるよう配慮せよ。」市民的徳はそもそも権威をもった徳なのだが、そうした市民的徳を身につけることで、ルソーは簡潔にこう言うことができる、つまり、「徳をして支配せしめよ」[86] と。明示的に原則とは呼ばれていないが独特の要点と呼ばれている第三の任務として初めて、国家身体はその公民に生計の安全と向上を、つまり、財産の安全と増大をもたらすべきものとされる。ルソーは、これを「政府の第三の主要任務」[87] と呼んでいる。

『社会契約』は、一般意志から生命を得ており、また、一般意志のために生き続けるものである。『政治経済論』は、その第一の任務を、今や別のランクに陥ってしまった人間の財産に置いているのではない。ロックでは、自由と生命の所有が、次いでとりわけ財産の所有が第一順位を占める。ルソーは、まさに「第一の、そして、最も重要な原則」[88] を定式化する際に、人間を通例社会へと結集するよう動かすこうした［自由、生命、財産という］三点セットを指摘していることに、はっきりと注意を喚起している。だが、こうした視角では十分ではない。

自由は旧来の市民定式も追い求めており、この市民定式は自由と私有財産を取り扱っているのであるが、では、人間はどのようにして自由となるのか、実際どのように自由を所有するのか。公共の福祉を創出するのは、一般意志だけである。実際、一般意志は、一般的善をもたらす善なる意志である。ただし、ルソーでは、カントのように自己に安らっておりそれゆえ完全な意志ではなく、むしろ、契約つまり不断に自己を更新し義務づける議決の裡に自己を表わす意志であって、こうした意志が主権を選び取る決心をするのである。そして、これが意味しているのは、この意志が支配し、一般意志を意志しない他のすべての者を一般意志へと強制することができるという仕方で、この意志が存在するということである。それゆえ、一般意志は、この場合には制度となるのに対し、カントでは直観に過ぎないと言い切ることさえできよう。もちろんその際には、人間の本来的な理性的議決も必要であり、少なくとも、人間が、善なる意志に起因する尊敬の感情を自己に対して感得し、そしてまた、他の人間を人間と感得する限り、そうである。

ルソーでは、一般意志は、人間を結び合わせておくことで人間を人間として維持する原動力である。一方で、ポリスにおいて経験される政治的共同体と一致しまた競合しながら、ここでルソーは、それに比肩し得る人間の基本的経験を指摘している。だが他方で、ルソーは、まさに一般意志においては、共通善のもとに留まるのではなく、意志としてさらに先へと進展していく。公共の福祉ないしは共通善について語るのはここではもはや意味をもたないということを、われわれは示そうとしているのである。われわれのテーゼはこうである、つまり、一般意志は共通善と競合する。一般意志は意志であるのだから、善を追求するのではなくてさらに多くを意志するのであり、実践や完了ではなくて構想や進展を意志するのである。ポリス共同体は理性によって結合していた（ホモノイア）のであり、道徳的国家身体や市民は意志によって結合しているのである。理性は到来を追求し、意志は未来を追求する。

これは自由の哲学とも呼ばれ、その創始者は「断然ルソーである」[89]から、ルソーは、ルソーをもって始まりフィヒテとヘーゲルへと連なるような自由の哲学の系列に数えられている。ヘーゲルでは、法＝権利の裡に高度な自由があるのであって、自由が実現されるのである。ポリス共同体に理性の自由を見、近代社会に意志の自由を見る限り、われわれはそれに連携することができる。

こうした新たな哲学の問題は意志にあり、それは一般意志という基礎概念にも現れ出ている。一般意志は統轄原理である。だからまた、一般意志は、従来、国家目的と見られていたり、たとえばロックその他の人々によって典型的な所有理論に取り込まれていたすべてのものを変形するのである。所有はおろそかにされるのではない。逆である。意志は、それまで要求されていた以上の高度な所有へと進んでいく。新たな人間、つまり、自己を全体として意志する限り自己自身に新たな人間性を産出することのできる人間が、達成さるべきである。

こうした新たな人間の生産は、人間の本源的人間性の再生産である。だから、こうした再生産は、元来、再生である。ルソーは、こうした行為の自然性を強調しようとする。ルソーは、その人間および人間の社会契約の理論をもって、人為的行為および人為的契約の理論に近づこうとしているのではない。人間は、自然プラス人為なのである。契約もまたそうである。ここでまたもや問題となっているのは、自然的性向と人為的任務という視角が設定されるが、それらは分離よりもむしろ一体化しているものと見られるという近代的問題である。自然は簡単に走り出さない。目的論は存在しない。目標の構造が予め与えられているのではない。それにもかかわらず、人間は、意志である限り自己自身の自然を産出することができる。ルソーが自然と契約つまり人為との間を行き来しているのは、方法的に大胆な企てである。自然と人為とは方法的な差異である。

4・4　自由と学問

ルソーは、先例を見ない形で学問を批判しているが、それは学問が人間の堕落に貢献したからである。

だが、ルソーは、公理ないし仮説を設定し、それを方法的な推論に計算ずくで投入することで、おそらく先例を見ない学者、つまり、方法学者である。人間は自然により生まれながらに善であるというルソーの有名な確認が、そうである。これについては様々に憶測がなされてきた。それは、歴史的にはフィクションであるけれども、しかし、方法的には事実なのである。

その方法とは、たとえばホッブズのように、自然の内に現存しているものを人為において模倣する分析的手続きではない。学問は、ホッブズでは権力に奉仕しているように、意志に奉仕するのである。ここでは、権力や意志は、単にホッブズあるいはルソーが設定したとされる学問の目的ではなく、むしろ、学問が近代に展開される際にもつ構造なのである。意志の学問は、権力の学問の集約されたものである。意志がすべての事象を規定するのであり、方法もまたそうである。方法とは、自己を学問的に形成する意志に他ならない。ところでこれには、それ自体こうした意志に起因する自然を思い描くということも含まれる。意志は自然をそれだけで成長させ走り出させるだけである。だがまた、意志は、人間を全く当然に自己保存と種の保存へと駆り立てる自然の中に見出される。ホッブズは自己保存に留まっていたが、ルソーは意志の側から把握された自然概念によって決定的な一歩を進めた。自己愛（amour do soi）と並んで、慈悲あるいは同情（pitié）が成長する。[90] こうした自然の情動（passions）は、自己のもとにあろうとする（être soi même）[91] 意志を表明しているが、しかし、他者のもとにあろうとする意志をも含意している。したがって、自然の内にはすでに社交性の基盤が置かれている。人間は社交的動物（animal sociable）なのである。

ルソーは、理性なしに感情だけから自己を聞き分けることのできる、純粋感情、生存の感情（sentiment de l'existence）[92] をもった自然的人間＝自然人を思い描いている。それは、想像上で抽象された人間であって、理性的存在でも社会的存在でもない純粋な自然的存在、つまり、情動と感情とそしてまた最後に自然的形態の意志をもった存在である。ルソーが描いている自然は、意志からしか理解できず、意志のために全力を尽くそうと意志しているものである。それは、意志の純粋図式である。独立した人間(existence indépendante)[93]は、自然により生まれながらに存在する。独立が、こうした人間の自由である。この自由は個別意志の裡にある。

自然的自由から市民的自由を経て道徳的自由に至るという自由図式が、こうした順序での平等定式と同様に、よく用いられる。これもまた意志の純粋な図式なのであって、その際われわれは自由というタイトルを意志という本来的概念で置き換えることができる、つまり、自然的意志から市民的意志を経て道徳的意志に至るという意志図式となる。というのも、意志はこうした自由の本来的な内容なのである。そこで、ルソーは、個人が、自然的自由という個別的独立においてはその個別意志によって規定され、市民的独立[94]においては個別意志と一般意志との相克によって規定されていると見ているが、こうした相克を通じて究極的には共同意志による自由の正当化が果たされるのである。自然的独立が不安定であって、物理的不平等の中では力による支えを必要としていたのだが、そうした自然的独立の後に、安全確実で法＝権利を伴い法律による平等を具えた法的独立が現れる[95]。第三の意志状態において達成されるのはこれまた独立に他ならないのだが、この場合には、個人をではなく全体である個別者を市民として意志する完成された独立、自己自身を意志する独立である。それは、法律へと自己を拘束するという形で自己自身を道徳的‐集合的に規定する独立である。それは自律である。

こうした自由の推移の図式は、理性的とも考えられるような、つまり、それ自身において基礎づけられた経過を表わしている。個別意志と全体意志との相克を通じてある一貫性が保たれている。この自由の経過には方法がある。それは、こうした図式を自らに措定する意志の方法である。この方法の出発点は、ルソーがそこにいて反省のきっかけとしている市民的状態である。市民的状態とは、中間状態、自然的状態と道徳的状態との間で行ったり来たりしている媒介状態である。市民的意志は、自由・生命・財産を意志するが、これらはすでに自然的自由においても意志していたのにそこでは得られなかったものである。そこに介入したのは自己措定の意志であったが、自己措定は今や道徳的自由にとって決定的なものとなる。こうした図式は全体として方法的なものに過ぎないが、しかし、きわめて重要である。政治的徳は、意志、一般意志となった。それと同様に、政治的に善なるものは公共の福祉となったのであり、これは今や一般意志として現象している。意志はすべてのものの裡で自己を確定し、すべてのものと自己を同一化するが、それはつまり、意志がすべてのものを作り変えるということである。意志は、理性から意志への革命を成し遂げようとするのであれば、おそらくそうせざるをえないのである。

そこで、理性的動物は、意志的存在へと考え直されなければならない。意志は、まず自然の裡に顕出する。人間は、自然から善なるものを追求するのではなく、人間自身が自然により生まれながらに善なるものなのである。[96] しかし、それは意志の善なるものである。したがって、自然は、ある目標に固定された追求構造ではなく、すべてのものがなお開かれている状態である。自然によれば、つまり、性向においては、すべてのものがなお可能なのである。こうした意味で自然によってすべてのものが善である、つまり、すべてのものが意志に適合する形で可能であるが故に、自然はつねになお、つまり、繰り返し可能となる。自然は、誕生と死との緊張を措定するのではなく、むしろ、一つの過程の中での再生なのである。自然は、確定された状態ではなく、自由なのである。それゆえ、自然の中から歴史が作られるのである。こうしたことはすべて意志の上に立つ思惟に起因しており、この思惟が自然と歴史に関するこうした知識を確定するのである。今かつここでは、少なくとも方法的に一つの状況、つまり、市民的状況は、前方へも後方へもよりよい状況への跳躍を手に入れるために不都合なものにされる。それは、後方へ向かっては自然への、前方へ向かっては道徳性への投機＝思弁である。自然も道徳性も、単に方法的仮説として想定された意志の両極である。意志は、自然の中で善なるもの、慈悲等々について語ることで、道徳性をすでに自然そのものの中へと詰め込まなければならない。道徳性は、自然の図式に応じて成長させるためには、自然的なものとされねばならない。だがまた逆に、道徳性は、人間の直接の意志行為によって始動させるためには、歴史的なものともされねばならない。それは、意志の自然ならびに意志の歴史である。この場合、意志の視座は広範囲に及ぶため、意志は自らに無の極を設定することでそもそも初めて万物を対置することができる。人間は、徹底して個別化されることで集合化されるのである。ルソーがこうした極端を設定しているのは、意志の全体性を達成するためである。

人間は善である、それはつまり、意志が善なのである。だが、こうした善良さは、人間が万物を改善することができるということ、まさに当時の市民社会を道徳的社会へと改良することができるという点にある。その場合、自然により生まれつき善であるということの意味は、いつでもわれわれが意志するならば万物がさらに善きものとなりうるということでもある。だが、意志は、すべての人間を意志の全体性へと取り込む揺るぎない方法である。幾人かでは不十分であり、多数派でも不十分なのである。全体性を措いては不十分なのであって、それゆえ、こうした国家身体は全体主義的なのである。人間は、一つの行為、つまり、社会契約へと全面的に没入するのである。

4・5　全体主義的意志

ホッブズやロックにおける社会契約を振り返りつつ、今度はこの契約の形式的構造を考察することにする。この契約には二つの立場があり、二つの当事者がいる。それらは同等であることも、そうでないこともありうる。同等である場合には、いわゆる社会契約が問題であり、そうでない場合には、服従契約が問題となろう。ホッブズでは服従契約が問題であり、ロックでは社会契約が問題であるが、ルソーをこれらの種類の契約と比較できるのかどうかという問いは未解決であると、よく主張される。中世では社会契約と支配契約という二つのものに区分されていたことも知られている。ルソーにとっては、ただ一つの契約(première convention)しか存在せず、ルソーはそれを社会契約と呼んでいる。

ホッブズでは、人間相互の契約ではなくて人間と第三者との契約が問題であるが、ロックでは、多数決原理へと一致している人間相互の契約が問題である。しかしながら、ロックでも、人間が多数派に服従する点で、一種の服従が存在する。ルソーでは、服従は決定的な役割を演じている。一方で、人間の間でつねにすでに締結された契約から出発することができるが、しかし他方では、人間は、社会へのこうした原意志を契約に従ってさらに拡大強化し、一切を摑み取ろうとし、契約を全体化する。さしあたりある基礎から出発するように見える契約は、各人へとフィードバックされ、次いで、各人に上から覆いかぶさる。社会への意志は、社会の意志の支配となる。意志が主権となる。主権者は、全体的行為、つまり、すべての領域ですべてを摑み取る、一般意志に向かう社会契約という行為を、全体主義的行為とする。ルソーでは、単になんらかの形態の服従があるのではなく服従問題が決定的な形で姿を現しているのが分かる。

私が主権者なのだが、しかもそれにもかかわらず、主権者は別なる第三のものである。私は、あたかも自己存在と他者存在との矛盾のようなこうした一体性に入り込むのである。主権者は、はたしてリヴァイアサンのように疎遠で第三者的なものなのか。ホッブズのリヴァイアサンをルソーの主権者と較べてみよう。リヴァイアサンは、私に対峙する他者身体であり、機械－身体－国家である。主権者では、私はそもそも私自身の身体、つまり、政治に到達するのである。リヴァイアサンでは、私は人為的身体を有するが、主権者では自然的身体を有するのである。リヴァイアサンでは、人間は第三者と契約を締結するが、主権者では自己自身と契約を締結するのであり、リヴァイアサンでは外部へ向かっての服従が問題であるのに、主権者では私自身に発する服従が、それゆえおそらく内部に向かう服従が問題なのである。注目に値するこうした契約関係、つまり、第一に契約は自己自身と締結されるのであり、第二に服従は私自身に発するものである、つまり、この契約は自己服従契約であるということが、ルソーにはあるのである。

契約は、二つの部分あるいは二人の当事者間でしか締結できない。自己自身との契約はどのようにして締結できるのか。人間が自己を二人の当事者に分け、次いでそれを再び結びつけることによってである。意志は、個別意志と全体意志とに分化する。だが、個別意志は、自己自身の裡に共同意志への基礎をもっていなければならず、共同意志のための媒体となることができなければならない。ここには部分を分析的ならびに綜合的に構成するということが明らかに見られるがゆえに、先にはただホッブズのところで取り上げたままとなっていた分析的な学問概念を、ルソーに適用することもできよう。

自然も人為もともに、人間において示されていた。だが、自然はいつでも自己自身から自ずと成長するものなのであって、人間はその一部として含まれており、しかも、それは人間において模範的な形で示されているが、しかし、人間はその中に埋め込まれている、そうしたものであった。自然は、人間を越えて進む。純粋に形式的に言えば、自然は人間より大きく、人間の超越の一形式である。人為についても同様である。人為は多分人間に発するのであり、人間は人為をもって何かを製造する。だが、こうした製造はこれまた人間から離れ、同じく人間を上回る独自な領域を形成するのであって、その結果、この場合にも人為における超越について語ることができる。自然と人為は人間において交差するが、しかし、人間の中に入り込み人間に解消されることは決してない。自然と人為には、自己自身で存続し成就していくそれぞれ独自な領域があるのである。ところで、ルソーは、これをすべて人間の裡に取り込もうとするのである。人間は、自然と人為の単なる実例、単なる生産物ではなく、むしろ生産者そのものである。人間において、自然ならびに人為それ自体の生産が成就されるのである。自然と人為は、外部にあるものではなくて、人間において重なり合い、人間において完全に実現されるのである。人間は、自然ならびに人為の生産物である。だが、人間は、すべてのもの、つまり、世界を生産するという点で、自然ならびに人為の生産でもある。

ルソーは、おそらく彼以前のどの思想家もやらなかった形で、人間に関心を集中している。ルソーは人間について語ろうとする。第二の論稿である『人間不平等起源論』の冒頭文は有名なものとして知られているが、それはルソーの全著作のスローガンと見なすことができる。「私が語らなければならないのは、人間についてである。」[97] この発想は、その徹底性において、マキアヴェリの有名な言葉に比較することができるが、マキアヴェリは、国家、しかもただ国家についてのみ語らなければならないと言ったのである。[98] ルソーは人間について語ろうとし、しかも、それと同時に、また場合によってはさらに多く、国家について語っているが、その国家はまさに、人間が今やその道徳的および集合的身体における自己であると主張しているものである。マキアヴェリの国家、つまり、君主は、人間を規定する。本書の第一章を振り返ってみることにしよう。すでにそこではっきりしていることだが、人間は力というこうした唯一根底的な人間的徳の上に自己を据えているのだが、この徳がルソーでは意志という根底的な徳に収斂しているのである。これは、人間が自然および人為を自己のもとに収斂させ、自然の誕生行為および人為の産出行為を自己自身の裡で永続的に遂行しようという、本来的な契約である。

ルソーには、服従契約としての自己契約を構想させる二つの原則あるいは方法的公理がある。それは自己自身に対して定めた法律への拘束である。それは、この場合、自律である。こうした人為を自然によって生まれつき自在にできない者は、人為によってこうした自然へと強制されなければならない。そこで、主権者という第二の原則が現れる、つまり、共同体が共同意志という自由へと強制するのである。それは、自律の主権、換言すれば、自己服従としての自己規定である。ここには、相互に条件づけ合う関係がある。自ら自己に服従する者は、また、自己を自ら規定することができる。だが、自己を自ら規定しようとする者は、また、自ら自己に服従しなければならない。全体的自律への全体主義的自己服従——これが社会契約なのである。

それを全体的民主主義というふうに語ることもできる、つまり、各人は自己を全体と規定することですべてを規定するのである。だがその場合には、フィードバックによって全体がこれまた各人を規定するという点で、こうした人民主権は、単に全体的民主主義ではなくて、全体主義的民主主義なのである。民主主義的全体主義と言う方がましであろう。というのも、こうした民主化では徹底した民主主義となるのだが、それは全体主義化と結びついてしか達成されないからである。

この問題は次のように述べることもできる、つまり、こうした契約は一種の自律的な契約、あるいは、自己自身を措定する契約なのである。したがって、それは契約そのものといったごときものである。各々の人間は一つの自己であり、この自己はこれまた全体である。これら双方の当事者が契約において互いに相対するのである。私は双方の当事者であり、私が全体を作り、また、全体が私を作る。ルソーは、人間がこうした全体的な循環に綴じ込まれていると見ている。

ルソーは、人間に人間国家を与えようとする。ルソーは自ら、自己を市民および主権の成員と見ている。しかも、ルソーは、人間と法律を「あるがままに、また、……ありうるがままに[99]」捉えることで、その社会契約の理論を始めている。その理論をルソーは、市民宗教を導入することで結んでいる。自分に可能であるがままにあろうとして、自己自身の上に立とうとする人間が、宗教、つまり、神的な契機を必要とするのは明らかである。その著作の中頃の立法者についての章で、ルソーは、立法者であるというこうした超人間的な任務にすでに目を向け、立法者を一種の神的人間の位へと高めている。いずれにせよ、宗教が利用されるのであり、ルソーは、立法者についての章の結び[100]で宗教に政治の「道具」を見ている。社会契約は宗教を利用するのであり、社会契約は宗教との協約となる。すでにホッブズは、宗教と国家とを「一体化して、国家も政府もこの先善き状態であるために欠くことのできない政治的一体性へと、すべてを連れ戻[101]」そうとしていた。ルソーは、この点では例外的にホッブズに完全に同意している。だが、この善き状態が達成されるのは、ただ、国家自らが宗教へと高められ、国家が「純粋に市民的な信仰告白を〔与え〕」、その信仰箇条を定めるのは主権者に属し、しかも、それは宗教の教義としてではなく、それなくしては善き市民たることも忠実な臣下たることも不可能である共同体感情としてである[102]」、そうした場合だけである。

国家は宗教の荘厳さを身にまとう。実際に共同生活をするには、宗教が必要である。生存の感情は、今や道徳的状態においては、信仰の感情となった。私は社会を信仰し、社会は私に私の市民的信仰を与えてくれるのである。これが社会の主権である。「だが、教会の外に救いなしとあえて言う者は誰でも、国家から追放すべきである。」社会契約は威嚇をもって終わる。

国家の全体主義的契機は、国家が自らを宗教、つまり、新たな神格と宣言することで、際立つ。立法者、主権者、国家は、今や旧来の神々に並ぶ新たな神ではなく、むしろ、一方では神的なるもののごとくであるが、しかし他方では、究極的に人間にとって、人間が信仰しなければならない唯一神的なるものなのである。社会契約の内部での生活という主要事の中では、旧来の神々は枝葉末節となった。国家は自らを神と宣言する。こうした国家の体制の善なる点は、国家が市民宗教として現れる点である。それゆえ、人間にとって最善の体制は、法律をただ定めるのではなくて、法律を宗教の教義として定める体制である。(103) 宗教的契機にただ国家のための手段、奉仕だけを見るか、それとも、究極的に国家の主要目標を見るかは、二次的な重要性しかもたない。決定的なのは、国家が宗教へのこうした跳躍を行うということ、共同意志へと向かうこうした行為が信仰の行為であるということである。この場合には、宗教もまた、契約によりかつ契約のために作られたもの、それゆえ、人間が作ったものとなる。宗教は国家の全体主義的な槍の穂先となるのであり、この穂先は、駆り立てたり場合によっては抹殺したりするために、国家身体の最後の分肢に至るまで絶えず突き通すことができる。国家の全体性は、宗教において完全に仕上げられている、つまり、国家の外には何も残っておらず、すべてが国家の中にあるのである。国家は、各々の分肢を織り合わせ、各分肢に自己感情および共同感情を与える。本来の自己感情とは国家感情である。

ルソーは、人間の経験と自己経験のすべての領域に心を砕いている。自然と人為、政治と宗教、人間と国家——すべてが溶け合い、作用し合っている。すべてが、まさに自然として、善なるものとして、意志として現れるべきであるという点で、操作され作られる。意志それ自体が、おそらく作られたものそのものなのである。

ルソーが人間を問題にするのは、実際、人間が一方で自己を世界の全体的製作者とするのか、あるいは、全体主義的な製作物そのものとされるのか、という意味においてである。それは人間の制作可能性［操作可能性］の哲学であり、この制作可能性がまた自由をも作るのである。自律は、作られた自由であることが示される。というのも、こうした自律的人間は、契約によって初めて成立した人間なのである。ここでは、自然、国家、宗教を問わず、作るということがすべてである。製作物として再び投入することができるのは、製作物である。たとえば、宗教は、人間を市民にするのに投入されるのである。

ルソーは、人間を全体意志としての意志の上に立てることで、近代以降の国家の人為理論すべてから離れようとしたが、しかし、おそらく先例を見ない形で作るということの葛藤に巻き込まれたのである。何もないところでは、すべてをこれから作らなければならない。人間は自然により生まれながらに善である、これがルソーでは、人間はさしあたり無であるが、しかしその後はすべてになることができる、という意味である。かつて善であったよりもさらに善となることができる。人間はさらに人間となることができる。すべてがなお可能であるが故に、人間は全体的人間なのである。だが、人間はそれを契約によってなさねばならない。ここから、人間は全体主義的人間となる。社会契約は、同時に自然および宗教との契約である。それは全体的にして全体主義的な契約である。

5　ヘーゲルの人倫国家

5・1　ルソー批判

ルソーが「意志を国家の原理として打ち立て」たことは、ヘーゲルの意に叶っている。[104] それゆえ、国家形成は、たとえば「社会衝動」のような自然事象に委ねられることはなく、また、「神的権威」のような超自然的審級に委ねられることもない。[105] しかし、ルソーが、相も変わらず過度に意志を人間に特殊なるものに結びつけていて、理性との新たな関連の裡へと置き入れていなかった点は、ヘーゲルの意には叶っていない。ヘーゲルがルソーの意志把握を批判するのは、ルソーが意志を個別意志と共通意志とに分け、しかもその際、次のような問題に引っ掛かっているからである。つまりそれは、まず個別的人間にそれぞれの個別意志が自然によって生まれつきにのみ顕現し、次いでこうした意志が、それが個別的人間にとって世界内でどのような帰結をもたらすかを自覚することで、こうした意識を通じて共同的なるものへと高まり、しかもそれでいて自己に変転する、という問題である。意志は、人間の最内奥に発するとはいえ、外的な橋を必要とする。ヘーゲルは、ここに意志と理性との分裂、換言すれば、個別的なるものおよび共同的なるものにあってはつねに単なる気分に過ぎず、理性の裡で具体化されない、つまり、文字どおり理性と一体化していない、そのような意志と理性との分裂を見ているのである。

ヘーゲルは、理性と意志とを同一のものと措く。そもそも意志を人間の意志と語ることが、誤った不当な言い掛かりなのである。ヘーゲルは、人間の意志と神の理性とのこうした区別の彼方で思惟しており、単に理性と意志を人間において無理やり結びつけようとするのではなく、人間と神、意志と理性との懸隔は自己自身に発しかつ自己自身に収斂する実在であると考えている。国家を個々人の意志行為に委ねるのであれば、ヘーゲルにとって、そもそも国家は、人間が生活を遂行するうえで人間を拘束し、かくして人間を支えるような実在ではないであろう。というのも、その場合には、人間が国家へと向かう議決を行うかどうか、そして、私は私により多くのものを意志する、私は個別者として普遍的なるものを意志すると言うかどうか、こうしたことが問題となってくるであろう。こうした課題はつねにすでに個別者を越えており、個別者はそうした課題で挫折するであろうから、個別者にはそうしたことはできないであろう。それゆえ、個別者は、内的意志にもかかわらず、外的契約を必要としている。だから、ルソーでは、国家はただ内的にのみ考えられるのである。

　逆に、現象、窮乏というその「外面性」における国家を「国家の実体」と考えるのであれば、ヘーゲルはそれを批判する。「認識の原理をなすのは、ここでも同じく個人の個別性であるが、それはしかしながら、こうした個別性の思想では決してなく、逆に、強弱、貧富、等々といった彼らの偶然的な属性の観点からする経験的個別性なのである。」その場合には、ヘーゲルにとって、「国家における即自かつ対自的に無限で理性的なるものが……看過……」され、「客観的意志は、それが個別者によって認識され個別者の恣意によって意志されるかどうかにかかわらず、その概念において即自的に理性的なるものである」という「基本概念[106]」が見逃されるのである。人間は意志によって国家に至るのではなく、外的な国家形態が現実的国家なのでもない。ヘーゲルの思惟は、どのような仕方であれ外的に形成された国家というものから遠いように、内面から出て来る制作可能性からも隔たっている。

5・2 契約と人倫

「国家は、社会を単に法的関係の下で把握するだけでなく、……（各人が他者の裡に自己の一般性を精神の形で直観し認識することで）人倫、陶冶、一般的な思惟および行為様式における一体性を……媒介する……。国家は、一人と万人および万人と一人、あるいは、個別者と政府相互の明示的な契約に基づくものではなく、また、全体の一般意志は、個別者たちの意を表す意志ではなくて、個別者たちにとって即自かつ対自的に拘束的である絶対的に一般的な意志なのである。[107]」ヘーゲルは、契約を国家の基礎としては不十分なものとして退ける。国家は、それゆえまた、単に、外的な財、関係、自立を規制する法治国家でもない。国家が媒介するのは、外的でも内的でもない、個別化するのでも一般化するのでもない、別の自立、人倫的自立である。[108] このことを理解してもらうためには、さしあたり、家族における比較的小さな構成の人倫が役に立つであろう。

「婚姻とは両性の人格の結合であるが、それは本質において、単に自然的で動物的な一体化でも単なる民事契約でもなく、相互に愛情と信頼をもった心情の道徳的な一体化であって、これが両者を一つの人格にするのである。[109]」人間は、人倫的‐婚姻的人格となる。家族は共通の財産、資産をもつ。[110] 資産は単なる財産ではない。というのも、財産は個別性によって、また、個別性に即して規定されるからである。家族の財産に関して、あるいは、ヘーゲルが区別のために用いる言い方では、資産に関して、法的関係は、人倫という法＝権利のより広くまたより高い意味においてのみ語ることができる。だが、まさに法＝権利が外的で作られた（主に契約として目に見える）関係を表わしている限り、ここには原理的な困難がある。資産は共通のものである。資産は人倫を分かちもっている。資産とは座であって、それは狭い意味でも広い意味でも住所として歴然と現れている。座は、家族の一部、たとえば子供のために、すっかり分けてしまうということはできない。それは無法な侵害であろう。ヘーゲルによれば、たとえば資産を財産に、つまり、人倫を個体性に解消しようとする人々の間での法的紛争に際して、資産をすっかり分けてしまうことは難しい。

人倫は拘束するものであって、そうした解消は最初からそれに逆らっているのであり、また、人間の側から恣意的に人倫をさっさと断ち切ることは決してできない。人倫は、個体性に対して、人間生活の別のより深い原理である。人間生活は個体性を目標とするが、それと同時にしかもさらに一層、共通性をも目標とする。こうした共通性は、むしろ、生が生育する基盤である。個体性とその法＝権利は、生が共通性から個別性へと退避している抽象的な生活関係である。

5・3　人倫と主体性

ヘーゲルは、ポリス的共同体と市民社会という歴史の中で形成された二つの国家形態を振り返りつつ思惟している。ヘーゲルには、ポリス的共同体が人倫のモデルである。ポリス的共同体では、ポリス的なるもののエトスがエートス、つまり、滞留、ポリスにおける座から万人に生じる。市民社会は、そもそも滞留と理解するのが難しい。市民社会には、不断の取得という静止のない状態、それゆえ、滞留ではなく運動が支配している。人間は、実践ではなく労働と技術において生活している。

市民社会は国家を個体性の手段として必要とするが、この個体性の本質は、自由・生命・財産の所有者であるという点にあり、それらにおいて「個体性の自立性」[11]が達成されるのである。「近代国家の原理はこうした途方もない強さと深さをもっており、主体性の原理を人格的特殊性という自立的な極点にまで完成させると同時に、それを実体的な一体性へと連れ戻し、かくして、主体性の原理そのものにおいて実体的一体性を維持するのである。[112]」

ヘーゲルは、市民社会という国家の内部でその国家概念に着手し、それを越えて展開している。国家の任務は、主体性をそのものとして現出させる点にある。こうした近代国家の、あるいはヘーゲルがまた言うように、新たな国家の原理は、近代を通じてつねにすでに支配している[113]。もちろん、市民社会は、国家が依然として十分に人倫の基盤の上に立っていないと考えているが、国家はそうした基盤から分節・組織し、その後で、実際に主体性の原理の真意を汲み取り人間にとっての新たな実体性として完全に経験することができるのである。個体性、人格的特殊性は、主体性の自立的な極点に過ぎないが、ヘーゲルならばその基本用語の一つを用いてそれを分裂と言うこともできよう、つまり、主体性と実体性との分裂、あるいは、特殊的なるものと一般的なるものとの分裂である。問題は、主体性が特殊的なるものも一般的なるものも包括しており、そのことによって初めて人間の新たな真の実体性であることが示されるということである。ヘーゲルによれば、国家の問題は、人間を市民社会の末端へと解消し、次いで人為的に再度、まさに社会契約を通じて、一つの全体へと結びつけるという点にあるのではなく、主体性が、自分がその末端においてどれほどまで行くことができるのか、また、行けないのかを、自分自身のために知るという点にあるのである。主体性は、実体性を取り返す場合、つまり、自己を単に実体に対抗させるのではなく、むしろ主体性から出て「主体性の原理そのものにおいて一体性を」維持する場合に初めて、人間にとっての自由の意識の進歩における一層深い原理であることが明らかとなる。近代国家の「強さ」は、個別者を私的権利というこうした自立的な極点の法＝権利をもった私的人格へと高め、しかも、主体性の原理の「深さ」をこの点で終わらせずに、主体性においてさらに歩を進めて、主体性をまずはそもそも原理として、つまり、特殊的なるものに対する権利と並んで一般的なるものに対する義務をもたらす原理として示す、という点にある。それゆえ、主体性は実体性を、つまり、一体性への新たな拘束を生産するが、これは特殊化の極点ではとりわけ困難なことである。だが、主体性は、そもそもこうした実体性をもたらすことで初めて、主体性、つまり、主体性の実際に一層深い原理なのである。

ヘーゲルは、近代国家を、単純に人間の目的‐手段‐生産と把握するのではなく、主体性の原理から把握するという困難な問題に直面している。もちろん、ヘーゲルの主体性の原理にも、生産性あるいは制作可能性の原理を推測しなければならない。ただしその場合には、世界のおよそすべてのものと同じく、人間はこうした原理から生まれたか、ないしは、この原理がすべてのものに貫徹していることになろう。人間は、作るということの単にこれやあれやの可能性を、それゆえ、いわば制作可能性を手中にしているのではなく、逆に人間が制作可能性の手中にあることになろう。このことは、国家に関しては、人間が国家を作ることはできないが、国家をもそしてまさに国家を産出することは主体性の原理の一部であろう、ということを意味するであろう。ヘーゲルは契約国家の理念を批判しているが、それは人間の制作可能性に服しているとはいえ、さらに高い水準の制作可能性に到達するためでしかないのである。

5・4　国家の制作可能性

(1)「国家が存在するのは、世界における神の歩みである。」

(2)「国家の理念に際しては、特殊的国家を思い浮かべてはならず……むしろその理念、この現実的な神を、それだけで考察しなければならない。[114]」

私はここに、ヘーゲルの国家哲学を整序できる二つの指導原理を見る。

一 〈国家は人間によって作られたのではなく、神の天地創造の一部である〉という点について。通例ヘーゲルが非難されている国家の神格化は、全く問題ではない。ヘーゲルがその著作で繰り返し神の国家について語っている場合、それは、これら二つの指導原理において国家哲学の課題として取り上げられていることの簡略化された定式なのである。ここで理解しなければならないのは、「国家は……現前する精神、自己を現実的形態および一つの世界の組織へと展開する精神としての神的意志[115]」であるということである。ここでもまた、国家が単純に人間の意志から生ずるのではないということ、それゆえ、国家は社会契約におけるように人間の意志行為ではないということを、再び考慮しなければならない。

世界における神の歩みは、ヘーゲルにとっては歴史であり、歴史は、まず宗教しかも本質的にはキリスト教において史上初めて、世界とその人間が主体性および人倫の原理から成っているという経験をする。主体性および人倫という原理は、人間を越えたものを指し示している。それは人間の基盤であって、人間はその上でまたそこを出発点として、人間として世界の中で発展するのである。主体性も人倫も人間は自らつくることはできない。それらは、人間を越えまた人間を支える原理である。だから、人倫も「神的」なのである。「人倫は、一つの民族およびその民族の個人として現実的に現在している、そうした自己意識に内在するものとしての神的精神である[116]。」

人間は人倫の中で結びつけられている、言い換えれば、人間は人間であることにおいて分立主義（Partikularismus）と多元主義（Pluralismus）とに引き裂かれている。人倫は人間を結びつけるこうした力なのであって、それは人間の裡に住まっていなければならない、というのも、人間はそもそも人倫において自らの滞留、自らの存在を受け取るからである。ヘーゲルは、人倫の構造、あるいは古代の政治理論で挙げられたようなエートスのこうした構造の回りを、一貫して回っている。ヘーゲルはこうした人倫の歴史的で大まかな軌跡を探求しているが、それはまずギリシアのポリスとその政治的共同体において、次いでこれまた原始キリスト教団において出現したのである。ところで、ヘーゲル自身が行っているように、この両者を比較検討して、主体性および人倫のこれら双方の源泉を、つまり、キリスト教（宗教）とギリシア精神（哲学）を、歴史に対する寄与という点で事細かに区分することもできよう。ヘーゲルでは、両者は互いに混淆している。ヘーゲルは、たとえば、キリスト教信仰の経験に属するものとしている主体性の原理が、とりわけソクラテスにおいて世界史一般の要となるとしている場合には[117]、古代をキリスト教化しているのだと主張するのであれば、これ以上の洞察もまた得られない。ヘーゲルは、キリスト教についてはまた逆に、この宗教を国家へと止揚せんとする態度に出ていたのである。これはすべて当たっているかもしれない。とはいえここで問題なのは、ただ、ヘーゲルが主体性の問題と人倫の問題をどのような視角で設定しているのか、そして、この二つの原理が究極的には一つの基本原理として受け容れられなければならない、ということだけである。人間はこれらの原理によって生きているのであり、それらは人間本来の生活原理なのである。

ポリス共同体とキリスト教団は、主体性と人倫という原理の最初の史的段階である。ヘーゲルは歴史をこれらの原理の展開と見ているが、その際、主体性はある程度一面的に押し出てくる。近代の市民社会も、良心の主体性の上に立つ改革派のキリスト教団も、こうした問題に直面している。市民的な刻印をもった主体性においても、キリスト教的な刻印をもった主体性においても、人倫は縮減される。市民社会の近代国家も、改革派教会の近代宗教も、人間を「人格的特殊性という自立的な極点にまで完成させ」た。自由の意識におけるこうした発展は同時に新たな人倫へと再び結びつけられているのであって、だからこそそうした人倫の中で近代国家における主体性の原理が最終的に効果を発揮すると見るのであれば、ヘーゲルは、歴史的に存在しているかあるいは社会契約によって表象された国家を越えている。それは、おそらく今始まったばかりの、だがいずれにせようやく懸案となったばかりの国家に対する見通しである。

二 〈哲学には国家の理念がなければならない〉という点について。ここで理念というのは、あるイメージが誰かに思い浮かぶということ、あるいは、あるイメージを鮮やかに心に描くとかスケッチするとか、つまり、究極的に人間の側から構想することができるとか、そうすべきであるということではない。国家は、制作可能性の能力（Können）でも、われわれがともかくまがりなりにも模倣すべきつねにすでに前もって模範的に作られているものの当為（Sollen）でもない。後者は、規則原理あるいは当為原理としての理念であろう。こうしたものすべてをヘーゲルは退けている。理念とは、本来的なるもの、現実的なるものである。つまり、国家の理念は、歴史的現実の中に存在する国家、まさにヘーゲルが市民社会の国家に見出している国家以上に現実的なのである。

ヘーゲルは、こうした理念の基盤、したがってまた彼の考えでは、現実的国家の基盤の上に立っているがゆえに、そもそも、市民社会の国家を批判し、さらにはそれから国家という肩書を剝奪することさえできる。この理念、「こうした現実的な神」はそれだけで考察しなければならない。これは、理念を人間世界の現実から切り離してそれだけで取り扱うべきだという意味ではない。その逆であって、理念は、そもそも現実的なるものすべての現実性である。理念とその現実性の問題は、同一の水準で立てるべきであって、第一の指導原理では、国家が神の歩みと語られているのである。国家は理念と、そして、理念は神的なるもの、現実的な神と把握すべきである。これは、哲学的営為一般の第一のしかも決定的な成果である。

歴史的現実に対して国家の理念が打ち立てられるのではなく、むしろ、現実の中で与えられているものの全体との関連が確立されるのである。理念があるからこそ、思惟は存在するのである。国家の理念があるからこそ、国家形象という歴史的に実現されたものがともかくも存在するのである。理念が前もって与えられているからこそ、ヘーゲルは、現在の国家は崩壊している、それはもはや存在しないと言うことができるのである。「全体は崩壊している、国家はもはや存在しない[118]」、ヘーゲルは、国家についてのおそらく最も初期の考察である一八〇二年のいわゆる『ドイツ憲法論』の中で、このように記している。「ドイツはもはや国家ではない[119]。」ヘーゲルがこうした構えを執りそのように言うことができるのは、彼が哲学者として理念に基づいて国家を把握しているからに他ならない。ヘーゲルは、ドイツの状態が、個々の領邦へと分立しそしてまた多様な市民生活へと特殊化することで堕落してしまっており、そもそもこの国では国家についての概念的理解を得ることがもはやできないと見ている。国家を一体どのように概念的に理解すべきかという論争は、法律家の間でも、存在すらしないのであり、ヘーゲルはこう要約している。「もはや概念把握できないものは、もはや存在しない[120]。」それゆえ、ヘーゲルから見れば、物事が実現される最初のしかも本質的な段階が欠如しているのである、つまり、ある物事について概念的理解をもつこと、その物事は自分についての概念的理解を可能ならしめるというこうした現実性を表わしていること、こうしたことが欠如しているのである。各人はおそらく自分についての概念的理解を得んとするが、それはしかし、こうした大それた行為が不可能なことを証明するだけである。というのも、概念は物事の本性＝自然を目標とするのであり、これは国家においては人倫という紐帯である。こうした人間的な結びつきは崩壊しているのである。国家は、しかし、人倫との関連でのみ概念把握することができる。人倫は、人間が人為的に製作し、万一破壊された場合には再度巧みに修復できるというものでは、決してない。国家の存亡は、人倫しだいである。国家が現実的であるのは、人倫が一つの現実である場合だけである。ただし、人倫が現実的であるのは、それが理念である限りのことである。このような問題設定から出発して、ヘーゲルは、その『法哲学』の内部で国家に関する章を次の言葉で始めている。「国家は人倫的理念の現実性である。[121]」

5・5　国家と自由

われわれはニーチェから、現実の内に理性を見るという示唆を受けた。それは、さしあたり、君主および国家という実在、あるいは、君主における理性および国家理性であった。今やヘーゲルをもとに、理性は、彼が精神の「完成された実在」と呼ぶ[122]国家の中にも同様にあると、主張することができる。だがもっと詳しく見ると、理性はそこでは自由の中に現れる。それは、国家という人倫的な全体の中で具体化される自由である。国家が人倫的な全体であるのは、国家が単に狭義の国家生活を包括しており、「法＝権利、財産、人倫、政府、憲法、等々を……一般的な仕方で規定している[123]」からではなく、「芸術、習俗、快適な生活設備」という自由の「別の具体的な側面[124]」を規定しているからである。だからこそ、ヘーゲルはこう言うことができるのである、つまり、「人間は、その有りようすべてを国家に負うており、国家においてのみその存在を有する。人間のもつすべての価値、すべての精神的現実性を、人間は国家を通じてのみもつのである[125]。」「最大の自由が行われている」国家が「最善の国家[126]」であり、それは全体と結びついた自由である。

この場合、現実の内に理性を見るとは、人間が理性への意志によって規定されているということである。だが、理性への意志とは自由のことである。そうであれば、ヘーゲルの国家は、権力国家でも理性国家でもなくて、こうした意味で自由国家である。だがその場合、権力はその役割をきちんと果たす。国家生活において自由が具体化される。すべての生活形態は、国家がそれを産出する限り国家生活へと結びつけられていることが分かる。そうした生活形態は、精神という基盤、つまり、主体性の原理に基づいているが、主体性はここでは今や新たな権力として現れる。国家は、こうした国家生活を産出する権力をもつ。主体性の原理は、権力原理である。この原理をさらに詳しく説明すれば、操作可能性［制作可能性］の原理と言うことができる。国家生活においては、すべてが理性的なものにされる。自己を知るという自由によって、理性は権力的であり、権力は理性的なのである。理性と権力の差異は止揚され、両者は互いに支え産出し合いながら混淆し、理性と権力との弁証法が残るだけであって、この弁証法が自由として現われるのである。理性と権力は一体化し、具象そのものとしての自由の中において具体化されるのである。

ヘーゲルの基本概念すべては、それゆえまた、ヘーゲルの哲学全体は、一点に、つまり、自由に還元することができる。だがその場合、自由が必然的に伴うものを忘れてはならない。こうした自由の中で、実体の遠さが主体性の近さに、存在が意識に達する。その跳躍点は、自己知である。自己知において、私は理性全体を一つの概念にまとめる。その場合、この概念は理性の権力である。逆に、私は、単に理性に参画している（ロゴスをもった動物 zoon logon echon）のではなく、理性そのものなのである。たとえこの場合、ヘーゲルの精神を人間化することが問題ではないとしても、少なくとも、主体性の原理あるいは具体的自由の原理において理性はその場所を去ってしまい、今や権力の裡に自ら棲みついていると主張することはできる。主体性の原理が理性原理を表わすのか、あるいは、権力原理を表わすのかは、結局のところ分からない。主体性の原理に、理性の権力を見ることも、逆に権力の理性を見ることもできる。何が存在するのか。自己知である。それゆえ、問題は別な形とならなければならない、つまり、何が意識されるのか。あるいはさらにはっきりと言えば、私は何を意識させることができるのか。意識の操作可能性は、権力の理性である。だが、理性と権力とは、互いに織り合わされており、その結果われわれには隠し絵となっている。われわれが自分に目をやれば、理性がそしてまた自己知の権力が見える。ヘーゲルはこれを自由と呼ぶのである。[127]

第三版への跋*

古典的政治哲学によって批判された契約による政治が、近代以降ひたすら推し進められてきた。共通の理念と知覚とを内実とするようなポリス的共同体が存在しないところでは、まさに今日の政治的共同体を契約によって作り出し、無理やり実現しようとしても、どの契約も役には立たない。共通の政治目標を目指しているとすべての者が互いに信頼しているときにのみ、ドイツ再統一も、欧州連合も、国際連合もまとまっていられるし、やっていけるのである。古典的な言い方をすれば、そのとき不可欠なのは契約や法よりも、むしろ連帯と友愛、つまり古代の人々の言うフィリアである。彼らはフィリアが本質的な政治的実存的徳であると考えていた。これはまた、ひとが要求において意見の一致を見、程を守ることができるということである。だが、このことは、権利というと主として請求権を意味する近代、とりわけまた今日では困難になっている。いたるところで要求が持ち出され、契約法において貫徹されることが目論まれる。

ひとりひとりは他の人に何を望むことができ、何を望むべきなのか。一般に政治的統合体は何を望むことができ、何を望むべきなのか。古典的な言い方をすれば、ポリス的共同体が大事なのか。むしろ大事なのは、政治における近代的慣用句が言うように、「自由、生命、財産」における諸要求を確保し、貫徹することであろう。その場合、より多く所有することがつねに問題となる。誰もがより多いことを望み、より少ないことを望むものはいない。しかしここでは、政治的に重要なもの、つまり人間を生かし、生の遂行（プラクシス）に導くものが区別されるのだろうか。われわれは人間の生のためにあらゆることを為そうとしてきたし、人間の生において自らを高めようとしてきた。このような政治のために役立つのが科学と技術である。つまり、近代以降これらは、世界のうちに人間の生を整えるための本質的な手段であり、本質的な文化領域であると考えられた。存在する一切のものの成否は、生の形成を助ける科学と技術しだいである。国家としての政治、法治国家や立憲国家としての政治はいずれも、契約を不可欠とする拵え上げられた産物である。

個々人の生、きわめて多種多様な集団や共同体での人間の共同生活、そして特に先述したような政治的共同体は、契約という土台の上に立てられていることが以前に比べてずっと多くなっている。だが、この契約というものが脆いものなのである。これは、分裂した旧ユーゴスラヴィアにおいて今まさに日々協定が締結され、日々また協定が破られるという仕方で、繰り返し見られるとおりである。なぜ人間はこのように生き、なぜ政治がこのように行われるのか。明らかにわれわれは、生と不正とを区別し、殺人犯と犠牲者とを区別するための理性も意志も持ち合わせていず、その結果としてきわめて論議を呼びそうな点について言及するだけだからである。しかし政治的共同体は、古代ギリシアの政治哲学が繰り返し教えるところの実現に努力せねばならない。ギリシアの政治哲学によると、ポリス的生き物が同時にロゴス的生き物であるのは、真と偽、有益と有害、正と不正を区別しようとする度合に応じてのこととされる。われわれはこのことを、本来は科学の興隆に直面したときに為しえなければならなかったのだ。だが確認せねばならないのは、近代に科学と技術が発展し、人間の利益のためにたくさんのものが作り出されたが、多くの場合それらは不利益をもたらすものであったということである。

近代以降、人間はそれまで以上に理性的になろう、理性的に生きようとする。つまり、「理性と力」とを結びつけることに専念し、世界においてより多く所有しようとし、そうすることで「労働と所有」という課題を引き受ける。これらはすべて自律としての自由の理解に収斂し、そこに「人間の尊厳と人権」が登場してくる。「国家と社会」は、「自由の意識における進歩」（ヘーゲル）に資するはずの協力を受け容れる。

今日の政治的に支離滅裂な状況において「政治哲学」についてじっくり考えることから、古代ギリシアの政治哲学が人間の生きる目標と見なしていたポリス的共同体への道を、見出すことができるのではないか。もっとも近代になるとギリシアとは別の政治が開始され、単にポリスの全体でなく、むしろ個人としての人間の全体が現われることになる。自分自身の上に自らを立てるという自律的人間は、まさにどのようにしてポリス的人間でありうるのか、あらねばならぬのか。これが今日の問題である。その際、戒めのためにも次のことをつねに明確に認識しておく必要があろう。古代のポリスにおいて哲学者たちはとにかくポリス的共同体のために尽力することを主張したし、そうすることで本質的に政治的な哲学者がつねに存在したけれども、どのような努力にもかかわらず古代のポリスは最終的にそれ自身において破滅した。ポリス同士が互いに争い、戦い、それぞれに滅びていったのである。

＊　この跋は特にクロアチア語版（一九九三年）のために書かれたものである。

訳者あとがき

本書は『近代政治哲学入門』でありながら近代の政治哲学の歴史については論ぜられず、むしろマキアヴェリからカント、ヘーゲル、ニーチェにいたる哲学の核心が問題とされる。一見政治とは無縁と思える哲学者の思想に著者はなぜ言及するのであろうか。それは、政治の歴史とは言うまでもなく人間の歴史であり、その近代の人間の歴史が理性、自由、労働、所有という概念をめぐって展開されてきたものだからである。そして、それらの概念こそは、まずもって哲学者たちによって考え抜かれ、形づくられてきたものだからである。したがって、近代の政治の歴史も理性、自由等といった概念を実現し、増大することを目指して進んできたと言ってよいだろう。この点について著者は「これらはすべて自律としての自由の理解に収斂」（二八一頁）すると言う。そして、人間が人間自らに従うべき法を与えるという自律という発想の延長線上に、一切を操作可能なものとするという力としてのMachbarkeitという考え方が展開される。この人間の力が労働を通して所有の増大をひたすら意志するといった現在のわれわれの在り方さえをも規定しているというのが著者の考えである。

自由を認め、自由を増大させる意志の運動は肯定されこそすれ、なにも問題はないのではないか。だが、20世紀の歴史は逆の事実を指し示している。自由を増大させようとして自由を抑圧し、自由を獲得しようとしてますます不自由となっているのが現状である。この原因は、秩序を欠いた欲望を自由と取り違えて、ひたすら前進してきた点に存在する。では、その秩序を何処に求めるべきであろうか。古代ギリシアではポリスがあり、そこが人間の生きる場であった。ポリス的なること、これが本来の意味での政治的なことでもあった。逆に言えば、現在政治的であるとは優れてポリス的であることを要求されるはずである。しかし、嘗てのようなポリスはもはや存在しない。

著者は、すでに古代ギリシアで言われていたエトスを現代において不可欠の秩序として提出する。というのは、エトスこそが人間の行動や生活に関わる秩序であり、人間の運動の自由を可能にするものだからである。著者はエトスの語源に遡り、習いという意味ではエトスという言葉を、在処・滞留という意味ではエートスという言葉を用いる。これは『もうひとつ別の生き方』などで詳述されていることであるが、人間は自由という在処（エートス）にあり、その在処は習い覚え（エトス）に基づいている。つまり、自由であるためには、そこにおいて行動し、そこに留まり続けねばならない。このような仕方でわれわれはエトスとしての自由に支えられており、支えられねばならない。

本書で明らかになったように、近代以降の政治哲学は自由の増大の意志によって突き動かされてきた。そして現在、そこに転換が求められている。著者バルッツィが具体的にどのような対案を考えているかは、本書では未だ明らかになっていないし、また、それは本書の守備範囲を越えることであろう。

なおアルノ・バルッツィの著書としては次のものがある。

Mensch und Maschine. Das Denken sub specie machinae, Müunchen 1973.
Was ist praktische Philosophie?, Müunchen 1976.〔「実践哲学とは何であるか」『倫理学の根本問題』晃洋書房、一

九八〇年〕

Europäisches "Menschenbild" und das Grundgesetz für die Bundesrepublik Deutschland, Freiburg/München 1979.

Recht auf Arbeit und Beruf?, Freiburg/München 1983.

Einführung in die politische Philosophie der Neuzeit, Darmstadt 1983.〔本書〕

Alternative Lebensform?, Freiburg/München 1985.〔『もうひとつ別の生き方』哲書房、一九九三年〕

Freiheit, Recht und Gemeinwohl, Darmstadt 1990.〔『法哲学の根本問題』以文社、一九九八年〕

Zukunft der Freiheit, Darmstadt 1993.

Philosophie der Lüge, Darmstadt 1996.

Europas Autonomie, Würzburg 1999.

Philosophieren mit Jaspers und Heidegger, Würzburg 1999.

翻訳担当は、序、まえがき、跋および第一章と第二章を池上が、第三章、第四章、第五章を岩倉が担当した。なお、池上の仕事の遅さのため、本書の刊行が大幅に遅れてしまった。著者のバルッツィ教授、本書の刊行をお世話いただいた人間環境大学学長竹市明弘氏、共訳者の岩倉さん、大変ご迷惑をおかけした法政大学出版局の平川さん、伊藤さんに心からお詫び申し上げたい。

二〇〇二年十月

池上哲司

索　引

＊（　）内の数字は、巻末「原注」の頁数を示す。

◆人名

ア行

アナクサゴラス　Anaxagoras　10, 20, 60f, (19), (22)
アリストテレス　Aristoteles　12, 22f, 44f, 51f, 54, 61f, 68, 70, 92, 94, (19), (22f), (25)
アレント　Arendt　(26), (30), (33)
イェリネク　Jellinek　(30)
ヴァイガント　Weigand　(36), (38)
ヴァイシェーデル　Weischedel　(25)
ヴァイス　Weiß　iv, (22), (35)
ヴァイナハト　Weinacht　(33)
ヴィアラトゥ　Vialatoux　(35)
ヴィムマー　Wimmer　(33)
ヴェットーリ　Vettori　(38)
ヴォルテール　Voltaire　vi
ウーラント　Uhland　176
エルヴァイン　Ellwein　(29)
オットマン　Ottmann　(24), (39)
オッペルン＝ブロニコウスキー　Oppeln-Bronikowski　(20)

カ行

カーペンター　Carpenter　(30)
カリクレス　Kallikles　10f, 14, 16, 25
カント　Kant　2, 4, 6, 14, 43, 46, 49, 69f, 99, 139, 142f, 145, 147ff, 185, 253, (26), (28), (30)
クリーレ　Kriele　(33)
クルークセン　Kluxen　(21)
グロチウス　Grotius　(24)
クーン　Kuhn　(33)
ゲープハルト　Gebhardt　(30)
ケルスティング　Kersting　(20)
ケルメル　Kölmel　(21)
ゴウリック　Gawlick　(34)
コスロウスキー　Koslowski　(33)
コゼレク　Koselleck　(31)
コリ　Colli　(20)
ゴルギアス　Gorgias　(19)
コルシュ　Korsch　(25)
コンツェ　Conze　(31)

サ行

シェーラー　Scheler　115, (26)
シェリング　Schelling　57
シャベール　Schabert　(28)
シュヴァルトレンダー　Schwartländer　(30)
シュヴァン　Schwan　(21)
シュトラウス　Strauss　218, (19)
シュニュール　Schnur　(30)
シュミット　Schmitt　(35f)
シュレヒタ　Schlechta　(20), (24)
スタチョヴィアク　Stachowiak　(29)
スペック　Speck　(22)
ソクラテス　Sokrates　10ff, 16f, 24f, 59f, 273

タ　行

ダーウィン　Darwin　69
ツォルン　Zorn　(20)
テアイテトス　Theaitetos　(19)
デカルト　Descartes　v, 5ff, 27, 29, 31f, 55f, 80, 120, 249, (18)
テプル　Tepl　(28)
ドーデラー　Doderer　(28)

ナ　行

ニーチェ　Nietzsche　1f, 6, 8, 10, 12f, 24f, 27, 32, 37, 52, 55, 66, 68-77, 117, 141, 276, (24), (26), (29)

ハ　行

バーボン　Barbon　(25)
ハイデガー　Heidegger　v, 1, 48, 74, (21), (24f)
バイナー　Beiner　(30)
パスカル　Pascal　(28)
バスラー　Basler　(35)
バトラー　Butler　(25)
バルッチ　Baruzzi　(29), (31ff), (37), (39)
ハルトマン, K　Hartmann, K　(33), (36)
ハルトマン, N　Hartmann, N　115, (26)
パルメニデス　Parmenides　73, (23)
ピコ　Picot　(26)
ピコ・デラ・ミランドラ　Pico della Mirandola　2, 7, 139, 167, (28)
ビーン　Bien　(33)
ファウル　Faul　(20f)
フィヒテ　Fichte　253, (26)
フィンク　Fink　(20)
フェーゲリン　Voegelin　(18f)
フェッチャー　Fetscher　(33)
フォアレンダー　Vorländer　(29)
フォルシュナー　Forschner　(38)
フーコー　Foucault　(26)
ブック　Buck　(20)
フライアー　Freyer　(20)
プラティナ　Platina　(21)
プラトン　Platon　1, 9ff, 13, 16f, 21f, 25, 32ff, 37f, 62, 67, 73, 145, (19f), (23), (29)
ブラント　Brandt　(24)
フーリエ　Fourier　193, (32)
フリッシュアイゼン＝ケーラー　Frischeisen-Köhler　(34)
ブルンナー　Brunner　(31)
ヘーゲル　Hegel　vi, 2f, 5f, 9f, 27, 39, 41, 44f, 47f, 55, 58-72, 75, 77f, 108, 110, 120, 130, 168, 172, 179ff, 182-189, 194, 200, 202, 204ff, 208f, 211, 231f, 238, 253, 266-279, (18), (21ff), (26f), (30ff), (38f)
ベーコン　Bacon　14, (19)
ベッカー　Becker　(36)
ベッカー　Bekker　(19)
ベッケンフェルデ　Böckenförde　(33)
ヘーベルレ　Häberle　(36)
ヘラクリトス　Heraklit　11, 15
ヘリング　Herring　(21)
ベルテッリ　Bertelli　(20)
ベルリンガー　Berlinger　(20)
ヘロドトス　Herodot　236f, (35)
ボーダン　Bodin　(33)
ホッブズ　Hobbes　v, 2, 7, 14, 27, 30f, 57, 74, 80, 120, 162, 165f, 180, 182, 185, 187, 208, 210, 215-234, 236ff, 245, 255, 259f, (37)
ホーファー　Hofer　(21)
ホフマイスター　Hoffmeister　(22), (31)

ホフマン　Hofmann　(36)

マ　行

マイアー　Meier　(36)
マイネッケ　Meinecke　(21)
マイヤー＝タッシュ　Mayer-Tasch　(24), (31ff)
マキアヴェリ　Machiavelli　vii, 2f, 5, 8ff, 23-43, 55, 74, 80f, 99, 120, 129, 139f, 208ff, 261
マルクァルド　Marquard　vi
マルクス　Marx　vf, 2, 6, 27, 39, 81, 83, 89ff, 95-137, 142, 170, 183, 187ff, 228, (29)
マルロウ　Marlowe　(19)
ミッシュ　Misch　(25)
ミュラー, M　Müller, M　(19)
ミュラー, S　Müller, S　(26)
ミュルダール　Myrdal　(26)
ミル　Mill　(25ff)

ラ　行

ムルジョン　Mourgeon　(35)
メルロ＝ポンティ　Merleau-Ponty　36f
モールズワース　Molesworth　(33), (36)
モンティナッリ　Montinari　(20)
モンテーニュ　Montaigne　(28)
ヤスパース　Jaspers　v, (18)
ライヒ　Reich　(28)
ライプニッツ　Leibniz　2ff, 27, 31, 44-58, 69f, 80, 197, 120
ラウシュ　Rausch　(36)
ラケス　Laches　(20)
リー　Lee　(20), (24)
リカード　Ricardo　115
リーデル　Riedel　(33)
リンカーン　Lincoln　235
ルーズヴェルト　Roosevelt　169
ルソー　Rousseau　2, 183, 232, 238, 242-266, (36ff)
レヴィ　Levy　(30)
レート　Röd　(34)
レム　Lem　(28)
ロック　Locke　2, 27, 32, 79ff, 84ff, 92, 94, 109ff, 114, 116, 122, 124f, 128, 163ff, 173, 177, 180, 185, 198, 209, 228, 230ff, 238f, 241f, 245, 251f, 254, 259, (24), (26), (30f), (33), (35)
ロッツェ　Lotze　(25)
ローレンツェン　Lorenzen　(36)
ロンバッハ　Rombach　(28)

＊

◆事　項

ア　行

アルケー　arche　10, 20, 26, 60
アルス　ars　182
安全　Sicherheit　217ff, 242f, 256
生き延びる　Überleben　166
意志　Wille　14, 66ff, 140, 153ff, 219ff, 243, 250, 255ff, 260, 266f
　──定式　148ff
　──と根拠　150f
　──と理性　153, 266f

——の自然　258
——の全体性　258
——の歴史　258
——への——　74f, 77, 144, 152
一般——　243ff, 268
共同——　256, 260, 262, 264, (18)
個別——　244, 252, 256, 260, 266
市民的——　257
所有への——　97
善（なる）——　144f, 147f, 150ff, 157ff, 185, 252f, 258
全体——　256, 260, 265
全体主義的——　259ff
力への——　2, 27, 66, 72ff
道徳的——　249, 256
内的——　267
未来としての——　253
理性的——　67
理性への——　66f, 276
意志行為　Willensakt　153, 161, 182, 258, 267, 272, (34)
意志作用（意欲）　Wollen　144
——と追求活動　97
——の未来構造　151
善なる——　145
イソノミア　isonomia　237
イデア説（プラトンの——）　Ideenlehre　21f
イディオテース　idiotes　92
イデオロギー　Ideologie　vf
——疑惑　vf
宇宙　Kosmos　4, 8, 137
運動　Bewegung　54f, 75, 102, 105f
個別的——　6
自己——　51, 137
大衆——　6
運命　fortuna　32f, 35ff, 80
——の外部構造　38f
新しい形の理性としての——　35
半分にされた理性としての——　36
エウノミア　eunomia　237
エートス　äthos　185, 269
エトス　ethos　185, 269
エネルゲイア　energeia　66, 71, 74f
エンテレケイア　Entelechie　45, 50ff, 65, 68f
実体としての——　70
エンテレケイア性　Entelechialität　75

カ　行

概念（存在規定としての——）　Begriff　17ff, 83
解放　Emanzipation　134, 190ff
価格　Preis　142f
学（問）　Wissenschaft　222ff, 232
——と自由　254f
——と政治　215f
——と方法　216
——と力　215f
政治的——　216f
政治としての——　216f
学／哲学／政治　227
革命　Revolution　13
アメリカ——　180, 191
共産主義——　130, 210
実体から主体への——　3
市民——　191, 194, 210
政治的——　190ff
善から価値への——　145
存在から生成への——　69, 72f
存在論的——　52, 55
力から理性への——　10
フランス——　55, 58, 191f, 208, 210, 238
貨殖術　Chrematistik　102f
価値　Wert　76ff, 111ff, 143ff, 156ff
——措定　100
——と財　96, 98ff, 112, (24)
——と使用　105

——と尊厳　142f,(28)
——の増大　104
——の物象化　119
——問題　106f
——論　115,(26)
外観的——　120
外的——　(28)
交換——　92,95ff,100f,105,117
最高——　115,118,144,158
市場——　111f
使用——　92,95ff,100ff,116ff
内的——　116f,143
価値の転換　Umwerten　73,76f
価値評価　Werten　73ff,98,101,105f,108f,115ff
——過程　105,113,117
生成としての——　73f
活力　forza　37
可能性／現実性
Möglichkeit/Wirklichkeit　48ff
可能態（潜勢力）　potentia
基体的——　48f
形而上学的——　48f,55
自然学的——　48f
対象的——　47ff
能動的——　50ff
裸の——　45ff
可能態説（古典的——）　Potentia-Lehre　46,53ff
貨幣　Geld　85ff,104ff
——と理性　88
——の位置価　106
——の機能　85
——の実体としての性格　119
——の物からの脱却　94
——の物としての性格　119
——の理性　86,88
新たな主体としての——　104ff
機能——　94
現物——　93
実質——　94
比較の尺度としての——　94
表象としての——　88
神　Gott　17,24ff,110f,140,216,223,264,271f,(23),(34f)
——についてのアリストテレスの説　54
——の創造　216
神と人間との関係　Gott-Mensch-Verhältnis　140f,266f
神についての説（アリストテレスの——）　Gotteslehre　54
感情　Gefühl　152ff,160f,253,255f
観想の生　bios theoretikos　7,61,66,228
機械　Maschine　249
機会　occasione　32f,36f,39,41f
機械-身体-国家　Maschinen-Körper-Staat　260
機能　Funktion　127
——化　127
——性　118
規範性（事実的なものの——）　Normativität　211
基本法　Grundgesetz　138,172,174,176f,196ff,203,209
義務　Pflicht　144
義務づけ　Verpflichtung　250f
共産主義　Kommunismus　128,130f,133f,194
所有——　133
強制　Zwang　246f,250,253
行政（権）　exekutive　Gewalt　197,248
業績　Leistung　84
共通の自我　moi commun　245,(37)
共同　Gemeinschaft　12
共同社会（政治的——）　Gemeinschaft　12,190,213ff,228,253,269,273,279f
協約・約束　Pakt　221,230,233

強要　biaios　94, 104
キリスト教　Christentum　58, 61ff, 272f
近代（進歩時代としての——）Neu-zeit　5
君主　Principe　12, 28ff, 36, 38, 40ff, 45, 54f, 208, 261, 276
——の国家　208f
——の力　31, 33
——の理性　31, 40
力の——　28, 31, 33
経済　Ökonomie　16, 102ff, 249
国民——　81, 131, 192
公共的——　248f, 251f
政治的——　252
形相 - 理論　forma-Lehre　4
契約　Vertrag　184, 198, 211, 213, 216f, 219ff, 242ff, 251ff, 259ff, 267ff, 279
——政治　222
——説　26
——という人為　217
自己——　262
自己服従——　260
支配——　259
社会——　217, 221, 232, 242ff, 248. 250, 254, 258f, 262ff, 270, 272, 274
全体主義的——　265
多数派——　230
服従——　217
服従協約としての——　220
方法としての——　222
契約　Kontrakt　221, 230, 263
——と人倫　268ff
交換——　245
激情の優位　Primat der Leidenschaften　42
結社　Sozietät　212f, 243
権威　Autorität　210, 238, 240f, 248ff, 252
国家——　241
神的——　266
現実（政治的——）　Realität　28
理性を欠いた——　32
現実性／可能性　Wirklichkeit/Möglichkeit　48, 51ff
現実性／実在性　Aktualität/Realität　46f, 53
現実的真理　verita effettuale　24, 26, 28
原始的力　vis primitiva　51ff, 114
憲法（体制）　Verfassung　137f, 169, 172ff, 207, 239f, 276
——裁判権　239
——の格率　175
——の原理　176
——の根拠と目標　169
——立法　197
アメリカ——　172ff, 196, 198
イギリス——　195
イタリア——　202
社会主義——　202
ドイツ——史　175
フランス——　172, 175
ワイマール——　176
権利規定　Rechtsbestimmung　180
権力　Gewalt　208, 221, 234
——分立　239
国家——　200
武器としての——　28
権力分立　Gewaltenteilung　239
合意理論　Konsenstheorie　232ff
交換市場　Tauschmarkt　102
公共性　Öffentlichkeit　91, 93, 109ff
公共の福祉　Gemeinwohl　22f, 28, 30, 144, 146, 207ff, 252f, 257
工作人　homo faber　120
公衆の意志　198
公正（正義）　Gerechtigkeit　12, 16, 22, 26, 33f
合法性　Legalität　185

公民　Staatsbürger　191, 202, 252
公民としての市民　citoyen　183, 188, 190ff, 194, 201ff, 242f, 249f, 256, 263
コギト・我思う　cogito　6, 31, 39, 80, 120, 182
個人　Individuum
　現実的——　208, 211
　国家的——　211
　全体としての——　58
コセ・モデルネ　cose moderne　24
個体性・個別性　Individualität　134f, 268f
　——の自立性　269
　現実的——　208, 211
国家　Staat　6, 41, 137, 183, 197f, 216, 221f, 248, 260f, 263f, 266f
　——権威主義　164
　——絶対主義　164
　——全体主義　164
　——と自由　276ff
　——と人間　207f
　——の人為理論　265
　——の制作可能性　271ff
　——の全体性　264
　——の創設　173
　——の措定　208f
　——の目的　163, 173, 210, 254
　——の目標　178
　——の理念　274
　——理性　41
　——論　56f, 163
　新たな——　270
　神の——　272
　官憲——　176
　完成された実在性としての——　71
　基本法の——　196, 200, 209, 239
　近代——　269ff, 273
　具体的自由の現実性としての——　68
　君主の——　208f
　契約——　223
　権威主義的——　207, 228
　現実的——　267
　市民社会の——　274
　市民的——　178
　社会——　200, 204
　自由——　276
　自律としての——　212
　人権の——　196
　政治的——　191
　絶対主義的——　207
　全体主義的——　208ff, 228f
　総統——　207, 209
　多数派——　231
　力による——（権力——）　9, 41, 227ff, 234, 276
　人間——　263
　人間の尊厳の——　196
　反——　210
　法治——　178f, 185, 196, 198, 204, 209, 231, 233f, 239f, 268
　民主主義的——　200
　民族——　212
　理性——　10, 41, 231, 276
　立憲——　239
　リヴァイアサンの——　209, 226f
　領土——　212
国家体制の形態　Verfassungsformen　23
国家理性　ragione di stato　41, 210, 276
根拠　Grund　29ff, 69f, 150ff, 159, 195, 197, 199
　——としての意志　152
　——としての人間　38f
　——と理性　150f
　新しい——　33
　外的——　152
　力の——　35
　内的——　152
　理性の——　35

根本規範　Grundnorm　197

サ　行

財（善きもの）Güter　92, 100f, 104ff, 113f, 116f, 132f, 135, 137, 146, 243
──と価値　96f, 100ff
外的──　87, 133, 135, 137, 146, 165, 167f, 184f, 228, 236, 268
価値としての──　98
技術的──　137
公共──　146
使用──　87, 92f, 95ff, 103, 106, 111ff
身体的──　146
心的──　137, 146
政治的──　137, 146, 228, 236
内的──　137, 236
肉体的──　137
財産（所有）Eigentum　79-137, 191, 268
──と権利　180f
──と占有　186ff
──に対する権利　185f, 193
──の限界　84
──の自由　193
共産主義的──　131
私的──　121f, 128ff, 188f
財産取得（全面的──）Besitzergreifung　167
財説（古典的──）Güterlehre　96, 133, 145f, 165
産出　generatio　74, 80, 141, 182
思惟　Denken
エンテレケイア的、目的論的──　99
価値評価としての──　74ff
自己　Selbst
新たな──理解　99
──愛　155, (38)
──意識　58f, 72, 204
──確保　218
──観照　(27)
──感情　264
──規定　44, 54, 90f, 115, 148f, 161f, 170, 178, 181, 204, 262
──強制　90
──経験　30, 264
──形成　209
──契約　262
──決定　163
──産出　81
──制限　103
──実現・現実化　6ff, 53ff, 120, 179
──充足　103
──成就　118
──創出　26
──製造　163
──生産　110f, 150, 205
──創造　54, 223
──増大　24, 221, 225
──措定・設定　107f, 147
──発見　148
──評価　147
──服従　262
──防御　220
──保存　24, 217, 220f, 225, 255
──履行　149
──立法　163, 247
──隷属化　91
──を与える　44
──を目標として設定すること　141
自己-知　sich-wissen　64f, 277f
仕事　Werk　81ff, 124f, 128ff
資産　Vermögen　268f
システム理論　Systemtheorie　(35)
自然　Natur　124ff, 172, 195, 206, 218, 223ff, 254ff, 264f
──と自由　257f
──と人為　182, 223ff, 254
──と身体　225f
──と歴史　257f

——の人間主義化 128
意志の—— 258
究極目標としての—— 214
自然 physis 3
自然からの自由 Naturfreiheit 214
自然状態 Naturstand・Naturzustand 217f, 224, 233f
——の理論 187
自然的獲得 Naturzueignung 153
自然的性向 Naturanlage 254
自然的属性 Natureigenschaft 153
自然法理論（→法） Naturrechtslehre 14
自足（アウタルキー） Autarkie 19, 90, 162
自尊心 Selbstsucht (38)
実在性／現実性 Realität/Aktualität 46f, 53
実践 Praxis 6, 86, 92, 96f, 113, 116, 118, 123f, 146, 158, 269
評価活動の遂行としての—— 100
実体 Substanz 44ff, 106ff, 277
——の内部構造 54
実体／主体 Substanz/Subjekt 47
実定化 Positivierung 7, 169, 171ff, 194-209
私的生 idioteia 92
支配 Herrschaft 235ff, 244, 246, 250
僭主の—— 22
全体主義的—— 229
多数派の—— 235
哲学者の—— 21
法律の—— 239, 241
理性の—— 22
事物（——の外的関係） Ding 112
司法 Rechtsprechung 196f
資本の範式 Kapitalformel 102, 104
市民・ブルジョワ bourgeois 183, 188, 190, 194, 201, 243
市民 Bürger 180f, 195f, 230
自由で平等な—— 177
所有—— 188
市民権 Bürgerrechte 177ff
市民戦争 Bürgerkriege 163, 170
市民的イニシアティヴ Bürgerinitiativen 201
市民的国家 Bürgerstaat 178
市民的自由 Bürgerfreiheiten 177ff
市民的自由 civil liberties 177f
社会 Gesellschaft 214, 219
共産主義—— 118
契約—— 213
交換—— 85
財産—— 235
市民—— 110, 117, 170, 183f, 187ff, 196, 205, 212f, 221, 232f, 235, 258, 269f, 273f
社会主義—— 195
所有—— 166
生産—— 85
生産性—— 169
政治—— 163, 233
労働—— 166, 169
社会化 Vergesellschaftung 242f
社会主義 Sozialismus 6, 194
社会性 Sozialität 26, 200, 212f
社交性 Geselligkeit, Soziabilität 212ff, 243, 255
自由 Freiheit 18f, 41, 60ff, 123, 188ff, 194, 202f, 242ff
——と学問 254ff
——と人間の尊厳 138-161
——と理性 58ff
——の意識 270, 273, 281
——の王国 202
——の原理 63
——の実定化 199
——の所有 228
——の説 41
——の哲学 61, 253

——の理念　62f
——の歴史　61f
新たな——　90
営業の——　198
外的な——　184
具体的——　59, 61, 66, 68, 71
契約の——　198
個人の——　189
最高度の——　180
財産の——　193, 198
自己決定としての——　139
自然的——　247, 251, 256f
市民的——　178f, 256
社会的——　247
自律としての——　139, 141, 203, 205
政治的——　234
絶対性としての——　140
力としての——　41
道徳的——　247, 249, 251, 256f
内的——　184
普遍性としての——　140
四つの——　four freedoms　169, 177, 202
理性における——　59, 276
宗教　Religion　163, 263ff, 272f
——戦争　163, 170
——と国家　263f
市民——　263f
自由権　Freiheitsrechte　169
集合性　Kollektivität　247
自由主義　Liberalismus　6
終末論　Eschatologie　76
主権　Souveränität　226, 238, 242, 246-259, 262f
人民——　248, 250, 262, (36)
主権者　Souverän　238, 241f, 246, 248, 250, 259f, 262, 264
主人　lord　164, 167, 231
主人-奴隷-関係　Herr-Knecht-Verhältnis　130
主体（自動的——）　Subjekt　107f
主体性　Subjektivität　186, 205f, 269ff, 277
——の原理　59f, 65ff, 70f, 74, 269-278
——と人倫　269ff
主体設定（新たな——）　Subjektsetzung　99
消極的／積極的　地位　status negativus/positivus　194
情動（自然の——）　Leidenschaften　255
商品　Ware　100ff
——循環　102
商品体　Warenkörper　100f
食料品　Lebensmittel　118
所有（占有）　Besitz　81-120, 129ff, 158ff, 196, 198, 201ff, 229, 231, 234
所有（理）論　Besitztheorie　92, 99, 168
——と身体　109ff, 114
——の核心的問題　94
——の機能化　94
——への意志　97
貨幣の——　103
財の——　103
私的——　93, 99, 117, 121, 128ff
使用のための——　93
全面的——　229
人間的本質の——　169
物からの——の脱却　93, 95
所有思想（——における革命）　Besitzdenken　165
自律（アウトノミー）　Autonomie　7, 19, 42ff, 54, 90, 139ff, 149, 153f, 161f, 202ff, 211f, 256, 262
——の修正　202
——への尊厳　16
自己措定としての——　42
全体的——　262
作られた自由としての——　265

自立　Selbständigkeit　268
人為　Kunst　219f, 260ff, 264f
——と自然　224f, 254f
——と方法　225
権力としての——　222
進化論　Evolutionstheorie　141
信教の自由　Religionsfreiheit　169f
人権　Menschenrecht
——と自然権　171f, 191
——と所有問題　164f
——の実定化　7, 171
——の批判　188
——の歴史　177
基本権としての——　171, 173
拒否権としての——　164
経済的——　192
市民権としての——　164, 171, 173
社会的——　192
自由権としての——　164, 169, 189
自由主義的な——　193, 201
所有権としての——　167, 169
信教の自由に対する——　169
保護権としての——　164
労働に対する——　192
人権宣言（フランス——）　Menschenrechtserklärung　188, 191, 196
信仰（市民的——）　Glaube　263
身体　Körper　81ff, 113, 124f, 168, 230, 233, 245, 248f
——構造　86
——哲学　125
——と所有　109ff
——と精神　82
——に対する権利　168
——の外部構造　87
——の自己生産　108
——の所有　82f
——の生産性　87
——の内部構造　87
共同的——　136
権力——　242
国家——（国家体）　225f, 247, 250ff, 258, 264
個別的——　125f
自然——　225f, 245
自然的——　225
社会——　232
集合的——　245f
人為的——　226, 245
政治的——　245
総体——　233
道徳的——　245f, 249
欲求の——　85, 87
類的——　125
身体－労働－貨幣　Körper-Arbeit-Geld　86
身体－労働－対象物　Körper-Arbeit-Gegenstand　86
身体論（近代的——）　Körpertheorie　125
慎重　Besonnenheit　16
神的なるもの　das Göttliche　264
真理　veritas　238, 240
真理　Wahrheit　17, 24
人倫　Sittlichkeit　184ff, 189, 204ff, 269, 272f, 275
——と契約　268f
——と主体性　269f
——の法　185, 268
神話　Mythos　17, 25
生（生命、生活）　Leben
——遂行（→実践）　97
——の形態　91
——の所有　133
——への基本権　83
一般的——　135
活動としての——　123
市民的——　91
政治的——　92, 146, 214

単なる―― 90
道徳的―― 250
類的―― 124
生活形式 Lebensform 94
――の理論 104
生活財（→財） Lebensgüter 90,103,118f,165f
制作可能性（操作可能性） Machbarkeit 216,223f,265,267,271,274,277
――の原理 74f,77,271,277
――と法 205
生産（製造） Erzeugung 223,254
再―― 254
生産 Produktion 101,110,132f
――の目的 132
自己―― 110,125f,150
実践としての―― 136
世界―― 125f,261
肉体―― 136
普遍的―― 124
類的―― 136
生産性 Produktivität 109f,115,118f,126f,133,136f,153,206
最高の―― 119
世界―― 26
全面的―― 159
普遍的―― 126
労働―― 129
政治（学） Politik 34,91,260,264
政治／主権 Politik/Souveränität 249
――の危機 215
――と計画 34
――と利己主義 190
偉大な―― 2
学問としての―― 216f,222ff
近代―― 56,182
国家論としての―― 56f
世界―― 3
力による―― 9
理性による―― 9,12
政治学（存在論としての――） Politologie 58
精神 Geist 62
客観的―― 67,168
――と肉体 82
生成 Werden 70,72ff
生成したもの on gignomenon 73
政府 Regierung 248,251f,263,276
生物（動物） Lebewesen
社会主義的―― 213
社会的―― 213
ポリス（政治）的―― 12,214
ロゴスをもった―― 12,277
生理解（新しい――） Lebensauffassung 56
世界 Welt
――観 (27)
――喪失 160f
――の個別化 131
――の開かれた構造 125
――の私化 131
――理解 99
大きな身体としての―― 83
価値としての―― (26)
人間―― 126,135
世界身体 Weltkörper 83f,125,129
世界をもつことを意志する Welthaben-wollen 131
世俗化 Säkularisierung (23)
絶対性 Absolutheit 140
善 Gut 96ff,103,116,146f
共通―― 253
最高―― 115,144
――と価値 116f
――と存在 76
僭主 Tyrann 22,28
全体主義 Totalitarismus 262
全体性 Totalität 27,135
占有絶対主義 Besitzabsolutismus

188
創造　Schöpfung　26, 216, 223
疎外　Entfremdung　108
——の問題　92, 127
自己——　127f
類の——　124
労働生産性の——　123ff
労働生産の——　122f
労働生産物の——　121f
ソフィスト　Sophist　9ff, 14f, 23f, 28
尊敬　Achtung　143, 153-162
——の感情　155ff, 160f, 253
意志に対する——　158
動機としての——　156
法則に対する——　157
尊厳と価値　Würde und Wert　142f, (11)
存在　Sein
——から妥当へ　108, 116
——と善　76
——と妥当　118
——と保持　161
——の革命　73
——の生成　70
エンテレケイアとしての——　52, 68ff
根拠としての——　69
上昇としての——　72
発展としての——　71
存在するもの（存在者）　das Seiende　70, 159
存在理解（新しい——）　Seinsauffassung　56
存在論　Ontologie　53
新しい——　54, 56
意欲の——　55
実体——　46ff
政治学としての——　58
能為の——　55

タ　行

体系学　Systemlehre　56f
代表　Repräsentation　238ff, (36)
——と権力　237ff
対話　Dialog　10f, 26f
多元主義　Pluralismus　272, 275
多数　Mehrheit　230ff, 238f, (35f)
——と多さ　(36)
多数決原理　Mehrheitsprinzip　237
戦い　Krieg　218
——の権利　218
魂　Seele　173, 226, 228, 241, 248
知　Wissen　14f, 26f
智恵　Weisheit　33
知覚　Wahrnehmung　13f, (19)
力（権力）　Macht　219, 221f, 226-242
——と代表　237ff
——の現実　32
——の正方形　32, 35f
——の徳　261f
——の人間学的問題　30
——の民主化　235
——の利害　190
情熱としての——　30
多数派——　235
法としての——　234
理性としての——　29
理性の——　16-22, 25f, 29, 66f, 276f
テオーリア（観想）　theoria　3, 66, 159
哲学　Philosophie
——の革命　60
——の危機　215
——の政治化　6
——の廃棄と現実化　6
——の歴史　58
近代——　5, 55f
国家——　271f
古典的政治——　28, 94

実践——　5, 56, 148, 157, 159, 161, (30)
政治——　1f, 4, 57, 214f, (30)
第一——　45
体系学としての——　45f
道徳——　(30)
法——　179, 182, 184f, 206, 276
ポリス——　214
理論——　159
歴史——　vi, 58
哲学／政治（学）　Philosophie/Politik　6, 59
手続き　Verfahren　241
同意　Zustimmung　230, 232ff
同一性　Homologie　11
道徳性　Moralität　144, 184f, 206, 247, 258
動物　animal
社会的——　212
社交的——　212f, 255
理性的——　114, 257
労働する——　84f, 114f, 120
動物　zoon
ポリス的——　214
ロゴスをもつ——　277
徳　Tugend
市民的——　252
政治的——　10, 16, 29, 33
力の——　261f

ナ　行

ニヒリズム　Nihilismus　75f, 141
人間　Mensch
——と神　267
——と国家　207-215
——と理性　15, 88
——の機能性　118, 123, 127
——の自然主義　126
——の実体性　270
——の力　54
——の超越　260
——の二重化　135
——の人間化　243
——の普遍性　124
意志存在としての——　159
動かされる運動者としての——　137
貨幣の奴隷としての——　89, 121
聞き分ける存在としての——　35
共産主義的——　134
国家原理としての——　207
自然的——　231, (21)
私的所有者としての——　127, 131
社会的存在としての——　244
所有（権）者としての——　79, 182f, 191
所有の奴隷としての——　90
人為的——　216, 220, 231, 234
身体的存在としての——　125
身体をそなえた——　87, 114, 124f
神的——　263
政治的生物としての——　7, 131, 192
世界——　135
世界生産者としての——　124
世界中心としての——　142
全体主義的——　265
全体的——　134, 265
全面的——　142
力存在としての——　30f
（権）力の——　15, 226ff
反社会的存在としての——　212
普遍的立法者としての——　153
善き——　258
類的存在としての——　124f, 190, 192f
労働の奴隷としての——　89, 121
人間主義（ヒューマニズム）　Humanisumus　36, 131, 149, 192
徹底した——　129
人間と世界との関係　Welt-Mensch-

Bezug 36ff
人間の条件 condizioni umane 28
人間の尊厳 Menschenwürde 18,21, 138-162,199f,207
──と自由 139-162
人間となることとしての── 139
能動的力 vis activa 2ff,7,27,31,44 ff,51ff,57,70,80,99,107,114,120

ハ 行

把握(概念による) Begreifen 17ff, 83
発展 Entwicklung 69ff
必然 necessità 32f,36,39ff,43f
力の理性としての── 40
必然性 Notwendigkeit
──の自由 90
──の説 40
表象 Vorstellen 17,31f,37,39f,83, 156f
平等 Gleichheit 205,237,256
自然的── 247
服従 Unterwerfung 220f,259f
分業 Arbeitsteilung 86,126,128,130, 136
分立主義 Partikularismus 272,275
分裂 Entzweiung 110,129,270
平和 Frieden 218ff
法(権利) Recht 179f,187,204f
──と財産 180f
──と人倫 182f
──と暴力 28
──批判 204ff
外的── 268
基本── basic rights 171,174ff, 181
基本── Grundrecht 171,173ff, 198ff,239
拒否── 194
現実の── 195
公的── 181,198
国家── 186,197
私── 186,198f
自然── 171ff,182,197,206,230
自然的── 218
実定── 172,196
市民── 170f,175,177f,181,184, 202,230,251
社会── 202
社会的基本── 177f,199,203,229
自由── 177,198,201f
自由主義的基本── 177f,229
自由の王国としての── 200
所有── 201
神的── 172
生活の質に対する── 201
抽象的── 184,186,189,204
抵抗── 200
デモンストレィションに対する── 201
万物に対する── 229,246
武器としての── 28
理性── 172,182
ローマ── 196
法権利問題 Rechtsproblem 192
法/権力 Recht/Macht 231f
法思想 Rechtsgedanke 179
法則(法律) Gesetz 155,246f,256, 262
──の命令 153
一般── 148f
基本取り決めとしての── 176,197
道徳── 160
自然── 148f,172,179,218
法的── 172,179
法/多数 Recht/Mehrheit 231ff
法の格率 Rechtsmaximen 175
方法 Methode 216,223f,226f,241, 255

分解合成的―― 227,(34)
保持／存在 Haben/Sein 161
ホモノイア homonoia 11f,39,182,214,253
ポリス Polis 1,6f,12,16,19,22,28,34,58,64,79,89f,104,146,158,182,214,245f,253,273,281
――組織（国家） 17,92,236f
――住民（市民） 16,182

マ 行

マルクス主義 Marxismus 194
未来 Zukunft 5f,230,253
到来と―― 147
目標としての―― 151
民主化 Demokratisierung 262
科学化としての―― 241
民主制（民主主義） Demokratie 200,236f
――の問題 235ff
権力―― 237
社会的―― 176
自由主義的な―― 176
人民―― 238
全体主義的―― 262
全体的―― 262
代表―― 237f
徹底した―― 262
ポリス的―― 237
無知 Ignoranz 24
――の人 23,26f
命法（定言的――） Imperativ 148
命名 Nennen 11,17,31,37f,83,157
目的論 Teleologie 254
目標 Ziel 70f,103
――性 75
――喪失 103,141
外部構造としての―― 54
物としての性質 Dinglichkeit 119
模倣 Nachahmung 223

ヤ 行

勇気 Tapferkeit 10,16,32ff
友好（友情） Freundschaft 12,16,33,215
善さ das Gute 26,145,147,150,184f
――の所有 152
――の存在 28,152
――の見せかけ 28
政治的―― 148,158,257
欲求 Bedürfnis 135f
欲求 Begierde 14,82ff,87ff,217,220,246f

ラ 行

リヴァイアサン Leviathan 240,242,260
力量 virtù 3,5,29-44,80f,99,114,120
――の理性 74
秩序づけられた―― 31
内部構造としての―― 39
暴力としての―― 33
利己主義 Egoismus 190
理性 Vernunft 156ff,162,266
――と意志 150f,266f.
――と貨幣 188
――と感情 151ff
――と自由 58f,66
――と（権）力 9ff,88,276f
――における自由 59
――の外部構造 88,152
――の原理 34f,60
――の行為 31
――の自己開示 156
――の正方形 32
――の設定 108

──の内部構造　152
──の無力　22
アルケーとしての──　60
意志の──　67
君主の──　31
結果としての──　26
現実の内の──　25ff,37,43,74,276
実現された真理としての──　26
実践──　154,156f
実体としての──　60
存在としての──　28
(権) 力の──　10,31,33,67,88,277
到来としての──　151,253
古き──　31f,40,182
歴史における──　58
立法　Gesetzgebung　196f,205
立法権　legislative Gewalt　248
理念（イデア）　Idee　21f,274ff
──と神　274
類　Gattung　123ff
──と生産性　124
歴史　Geschichte　vf,3ff,7,19,58f,63f,166,206,272
──疑惑　vi
──の終わり　65
意志の──　258
聖なる──　(23)
世界の──　6,184,206,273
世俗的──　(23)
労苦　Mühe　81ff
労働　Arbeit　27,31,79-137,167,269
──と所有　80
──に対する権利　193f,202
──の新たな役割　108
──の革命　89
──の合理性　(26)
──の止揚　92
──の必然性　92
──の貧困　92
──の問題　89f,
──の労苦と負担　79
活動としての──　123
強制──　122
自由としての──　79,81,89f,121
手段としての──　122
自律的──　92
世界──　130
全面的──　130
疎外された──　121
仲裁審としての──　102
類的──　194
労働形態（新たな──）　Arbeitsform 91
労働者　Arbeiter　114,121ff,161
──の世界所有　114
個別的──　192
世界──　126
全体的──　126,142,192,228
賃──　126f
部分──　126f
類的──　192
労働手段　Arbeitsmittel　84
労働能率（──の増大）　Arbeitsleistung　86
労働の義務づけ　Arbeitsverpflichtung　202
労働の構造　Arbeitsstruktur　86
労働分割　Arbeitsverteilung　115
労働理解　Arbeitsverständnis
新しい──　98f,121
古典的──　89f
労働力　Arbeitskraft　86,101,114f,118
労働理論　Arbeitstheorie　79f,92,114,125,168
労働論（所有論としての──）　Arbeitslehre　128
ロゴス　Logos　11,14f

原　注

第一版への序

(1) また E. Voegelin, From Enlightment to Revolution, hrsg. v. J. H. Hallowell, Durham, North Carolina 1975 を挙げておく。そこでは，コント，バクーニン，マルクスとの関わりで19世紀が扱われるであろう。しかし，彼が「構想し，すでにかなりのところまで進めてきた‘政治思想史’」に対するフェーゲリン自身の異議は十分に考慮されねばならない。「政治思想史の代わりに意識の哲学への新たな（秩序の経験，つまり秩序の象徴的表現についての，土台をなす制度についての，意識それ自体の経験についての）研究が現れた。」(E. Voegelin, Anamnesis. Zur Theorie der Geschichte und Politik, München 1966, S.19f.）近代の政治哲学についての私の試みが，思想の歴史と経験の歴史との間の裂け目を埋めるための一助になればと考えている。

第1章

(1) Vgl. K. Jaspers, Nietzsche, Berlin [4]1980（4.Kap.：Große Politik, S.254-289).
(2) 解釈の際，源泉たる典拠に容易に当たることができるように，十分に考え抜かれた基本テキストだけを援用することにする。
(3) Vgl. G. W. F. Hegel, Grundlinien der Philosophie des Rechts oder Natrurrecht und Staatswissenschaft im Grundrisse, in: Werke 7（= Theorie-Werkausgabe), Frankfurt a. M. 1970, S.28（Vorrede). 以下，特に記述がない限り，この全集版によって引用する。そこでは，Rechtsphilosophie という短縮した書名を用いる。
(4) Vgl. Hegel, Rechtsphilosophie, S.26（Vorrede).
(5) Vgl. R. Descartes, Discours de la méthode, 6. Kap. さらに，デカルト晩年の著作『哲学原理』(1644年）の翻訳者ピコへのデカルトの書簡をも参照。（ドイツ語版では，Descartes, Die Prinzipien der Philosophie, Hamburg 1955, S.XLII.)
(6) Vgl. G. W. F. Hegel, Vorlesungen über die Philosophie der Religion I, Werke 16, S.112.

第2章

(1) Platon, Gorgias, 447 a.（引用は，すべての版が従っている，いわゆるステファヌスの頁づけを用いる。）
(2) A.a.O., 503 d ff.
(3) Vgl. Platon, Politeia, 351 d 5, Politikos, 311 b 9（そこでは，対話がホモノイアの示唆で終っている。）；Aristoteles, Nikomachische Ethik, IX, 6; E. Voegelin, Anamnesis. Zur Theorie der Geschichte und Politik, München 1966, S.291.
(4) Aristoteles, Politik, I, 2, 1253 a ff.（引用は，すべての版が従っている，ベッカー版の頁づけを用いる。）
(5) Platon, Gorgias, 483 c, 508 a. さらに，E. Voegelin, Order and History, Bd. 3: Plato and Aristotle, Baton Rouge 1957, S.33f. をも参照。
(6) 前者については，Platon, Theaitetos, 152 a を，後者については Nomoi, 716 c を参照。
(7) 認識とは知覚（アイステーシス）であるというテーゼとプラトンがどのように対決したかは，Platon, Theaitetos, 151 d ff. を参照。
(8) Platon, Gorgias, 491 e.
(9) F. Bacon, Novum Organum, 1. Buch, Abs.3.
(10) Hobbes, De corpore, T. I., Kap.I, Sekt.8.
(11) Vgl. Kant, Nachlaßnotiz, in: Gesammelte Schriften (Akademieausgabe) XXI, Berlin/Leipzig 1936, S.41. また，Kant, Kritik der reinen Vernunft, B XIII und B XVIII のよく知られた箇所。
(12) Vgl. Platon, Gorgias, 507 e ff.
(13) Vgl. Platon, Gorgias, 523 a.
(14) Aristoteles, Nikomachische Ethik, I, 5.
(15) Anaxagoras, Fragment 12.
(16) Aristoteles, Über die Seele, I, 404 a 17. これについては，M. Müller, Erfahrung und Geschichte, Freiburug/München 1971, S.100 を参照。
(17) Vgl. Platon, Politeia, VI.
(18) プラトンの太陽の比喩，線分の比喩，洞窟の比喩（Politeia, VI, 506 b-VII）を参照。
(19) Aristoteles, Politik, IV, 10. 特にまた V, 11を参照。
(20) Vgl. a.a.O., 1315 b 9f.
(21) 「無知の場合は別として，罪などというものはない。そう私は考えている。」マルロウがある戯曲の中でマキアヴェリに帰しているこの文章を，L. シュトラウスが引用し，「これはほとんど哲学者の定義である」と注釈している。（L. Strauss, Naturrecht und Geschichte, Stuttgart 1956, S.

184.) Vgl. L. Strauss, Thoughts on Machiavelli, Seattle/London ²1969.（今日における最も重要な反マキアヴェリ書である。）研究状況については以下のものを参照。A. Buck, Machiavelli, Darmstadt 1985（Erträge der Forschung）; W. Kersting, Machiavelli-Bilder. Zum gegenwärtigen Stand der Machiavelli-Forschung, in: Philosophisches Jahrbuch 94（1987）S.162-189. 私のテーゼの延長として，Jin-Woo Lee, Macht und Vernunft im polotischen Denken Machiavellis, Frankfurt a. M./Bern/New York 1987. がある。

(22) Vgl. Machiavelli, Il principe, 15. 以下のマキアヴェリからの引用と参照指示では，N. Machiavelli, Opere, Bd.I, hrsg. v. S. Bertelli, Verona 1968.（ドイツ語版 Der Fürst, übers. u. hrsg. von R. Zorn, Stuttgart 1955; Der Fürst, eingel. v. H. Freyer, Stuttgart 1961.）を見られたい。引用では Principe と記す。

また，Machiavelli, Discorsi sopra la prima deca di Tito Livio も参照。（ドイツ語版 Politische Betrachtungen über die alte und italienische Geschichte, übers. u. eingel. von F. von Oppeln-Bronikowski, neu hrsg. v. E. Faul, Köln-Opladen 1965; Discorsi. Gedanken über Politik und Staatsführung, übers., erläutert und eingel. v. R. Zorn, Stuttgart 1966.）引用では Discorsi と記す。

上記のドイツ語版によって引用することにするが，意味をはっきりさせるために訳を若干変更したり，原文から基本概念を挿入することがある。

(23) F. Nietzsche, Götzendämmerung, in: Werke, hrsg. v. K. Schlechta, München 1956, Bd.2, S.1028.（以下，引用では Werke と記す。）; F. Nietzsche, Werke. Kritische Gesamtausgabe, hrsg. v. G. Colli u. M. Montinari, Berlin 1970ff., Bd.VI 3, S.150.（以下，引用では KGA と記す。）

近代哲学とマキアヴェリとの関連については，拙論 Machiavellis politische Theorie und ihr eigentümlicher Zusammenhang mit der neuzeitlichen Philosophie, in: Philosophische Perspektiven, hrsg. v. R. Berlinger u. E. Fink, Bd.V, Frankfurt a. M. 1973, S.117ff. を参照。

(24) Principe, 18.

(25) Ebd.

(26) Ebd.

(27) Principe, 15.

(28) Vgl. Descartes, Discours de la méthode, 1. Kap.

(29) Vgl. Principe, 6, und Discorsi, Vorwort.

(30) Principe, 25.

(31) Platon, Laches 参照。

(32) Principe, 25.

(33) Principe, 26.

(34) M. Merleau-Ponty, Note sur Machiavel, in: Temps modernes, V, 1949.（現在は M. Merleau-Ponty, Eloge de la philosophie et autres essais, Paris 1968, S.366. に収められている。）また，A. Schwan, Humanismen und Christentum, in: Christlicher Glaube in moderner Gesellschaft, Teilband 19, Freiburg/Basel/Wien 1981, S.5ff. の節 Die Entwicklung des philosophischen Humanismus von Descartes zu Nietzsche, S.13ff. を参照。

(35) Principe, 26.

(36) Principe, 6.

(37) F. Meinecke, Die Idee der Staatsräson in der neueren Geschichte, hrsg. u. eingel. v. W. Hofer, München ²1960. Vgl. E. Faul, Der moderne Machiavellismus, Köln/Berlin 1961. さらに明解な論文 W. Kölmel, Machiavelli und der Machiavellismus. Mit einem Exkurs zu Platinas Schrift ›De principe‹, in: Historisches Jahrbuch der Görres-Gesellschaft, Freiburg/München 1970, S.376ff., bes. 385ff. を参照。

(38) Vgl. K. Kluxen, Politik und menschliche Existenz bei Machiavelli. Dargestellt am Begriff der necessità, Stuttgart-Berlin-Köln-Mainz 1967.

(39) G. W. Leibniz, Über die Verbesserung der ersten Philosophie und den Begriff der Substanz, in: Ders., Fünf Schriften zur Logik und Metaphysik, übers. und hrsg. von H. Herring, Stuttgart 1966, S.18.

(40) Vgl. Hegel, Wissenschaft der Logik II, Werke 6, S.251, 540; Enzyklopädie der philosophischen Wissenschaften, Werke 8, §160.

(41) Leibniz, a.a.O., S.20f.

(42) Hegel, Phänomenologie des Geistes, Werke 3, S.23 (Vorrede).

(43) Vgl. M. Heidegger, Die Zeit des Weltbildes, Zusätze, in: Ders., Gesamtausgabe, 1. Abt., Bd. 5: Holzwege, Frankfurt 1977, S.106f.; ders., Nietzsche, Bd. 2, Pfullingen 1961, S.429ff. u. 450ff.

(44) Leibniz, a.a.O., S.21.

(45) G. W. Leibniz, Neues System der Natur und der Verbindung der Substanzen sowie der Vereinigung zwischen Seele und Körper, in: A.a. O., S.26. これについては，衝動としてのライプニッツの「モナド」についてのハイデガーの解釈を参照。M. Heidegger, Gesamtausgabe, 2. Abtl., Bd.26: Metaphysische Anfangsgründe der Logik im Ausgang von Leibniz, Frankfurt a. M. 1978, S.86ff.

(46) 注(39)参照。

(47)　Hegel, Vorlesungen über die Philosophie der Geschichte, Werke 12, S.529.

(48)　Descartes, Discours de la mēthode, 6. Kap. 参照。

(49)　U. Weiss, Das philosophische System von Thomas Hobbes, Stuttgart-Bad Cannstatt 1980. を参照。

(50)　ホッブズについては，国家と社会の章との関連で取り上げる。また，拙論 Thomas Hobbes. Strukturelle Einheit von Körper und Methode. Ein politisch-ontologisches Problem, in: J. Speck (Hrsg.), Grundprobleme der großen Philosophen, Philosophie der Neuzeit I, Göttingen 1976, S. 74ff. を参照。

(51)　Briefe I, hrsg. v. J. Hoffmeister, Hamburg 1952, S.18.

(52)　Vgl. Hegel, Philosophie der Geschichte, Werke 12, S.529.

(53)　Vgl. Hegel, Phänomenologie des Geistes, VI. Der Geist, B. Der sich entfremdete Geist. Die Bildung, III. Die absolute Freiheit und der Schrecken.

(54)　Hegel, Philosophie der Geschichte, Werke 12, S.32.

(55)　Vgl. Hegel, Vorlesungen über die Philosophie der Religion, Werke 16, S.111.

(56)　Hegel, a.a.O., S.112.

(57)　Hegel, Phänomenologie des Geistes, Werke 3, S.23 (Vrerede).

(58)　A.a.O., S.145.

(59)　Hegel, Vorlesungen über die Geschichte der Philosophie, Werke 18, S.441.

(60)　Vgl. Hegel, Rechtsphilosophie, S.24 (Vorrede).

(61)　Vgl. Hegel, Geschichte der Philosophie, Werke 18, S.372.

(62)　Hegel, Rechtsphilosophie, Vorrede, S.24.

(63)　Vgl. Anaxagoras, Fragment 12.

(64)　Vgl. Aristoteles, Nikomachische Ethik, I, 3. 自己自身のもとにあることというアリストテレスの自由の定義については，Aristoteles, Metaphysik, I, 2, 982 b 25f. を参照。

(65)　Hegel, Enzyklopädie (1830), Werke 10, §482.

(66)　Hegel, Vernunft in der Geschichte, hrsg. von J. Hoffmeister, Hamburg 1955, S.55. 以下，引用では Vernunft と記す。

(67)　Vgl. §482 (印刷本文で1頁)。

(68)　Hegel, Enzyklopädie, §482.

(69)　Ebd.

(70)　Ebd.

(71)　Ebd.

(72) Ebd.

(73) 結局のところヘーゲルにとっては，一方に世俗的歴史があり，他方に聖なる歴史があるというのではない。精神の歴史としての人間の歴史があるだけなのである。神の国も人間の国も精神の国に属している。このことは，ヘーゲルの世界史の哲学についての講義を手がかりにしてさらに証明することもできよう。その場合欠かせないのは，キリスト教的なものが，ここではすなわちキリスト教的経験が世俗的な出来事であるという理解である。となると，この経験をさらに世俗化することはもはやできない。歴史となったことで，それは最初から世俗的なのである。キリスト教とともに歴史が始まる。そしてこの歴史は，キリスト教的共同体から生じたキリスト教的主体性の原理が展開して国家的共同体へと至る歩みなのである。ここにおいて，キリスト教的原理の徹底化，ないしは普遍化を問題とすることができる。世俗化の問題については，拙論 Säkularisierung. Ein Problem von Enteignung und Besitz, in: Philosophisches Jahrbuch 85 (1978), S. 301ff., besonders S.315f. を参照。

(74) Vgl. Hegel, Enzyklopädie, §482.

(75) Vgl. Hegel, Wissenschaft der Logik, II, Werke 6, S.540.

(76) Vgl. Hegel, Rechtsphilosophie, §1, Zusatz.

(77) Hegel, Wissenschaft der Logik, I, Werke 5, S.27.

(78) Hegel, Philosophie der Geschichte, Werke 12, S.74; Rechtsphilosophie, §343.

(79) Hegel, Enzyklopädie, 1830, §469.

(80) Ebd.

(81) Vgl. Rechtsphilosophie.

(82) Hegel, Enzyklopädie, §469.

(83) Vgl. Hegel, Rechtsphilosophie, §260.

(84) Vgl. Vernunft, S.111.

(85) Aristoteles, Metaphysik, XII, 1. 1069 a 16.

(86) F. Nietzsche, Werke, II, S.226; KGA, Bd.V2, S.280.

(87) A.a.O., S.226f.; KGA, Bd.V2, S.281.

(88) A.a.O., S.226; KGA, Bd.V2, S.280.

(89) Vgl. Leibniz, Monadologie, §32ff.

(90) Nietzsche, Werke, III, S.733; KGA, Bd.VIII 3, S.122.

(91) Vgl. Parmenides, Fragmente 6-8.

(92) 80年代の遺稿より。Vgl. Werke, III, S.895. その他の箇所としては KGA, Bd.VIII 2, S.33.

(93) Vgl. Platon, Politeia, V, 479 c ff., und Sophistes, 237ff., 244ff.

(94) Nietzsche, Werke, III, S.895; KGA, Bd.VIII 1, S.320.

(95) A.a.O., S.685; KGA, Bd.VIII 2, S.278.

(96) A.a.O., S.680; KGA, Bd.VIII 2, S.287.

(97) 特に，ハイデガーの簡潔にまとめられたニーチェ解釈を参照。M. Heidegger, Holzwege, a.a.O., S.209ff., bes. S.234ff.

(98) Vgl. Nietzsche, Werke, III, S.895f.; KGA, Bd.VIII 1, S.320f.

(99) Ebd.

(100) Vgl. a.a.O., S.895; KGA, Bd.VIII 1, S.320.

(101) A.a.O., S.896; KGA, Bd.VIII 1, S.321.

(102) 「財と価値」の問題は第３章の4と5・1で取り上げる。古典的な財説は第４章の1・2・1で取り上げる。

(103) Vgl. K. Schlechta, Nietzsche-Index, München 1965, S.410f.

(104) Henning Ottmann, Philosophie und Politik bei Nietzsche, Berlin/New York 1987; Jin-Woo Lee, Politische Philosophie des Nihilismus. Nietzsches Neubestimmung des Verhältnisses von Politik und Metaphysik, Berlin/New York 1992.

第３章

(1) ›Of Property‹. Vgl. J. Locke, The Second Treatise of Government, V. ドイツ語版: Ders., Über die Regierung, hrsg. v. P. C. Mayer-Tasch, Stuttgart 1974. 以下，この二つのテクストは ›Second Treatise‹ として引用する。

(2) Vgl. Locke, a.a.O., V, 27.

以下では，「所有（Eigentum）」と「財産（Besitz）」を同義に用いる。所有と財産とは，もともと区別されていた。所有，たとえば住居は不動産であり，これに対し，財産，たとえば貨幣は動産であった。近代の労働は，まさにこうした区別を止揚することを目指しているのではないのか。この点については，私の Säkularisierung……, a.a.O., S.312f. および Recht auf Arbeit und Beruf? Sieben philosophisch-politische Thesen, Freiburg/München 1983, 1. These: Arbeit schafft Besitz を参照せよ。近代所有理論の展開については，R. Brandt, Eigentumstheorien von Grotius bis Kant, Stuttgart 1974を参照。

(3) A.a.O., V, 37.

(4) 「科学では各人は，実際に認識し把握しているだけを所有している。」ここでもまた，まず労苦，次いで労苦の甲斐がある結果，つまり，認識の所有という特徴づけがなされている。(J. Locke, Essay Concerning Human Understanding, Buch I, Kap.III. ドイツ語版 Über den menschlichen Verstand, Hamburg 1976, S.103.)

(5) Vgl. K. Marx, Ökonomisch-philosophische Manuskripte aus dem

Jahre 1844 (=Pariser Manuskripte), in: MEW Ergänzungsband: Schriften bis 1844. Erster Teil, Berlin-Ost 1977, S.516. (以下では, Marx, Pariser Manuskripte として引用。)

(6) Locke, Second Treatise, V, 47.

(7) A.a.O., V, 48.

(8) Vgl. K. Marx, Aus den Exzerptheften zu James Mill, in: MEW Ergänzungsband, Schriften bis 1844. Erster Teil, S.446. (以下では, Marx, Exzerpthefte zu Mill として引用。)

(9) Vgl. Aristoteles, Politik, I, 2.

(10) Marx, Pariser Manuskripte, S.514.

(11) Aristoteles, Nikomachische Ethik, I, 5.

(12) Kant, Kritik der reinen Vernunft, B 833.

(13) Immanuel Kants Logik. Ein Handbuch zu Vorlesungen, in: Imm. Kant, Werke in sechs Bänden, hrsg. v. W. Weischedel, Bd.3, Darmstadt 1966, S.448.

(14) K. Marx, Das Kapital (=MEW 23), S.50.

(15) Barbon と Butler の原語での引用は Karl Marx, Das Kapital, Bd.I, mit einem Geleitwort von K. Korsch, Frankfurt a.M. 1969, S.18.

(16) Marx, Das Kapital (=MEW 23), S.52f.

(17) Ebd.

(18) A.a.O., S.162.

(19) A.a.O., S.167.

(20) Ebd.

(21) Vgl. Aristoteles, Nikomachische Ethik, I, 3.

(22) Marx, Das Kapital, S.168.

(23) A.a.O., S.170.

(24) Ebd.

(25) A.a.O., S.163.

(26) A.a.O., S.164.

(27) Ebd.

(28) Vgl. a.a.O., S.52f.

(29) A.a.O., S.168.

(30) Ebd.

(31) A.a.O., S.168f.

(32) A.a.O., S.169.

(33) Vgl. H. Lotze, Logik, drei Bücher. Vom Denken, vom Untersuchen und vom Erkennen, hrsg. von G. Misch, Leipzig 1912. この点については M. Heidegger の考察を参照。in: Gesammtausgabe, 2.Abt., Bd.21:

Logik. Die Frage nach der Wahrheit, Frankfurt a.M. 1976, S.62ff.

(34) Vgl. Hegel, Rechtphilosophie, §33, §184.

(35) Marx, Das Kapital, a.a.O., S.169.

(36) この点については，この指摘を借用した ›Der Tauschmarkt‹ の章 in: H. Arendt, Vita activa oder vom tätigen Leben, Stuttgart 1960, S.145-154 特に S.151 および S.351f. のそれについての注を参照せよ。

(37) 「リカード価値論は，それでも絶対的価値を確定しようと必死の努力を行っているが，その卓越した分析と批判は，G. Myrdal, The Political Element in the Development of Economic Theory, 1953, S.66ff. に見られる。」H. Arendt, a.a.O., S.352より引用。M. Foucault, Les mots et les choses, Paris 1966, S.265ff.（ドイツ語版 Die Ordnung der Dinge, Frankfurt a.M. 1971, S.310ff.）も参照。

(38) Vgl. M. Scheler, Der Formalismus in der Ethik und die materiale Wertethik（=Gesammelte Werke, Bd.2）, Bern/München ^{5}1966; ders., Vom Ewigen im Menschen（=Gesammelte Werke, Bd.5）, Bern/München 1954, u. N. Hartmann, Ethik, Berlin 1926, ^{4}1962.

(39) こうした意味は，旧来の実体と比較すれば引用符つきで書かなければならないであろう。存在概念は，こうした場合全く不十分であろう。だが，われわれはわれわれの世界では，われわれがこの世界の中で生産し，かつ，この世界に充満させている事物と関わらなければならないのである。世界はそれ自体，価値世界である。

(40) Vgl. Marx, Pariser Manuskripte, S.574.

(41) これと似た再構成を試みているのが S. Müller, Phänomenologie und philosophische Theorie der Arbeit. 2 Bde., Freiburg/München 1992/93. である。ミュラーは近代合理性の展開を，ロック，カント，フィヒテ，ヘーゲル，ニーチェ，マルクスという主要段階を踏まえて，労働の合理性として解読し，逆に近代の労働意識がこうした展開によって本質的に条件づけられていることを明らかにしている。

(42) Marx, Exzerpthefte zu Mill, S.447.

(43) Marx, Pariser Manuskripte, S.514.

(44) A.a.O., S.515.

(45) A.a.O., S.516.

(46) Ebd.

(47) A.a.O., S.515f.

(48) A.a.O., S.538.

(49) A.a.O., S.517.

(50) Ebd.

(51) Vgl. Marx, Das Kapital, a.a.O., S.382.

(52) Vgl. a.a.O., S.383.
(53) Marx, Pariser Manuskripte, S.517.
(54) Vgl. a.a.O., S.518f.
(55) A.a.O., S.519.
(56) A.a.O., S.520.
(57) Marx, Deutsche Ideologie（=MEW 3), S.32.
(58) Ebd.
(59) それは，マルクス主義において，長きにわたり疎外の問題を後回しにしさらにはそれについて語らないきっかけであった。
(60) Marx, Pariser Manuskripte, S.537.
(61) A.a.O., S.539.
(62) Vgl. bes. These 1-3, in: MEW 3, S.5f.
(63) Vgl. G. W. F. Hegel, Die Phänomenologie des Geistes, Abschnitt IV. A. Selbständigkeit und Unselbständigkeit des Selbstbewußtseins; Herrschaft und Knechtschaft.
(64) Marx, Exzerpthefte zu Mill, S.459.
(65) Ebd.
(66) Ebd.
(67) Ebd.
(68) A.a.O., S.463.
(69) Ebd.
(70) Marx, Pariser Manuskripte, S.539.
(71) A.a.O., S.538.
(72) A.a.O., S.539.
(73) A.a.O., S.540.
(74) Marx, Exzerpthefte zu Mill, S.462.
(75) A.a.O., S.463.
(76) Vgl. Pariser Manuskripte, S.517.
(77) Ebd.
(78) ここで，こうした鏡を見るという見解と旧来の理論との比較を行ってみることは，興味深いことであろう。旧来の理論は，存在から与えられた存在者に視線を向ける。だが，人間は自分自身に視線を向ける。われわれは自己観照という意味での世界観を有する。そもそもここで世界観が可能となるのは，人間がこの世界を自ら作ったからに他ならない。この点については，拙論 Die Zukunft der Freiheit, Darmstadt 1993 (Kap. VI: Sozialismus) を参照。

第4章

(1) カントに見られるように，属性を自然に配し領有を理性に配するのは，あまりに短慮であろう。そうであれば，理性的な人間とは，人間の尊厳を達成した者のことであろう。理性はたしかにある役割を果たすが，カントに問うてみることが重要である。

(2) Pico della Mirandola, De dignitate hominis, lat. u. dt., übers. v. H. Reich, Bad Homburg 1968.

(3) H. von Doderer の翻訳により引用 in: Die Dämonen, München 1956, S.657f.

(4) Vgl. St. Lem, Summa technologiae, Frankfurt a.M. 1976, S.23f.

(5) 「これらの典型像の本質的な類縁性――そしてまた，特徴的な相違……を明らかにするのは，やりがいのある仕事であろう」と，ロンバッハは，パスカルの honnête homme を叙述しピコないしルネサンスの uomo universale を指摘する際に述べている。H. Rombach, Substanz, System, Struktur, Bd.II, Freiburg/München 1966, S.177. T. Schabert, Gewalt und Humanität, Freiburg/München 1978 も見よ。ここでは，Tepl, Pico und Montaigne を手掛かりにして，〈人間の貧しさと尊厳について〉語られている(S.145ff.)。

(6) K. Marx, Deutsche Ideologie, in: MEW 3, S.33.

(7) カントはこの言葉をこうした意味で用いていた。あるものが内在的な価値――それはカントにとって，価値それ自体あるいは無条件の価値と同じことを意味している――をもつ場合，それは尊厳である。カントは内在的価値を考慮しているのだから，当然のことながら外的価値が，無条件の価値に対して条件的な価値が，存在しなければならない。ここには，カントが尊厳と人間の尊厳とを住まわせようとしている隙間がある。価値とは，歴史上最初には，購入価格，高価な商品，また貨幣や報酬，そして，価格一般を指す。今日われわれは，価値ということで直ちに，支払うことのできる価格を考えることはない。さらにまた，基本価値も支払うことができるようなものには見えない。にもかかわらず，カントは，価値と尊厳について語る場合，価値という言葉の歴史的な意味枠組みの中に留まっているのである。敢えてこれらの言葉でカントが何を語ろうとしているかは，テクストの中では明々白々である。価値概念が哲学に導入されたのは遅いが，しかしその後大いに使用されたということは，よくよく考慮してみなければならない。18世紀に今述べた導入が行われ，ついで19世紀には，werten, abwerten, verwerten, entwerten といった一連の動詞化が見られる。価値はもともと経済概念であり，その後哲学によっても受け容れられたのだと単純に言うことはできず，また，この受け容れということに準拠ある

いは対決を見ることもできない。前章ですでにマルクスに見たように，哲学の基本概念は，その後遅くともニーチェのもとで明らかになるようなものと推測しなければならない。

(8) I. Kant, Grundlegung zur Metaphysik der Sitten, hrsg. von K. Vorländer, Hamburg 1952, S.58.

(9) Ebd.

(10) A.a.O., S.58f.

(11) A.a.O., S.16.

(12) A.a.O., S.10f.

(13) Vgl. Aristoteles, Nikomachische Ethik, I, 8.

(14) Kant, Grundlegung zur Metaphysik der Sitten, S.10.

(15) A.a.O., S.11.

(16) Ebd. この点については Baruzzi, Güter der Polis - Werte der Gesellschaft. Überlegungen zu einem prinzipiellen Wandel, in: Th. Ellwein und H. Stachowiak (Hrsg.), Werte, Bedürfnisse und sozialer Wandel, Bd.I, München 1982, S.51ff. 参照。

(17) Immanuel Kants Logik, a.a.O., S.448.

(18) Kant, Grundlegung zur Metaphysik der Sitten, S.42.

(19) A.a.O., S.43.

(20) A.a.O., S.52.

(21) Vgl. Aristoteles, Metaphysik I, 2 u. II, 2, 994 b 9ff.

(22) Kant, Grundlegung zur Metaphysik der Sitten, S.14.

(23) Vgl. Kant, Kritik der praktischen Vernunft, hrsg. v. K. Vorländer, Hamburg 1967, S.56 u. S.72ff.

(24) これは，理性的な魂の部分においてだけではない。古代人たちは魂を人間のうちで理性に参与しているものと叙述したのだが，その場合には，主として欲求である人間の魂の領域総体へと理性が流入することをどのように受け容れるべきかという困難な問題が生じた。Platon, Politeia, IV, bes. 442 a ff. 参照。

(25) Kant, Grundlegung zur Metaphysik der Sitten, S.59f.

(26) Kant, Kritik der praktischen Vernunft, S.84-104.

(27) Kant, Grundlegung zur Metaphysik der Sitten, S.19f.

(28) A.a.O., S.64.

(29) Vgl. ebd.

(30) Vgl. a.a.O., S.20.

(31) Vgl. a.a.O., S.11.

(32) Ebd.

(33) Vgl. Aristoteles, Metaphysik, XII, 1, 1069 a 16.

(34) Kant, Kritik der praktischen Vernunft, S.186.

(35) Ebd.

(36) カントの道徳哲学が本来の実践哲学たらんとするものであるとしても，この道徳哲学だけを手掛かりとしてカントの政治哲学を批判することは，もちろん許されない。カントの『判断力批判』には別の哲学が，しかもそもそも初めて政治哲学が潜んでいるかもしれないということを，H. アレントは最近の大著の中で指摘しているが，残念なことに，この著作は〈判断作用 (Das Urteilen)〉に関する決定的な部分ではまだ断片でしかない。H. Arendt, Vom Leben des Geistes, Bd.II: Das Wollen, München 1979 (Anhang: Das Urteilen, S.208ff.). H. Arendt, Das Urteilen. Texte zu Kants politischer Philosophie, hrsg. und mit einem Essay v. R. Beiner, München 1985.

(37) Vgl.: Zur Geschichte der Erklärung der Menschenrechte, hrsg. v. R. Schnur, Darmstadt 1964, S.20ff. (Vergleich der französischen und amerikanischen Deklarationen.)

(38) Vgl. ebd.

(39) J.Locke, Second Treatise, VII, 87, u. IX, 123 u. 124.

(40) Vgl. a.a.O., IX, 123; auch V, 44.

(41) Vgl. a.a.O., VII, 87, u. IX, 123 u. 124.

(42) Vgl. Hobbes' Wertung der Selbsterhaltung als eines primum bonum: Hobbes, De homine 11, 6. Vgl. auch De cive 2, 3.

(43) Vgl. G.Jellinek, Die Erklärung der Menschen-und Bürgerrechte, in: Zur Geschichte der Erklärung der Menschenrechte, hrsg. v. R. Schnur, Darmstadt 1964, S.1ff., bes. S.39ff.

(44) K.Marx, Zur Judenfrage, in: MEW 1, S.364. (以後 Marx, Judenfrage として引用)

(45) 私は，人権の研究プロジェクト（代表者はJ. Schwartländer, Tübingen）を指摘しておく。特に，J. Schwartländer (Hrsg.), Menschenrechte. Aspekte ihrer Begründung und Verwirklichung, Tübingen 1978; ders.(Hrsg.), Menschenrechte und Demokratie, Kehl am Rhein/Straßburg 1981.

(46) Hegel, Rechtsphilosophie, S.16.

(47) Vgl. a.a.O., §4.

(48) Locke, Second Treatise, IX, 123.

(49) Vgl. W.S.Carpenter, The Development of American Political Thought, San Francisco 1980; L.W.Levy, Judgments. Essays on American Constitutional History, New York 1972; J.Gebhardt, Die Krise des Amerikanismus. Revolutionäre Ordnung und gesellschaftliches

Selbstverständnis in der amerikanischen Republik, Stuttgart 1976, bes. S.74ff. u. 262ff.

(50) Vgl. P.C.Mayer-Tasch, Die Verfassungen Europas, München ^{2}1975, S. 190(Präambel).

(51) A.a.O., S.210.

(52) Vgl. Artikel: Grundrechte, Menschen-, Bürger- und Volksrechte, in: Geschichtliche Grundbegriffe. Historisches Lexikon zur politisch-sozialen Sprache in Deutschland, hrsg. v. O.Brunner, W.Conze, R. Koselleck, Bd.2, Stuttgart 1975, S.1075.

(53) Vgl. a.a.O., S.1055.

(54) Vgl. a.a.O., S.1081.

(55) Locke, Second Treatise, IX, 124.

(56) Vgl. Mayer-Tasch, Die Verfassungen Europas, a.a.O., S.210.

(57) Ebd.

(58) Hegel, Rechtsphilosophie, §4.

(59) A.a.O., §209.

(60) Dokumente zu Hegels Entwicklung, hrsg. v. J.Hoffmeister, Stuttgart 1936, ^{2}1974, S.249.

(61) Vgl. Aristoteles, Nikomachische Ethik, VIII, 1.

(62) 政治的権利と自然権との関連の問題については Aristoteles, Nikomachische Ethik, V, 10 を参照。

(63) Hegel, Rechtsphilosophie, §4.

(64) Ebd.

(65) Vgl. Hobbes, De corpore, Vorwort; Leviathan, Einleitung.

(66) Marx, Judenfrage, S.364.

(67) Hegel, Jenaer Realphilosophie, hrsg. v. J.Hoffmeister, Hamburg 1967, S.249.

(68) Ebd.

(69) Hegel, Die Verfassung Deutschlands, in: Werke 1, S.458.

(70) §33, Zusatz.

(71) Ebd.

(72) Ebd.

(73) Hegel, Rechtsphilosophie, §151 (Randbemerkungen), S.302.

(74) Rechtsphilosophie, §45.

(75) A.a.O., §40. ヘーゲルの占有と所有との区別，および，ヘーゲルにおける新たな占有概念については Baruzzi, Säkularisierung……, a.a.O., S.314 ff.

(76) G.W.F.Hegel, Die Verfassung Deutschlands, Werke 1, S.458.

(77) Rechtsphilosophie, §46, Zusatz.

(77a) 「法と所有」問題についてさらに詳しくは，A. Baruzzi, Recht und Gemeinwohl, Darmstadt 1990, S.54ff. の当該の章を参照。

(78) Marx, Judenfrage, S.363.

(79) A.a.O., S.364.

(80) A.a.O., S.365.

(81) Ebd.

(82) A.a.O., S.365f.

(83) A.a.O., S.366.

(84) Ebd.

(85) Ebd.

(86) A.a.O., S.367ff.

(87) A.a.O., S.369.

(88) Vgl. ebd.

(89) Ebd.

(90) A.a.O., S.370.

(91) 本書117頁以下を参照。

(92) Marx, Judenfrage, S.370.

(93) Ch. Fourier, Theorie der vier Bewegungen und der allgemeinen Bestimmung, Frankfurt a.M. 1966, S.259f.

(94) Vgl. Marx, Deutsche Ideologie（=MEW 3), S.62f.

(95) Vgl. Baruzzi, Europäisches Grundrecht auf Arbeit?, in: Ders., Europäisches ‚Menschenbild' und das Grundgesetz für die Bundesrepublik Deutschland, Freiburg/München 1979, S.31ff.

(96) Vgl. a.a.O., S.53.

(97) Vgl. Mayer-Tasch, Die Verfassungen Europas, S.314.

(98) Hegel, Rechtsphilosophie, §30.

(99) Ebd.

(100) A.a.O., §216.

(101) Vgl. ebd.

(102) Vgl. Rechtsphilosophie, §215. ヘーゲルはここで法律の理解可能性，コミュニケイションの力能（Kommunikationsfähigkeit）について語っている。ヘーゲルが判決（Rechtsprechen）の公開性を説明している §§221-228も参照。

(103) Rechtsphilosophie, §213 und Zusatz.

(104) Vgl. a.a.O., §341ff.

(105) ヘーゲルの法批判について，また人倫的法に至る法の可能的歴史については，A. Baruzzi, Freiheit, Recht und Gemeinwohl, S.144; Die Zukunft

der Freiheit, Kap. V.4.4. (Das Recht als realisierte und konkretisierte Freiheit) を参照。

第5章

(1) Verfassungsausschuß der Ministerpräsidenten-Konferenz der westlichen Besatzungszonen: Bericht über den Verfassungskonvent auf Herrenchiemsee vom 10.-23. Aug. 1948, München 1948, S.21.

(2) Machiavelli, Discorsi, II, 2.

(3) Hegel, Realphilosophie, a.a.O., S.246.

(4) A.a.O., S.247.

(5) Vgl. Locke, Second Treatise, VIII, 99. H. アレントはこの箇所を「法治国家 (Rechtsstaat)」と訳している。H. Arendt, Über die Revolution, München 1963, S.219 を参照。

(6) Hobbes, Leviathan, Kap.16 (ラテン語版) (＝Thomas Hobbes, Opera Philosophica quae Latine Scripsit Omnia, Ed. W. Molesworth, London 1839-1845, Bd.3, S.202).

(7) 法律学の国家概念については, M. Kriele, Einführung in die Staatslehre, Hamburg 1975, S.81ff. (国家概念の諸類型) を参照。哲学的国家概念については H. Kuhn, Der Staat, München 1967 を, 一般的には P.-L. Weinacht, Staat. Studien zur Bedeutungsgeschichte des Wotes von den Anfängen bis ins 19. Jahrhundert, Berlin 1968 を参照。近代の国家問題については, Bodin, Six livres de la Rēpublique, in der Übers.: Sechs Bücher über den Staat, Buch I-III, (übers. v. B. Wimmer u. hrsg. v. P. C. Mayer-Tasch, München 1981, bes. S.60ff. を参照。

「国家と社会」の問題ないしディレンマについては, E.-W. Bökkenförde(Hrsg.), Staat und Gesellschaft, Darmstadt 1976 および P. Koslowski, Gesellschaft und Staat. Ein unvermeidlicher Dualismus, Stuttgart 1982 を参照。K. Hartmann, Politische Philosophie, Freiburg/München 1981, S.234ff. bzw. S.253ff. の最終章 Staat und Gesellschaft im Verhältnis zueinander および 最終節 Der Staat der Gesellschaft も見よ。

(8) M. Riedel の論稿 Bürgerliche Gesellschaft および Gesellschaft, Gemeinschaft, in: Geschichtliche Grundbegriffe, Bd.2, a.a.O., S.719ff. bzw. S.801ff. を参照。

(9) Vgl. A. Baruzzi, Mensch und Maschine, München 1973, S.106f. (Interesse an Soziabilität).

(10) Vgl. Aristoteles, Politik, I, 1 u. 2. Aristoteles, Politik, Hamburg 1981, S.XXf. のすぐれた序論における G. Bien の考察も参照。

(11) Vgl. a.a.O., I, 2 1252 b 32f.

(12) Hobbes, De corpore, I, 6. ドイツ語版より引用 Th. Hobbes, Vom Körper, ausgew. u. übers. v. M. Frischeisen-Köhler, Hamburg ²1967, S. 9.

(13) Hobbes, Leviathan, Einleitung, S.5. ドイツ語版より引用 Th. Hobbes, Leviathan, hrsg. u. eingel. v. I. Fetscher, Neuwied/Berlin 1966.

(14) 分解合成的方法と近代の国家哲学については，W. Röd, Geometrischer Geist und Naturrecht, München 1970 を参照。

(15) 後期の著作である『リヴァイアサン』の対応する章，つまり，第14章「第一と第二の自然法および契約について」ないし第17章「国家の原因，設立および定義について」をも，引き合いに出し比較することができる。

(16) Vgl. L. Strauss, Hobbes' politische Wissenschaft, Neuwied/Berlin 1965, bes. Kap.II.

(17) Hobbes, De cive, 5, 1. ドイツ語版より引用 Th. Hobbes, Vom Menschen. Vom Bürger, eingel. u. hrsg. v. G. Gawlick, Hamburg 1959, S.124.

(18) Vgl. a.a.O., 5, 2.

(19) Leviathan, Kap.14, S.99.

(20) A.a.O., S.100.

(21) Hobbes, De cive, 5, 4.

(22) A.a.O., 5, 5.

(23) Ebd.

(24) A.a.O., 5, 6 u. 5, 7.

(25) Leviathan, Kap.17, S.134.

(26) De cive, 5, 5.

(27) A.a.O., 5, 9.

(28) Leviathan, Kap.17, S.135.

(29) この点については，ホッブズが『リヴァイアサン』第14章での契約(pact) についての考察の中で行っている啓発的な発言をも参照。「契約の内容あるいは対象は，つねに，考慮を必要とするものである。というのも，契約締結は意志行為，つまり，行為しかも考慮の最後の行為であるからである。またそれゆえに，契約はつねに，その契約を契約締結者が満たすことができると想定しうる，将来に関することと解されるのである。」(S.106)

(30) Vgl. De cive, 5, 12.

(31) Vgl. ebd.

(32) Vgl. Leviathan, Einleitung, S.5.

(33) De corpore, Vorwort an den Leser.

(34) Ebd.

(35) ホッブズは自然を神の技術と呼び，それゆえ，自然を技術の観点から考

えている。だが，技術は人間に固有な技である。したがって，ホッブズは神を人間の観点から考えているのである。この点に依存関係を見ようとしない場合でも，少なくとも一つの上位概念を見なければならず，その場合に神の技術と人間の技術という下位概念がそこに含まれる。

(36) サイバネティクスのシステム理論の見地に立って，ホッブズの物理学から人間学を経て政治学に至る体系が，新たに再構成されている。U. Weiss, a.a.O.

(37) Vgl. Leviathan, Einleitung.

(38) Ebd.

(39) Vgl. Aristoteles, Über die Seele, III, 8, 431 b 20f.

(40) Vgl. Aristoteles, Nikomachische Ethik, X, bes. 1177 b 25ff.

(41) 全体主義テーゼについては J.Vialatoux, La cité totalitaire de Hobbes, Lyon ²1952 および J.Mourgeon, La science du pouvoir totalitaire dans le Léviathan de Hobbes, in: Annales de la Faculté de Droit de Toulouse, Bd.XI, 1963, S.281-417 を参照。リベラルな思想家の始まりというホッブズ解釈については，とりわけ（もちろんリベラリズムの評価は様々ではあるが）Carl Schmitt, Der Leviathan in der Staatslehre des Thomas Hobbes, Hamburg 1938, Nachdruck Köln 1982 および L. Strauss, Hobbes' politische Wissenschaft, Neuwied/Berlin 1965（中でも特に Anhang ›Anmerkungen zu Carl Schmitt, Der Begriff des Politischen‹）を参照。

(42) Locke, Second Treatise, VIII, 96.

(43) A.a.O., V, 37.

(44) A.a.O., VIII, 96.

(45) Ebd.

(46) Ebd.

(47) A.a.O., VIII.

(48) A.a.O., VIII, 99.

(49) A.Lincoln, His Speeches and Writings, hrsg. v. R.P.Basler, Cleveland, N.Y. 1946, S.734.

(50) Herdot, Historien, III, 83.

(51) この点については，A. Baruzzi, Freiheit, Recht und Gemeinwohl, S.120ff. (Politeia und neuzeitlicher Verfassungsstaat）を参照。

(52) Vgl. Herodot, a.a.O., III, 80. En gar to pollo eni ta panta.「この簡潔な文は多くの形に翻訳される。最初に思いつかれる逐語的な答を，私はどこにも見つけることができなかったが，それはこういうものである。全体は多数のうちにある。この場合，多数とは‘大きな数’，それゆえ総体の多数を含意している。……その基礎づけがねらいとしているのは……総体の

中で妥当する多数決原理である。」(Ch. Meier, Die Entstehung des Politischen bei den Griechen, Frankfut a.M. 1980, S.287.) このような近代的な理解による翻訳の問題性を，P. ローレンツェンが私への手紙で指摘してくれた。私もこれに同意し，訂正する。数的な多数ではなく，ポリス住民の理性的な多さが決定的に重要なのである。Vgl. Paul Lorenzen, Lehrbuch der konstruktiven Wissenschaftstheorie, Mannheim/Wien/Zürich 1987, II. 3: Theorie des politischen Wissens, S.228ff.

(53) Hegel, Phänomenologie, Werke 3, S.435.

(54) 二つの周到な著作 H.Hofmann, Repräsentation. Studien zur Wort- und Begriffsgeschichte von der Antike bis ins 19. Jahrhundert, Berlin 1974 および H.Rausch, Repräsentation und Repräsentativverfassung. Anmerkungen zur Problematik, München 1979 を参照。

(55) ホッブズとの関連でこれらの問題を中心的に論じているのは Carl Schmitt, Der Leviathan in der Staatslehre des Thomas Hobbes, Hamburg 1938, Nachdruck Köln 1982 であるが，彼はそれを機能中立的な決断主義という意味でさらに展開している。

(56) Vgl. P.Häberle, Verfassungsgerichtsbarkeit als politische Kraft, in: 30 Jahre Bundesrepublik. Tradition und Wandel, hrsg. v. J.Becker, München 1979, S.53ff., bes. S.76.

(57) N.Luhmann, Legitimation durch Verfahren, Neuwied 1969を参照。

(58) 『リヴァイアサン』初版の扉の絵を参照（復刻 The English Works of Thomas Hobbes of Malmesbury, Ed. W.Molesworth, London 1839-1845, Bd.III)。

(59) 「支配契約および社会契約」また「人民主権」の概観には，Handbuch der Philosophie v. K.Hartmann, Politische Philosophie, Freiburg/München 1981, S.144ff. u. S.165ff. の詳細な記述を参照。

(60) J.-J.Rousseau, Du Contrat social; ou, Principes du droit politique, in: Ders., Œuvres complètes, III, Paris 1964, S.347ff.（以下 Œuvres として引用。）われわれは次の翻訳に従う。Rousseau, Staat und Gesellschaft, übers. u. komm. von K.Weigand, München 1968, 1.Buch, Kap.VI.（以下 Contrat social として引用。）補完や解明のためにドイツ語版の他にフランス語版も時折用いるが，フランス語版は頁数だけを挙げ，ドイツ語版は巻と章を挙げて引用する。

(61) A.a.O., 1.Buch, S.9.

(62) Vgl. Œuvres III, S.347.

(63) Vgl. a.a.O., S.1.

(64) Rousseau, Contrat social, 1.Buch, Kap.VI, S.18.

(65) Vgl. ebd.

(66) Ebd. (＝Rousseau, Œuvres III, S.361).
(67) Vgl. Rousseau, Œuvres III, S.290.
(68) Vgl. Rousseau, Emile, Œuvres IV, S.840. ドイツ語の翻訳版 :Emile oder über die Erziehung, Stuttgart 1968, S.917.
(69) Rousseau, Œuvres III, S.361.
(70) Vgl. a.a.O., S.1ff.
(71) Rousseau, Contrat social, 1.Buch, Kap.VII, S.21.
(72) Rousseau, Œuvres III, S.362.
(73) Rousseau, Contrat social, 1.Buch, Kap.VIII, S.22.
(74) A.a.O., S.21f.
(75) 1755年の経済学論文，つまり，次の比較的初期の政治的著述を参照。Discours sur l'ēconomie politique, in: Œuvres III, S.239ff. われわれはドイツ語の翻訳版から引用する。J.-J.Rousseau, Frühe Schriften, Leipzig 1970, S.247ff.（以下 Ökonomie として引用。）
(76) Vgl. Contrat social, 1.Buch, Kap.VI, S.19.
(77) Rousseau, Ökonomie, S.253.
(78) この点については A.Baruzzi, Mensch und Maschine, a.a.O., bes. Kap. 2 参照。
(79) Ökonomie, S.254.-Vgl. Œuvres III, S.244f. および S.1394 の注。この注はホッブズ『リヴァイアサン』序文を指示しているが，私見によればこの序文は構造比較の対象とすることができる。
(80) 「主権的権力をなすのは頭である。法律と習俗は，神経の起源にして，理性，意志 および感覚の中枢である脳である。裁判官と統治者は臓器である。商業，工業，農業は口と胃であり，共同の食物を用意する。公的財政は，心臓の機能を果たす賢明な経済から全身へと送り出されて栄養素と生命を行き渡らせる血液である。市民は身体であり，この機械を動かしそれを生命をもって働くようにする手足であって，この有機体が健康である場合には，そのどの部分を傷つけても必ず苦痛の刺激が脳に伝達される。
一人の生命は他者の生命と同じく全体に共通の自我であり，互いに感じ合うことであり，すべての部分の内的照応である。こうした結びつきがなくなり，統一的形態が解消されて，一体をなしている各部分相互の結合関係から相互並立の関係が生じる場合には，人間ないし国家は生命を失う。

国家身体は，それゆえ，意志をもった道徳的存在でもある。そして，この共同意志は，つねに全体および各部分の維持と福祉とを目指しており法律の源泉であるから，国家のすべての成員にとって自分自身および国家に関する法と不法との尺度である。」(Ökonomie, S.253f.)
(81) Ökonomie, S.273.
(82) Contrat social, 1.Buch, Kap.VII, S.19.

(83) Ebd.

(84) Ebd.

(85) Vgl. Ökonomie, S.257

(86) A.a.O., S.263.

(87) Vgl. a.a.O., S.275f.

(88) A.a.O., S.257.

(89) Leo Strauss, Naturrecht und Geschichte, a.a.O., S.291.

(90) >Discours sur l'origine de l'inégalité< における自己愛・自尊心・あわれみの心についてのルソーの注を参照。Œuvres III, S.219f. (Über den Ursprung der Ungleichheit unter den Menschen, hrsg. v. K.Weigand, Hamburg 1955, S.168ff.)

(91) Vgl. Œuvres IV, S.250.「自然人はそれ自体がすべてである。彼は引き裂かれていない単位，自己自身あるいはそれと同等なものとのみ関係をもつ絶対的な全体である。」(Emile ドイツ語版 a.a.O., S.112.)

(92) Discours sur l'origine de l'inégalité, Œuvres III, S.164.（第二部冒頭）

(93) Vgl. Rousseau, Contrat social, I,7, Œuvres III, S.363. S.1449の注も見よ。この注は，『エミール』および『人間不平等起源論』第二部から対応箇所を引いている。

(94) Vgl. Rousseau, Contrat social, 1.Buch, Kap.VII.

(95) Vgl. ebd. u. 2.Buch, Kap.XII. 多くの二次文献がバランスよく考慮されている簡潔で包括的な次の入門書を参照。M.Forschner, Rousseau, Freiburg/München 1977.

(96) 善良な人間についてのルソーのテーゼを参照。それをルソーは『人間不平等起源論』第二部で証明しようとし，特別の注の中で強調している。Œuvres III, S.142 bzw. S.202ff.（ドイツ語版 S.111）

(97) Rousseau, Œuvres III, S.131.

(98) Vgl. Machiavellis Brief an Francesco Vettori vom 9. April 1513: Machiavelli, Opere, Bd.V, S.243f.

(99) Rousseau, Contrat social, 1.Buch, S.9.

(100) A.a.O., 2.Buch, Kap.VII, S.40.

(101) A.a.O., 4.Buch, Kap.VIII, S.114.

(102) A.a.O., 4.Buch, Kap.VIII, S.118.

(103) Vgl. a.a.O., S.119.

(104) Hegel, Rechtsphilosophie, §258.

(105) Vgl. ebd.

(106) Ebd.

(107) Hegel, Werke 4, Nürnberger und Heidelberger Schriften von 1808 bis 1817, hier: Rechts-, Pflichten-und Religionslehre für die Unterklasse,

1810ff., S.266f., §54 u. §58.
(108) Vgl. Hegel, Rechtsphilosophie, §75 und 213.
(109) Hegel, Werke 4, S.265.
(110) Vgl. hierzu Rechtsphilosophie, §170ff.
(111) Rechtsphilosophie, §33, Zusatz.
(112) A.a.O., §260.
(113) Vgl. ebd., Zusatz.
(114) Rechtsphilosophie, §258, Zusatz.
(115) A.a.O., §270.
(116) Enzyklopädie, §552.
(117) Vgl. Hegel, Geschichte der Philosophie, I, Werke 18, S.372ff., besonders 441ff., und ders., Rechtsphilosophie, S.24 (Vorrede).
(118) Hegel, Frühe Schriften, Werke 1, S.465.
(119) A.a.O., S.461.
(120) Ebd.
(121) Rechtsphilosophie, §257.
(122) Vernunft, S.54.
(123) Philosophie der Geschichte, Werke 12, S.496f.
(124) Vernunft, S.111.
(125) Ebd.
(126) A.a.O., S.142. ヘーゲルにおける人間と国家の問題についての包括的な案内は，H.Ottmann, Individuum und Gemeinschaft bei Hegel, Bd.I: Hegel im Spiegel der Interpretation, Berlin 1977. を参照。
(127) A. Baruzzi, Die Zukunft der Freiheit, a.a.O. を参照。ヘーゲルについては，その本の第５章 Deutscher Idealismus, Abschnitt 4, Hegel を参照。

参考文献

* Arendt, H., Vita activa oder vom tätigen Leben, Stuttgart 1960, Neuaufl. München 1981.
* –, Über die Revolution, München 1963.
* –, Vom Leben des Geistes, Bd. II: Das Wollen, München 1979.
* –, Das Urteilen. Texte zu Kants politischer Philosophie, hrsg. und mit einem Essay v. R. Beiner, München/Zürich 1985.
* Aristoteles, Metaphysik, 2 Bde., hrsg v. H. Seidl, Hamburg 1978–80.
* –, Nikomachische Ethik, übers. v. F. Dirlmeier, Darmstadt 1976 und öfter.
* –, Nikomachische Ethik, übers. v. H. Rolfes, neu hrsg. v. G. Bien, Hamburg 1972.
* –, Politik, übers. v. E. Rolfes, neu hrsg. von G. Bien, Hamburg 1981.
* –, Über die Seele, übers v. W. Theiler, Darmstadt 1959.

Ashcraft, R., Revolutionary Politics and Locke's two Treatises of Government, Lawrenceville 1986.

* Bacon, F., Novum Organum, dt. Ausgabe: Neues Organ der Wissenschaften, übers. u. hrsg. v. A. Th. Brück, fotomechan. Nachdruck der 1. Aufl. Leipzig 1830, Darmstadt ²1962.

Baczko, B., Rousseau. Einsamkeit und Gemeinschaft, Wien/Frankfurt a. M./Zürich 1970.

Barišić, P., Welt und Ethos. Hegels Stellung zum Untergang des Abendlandes, Würzburg 1992.

Baruzzi, A., Mensch und Maschine. Das Denken sub specie machinae, München 1973.

–, Machiavellis politische Theorie und ihr eigentümlicher Zusammenhang mit der neuzeitlichen Philosophie, in: Philosophische Perspektiven, hrsg. v. R. Berlinger u. E. Fink, Bd. V, Frankfurt a. M. 1973, S. 117 ff.

–, Säkularisierung. Ein Problem von Enteignung und Besitz, in: Philosophisches Jahrbuch 85 (1978) S. 301 ff.

–, Europäisches „Menschenbild" und das Grundgesetz für die Bundesrepublik Deutschland, Freiburg/München 1979.

–, Thomas Hobbes: Strukturelle Einheit von Körper und Methode. Ein politisch-ontologisches Problem, in: Josef Speck (Hrsg.), Grundprobleme der großen Philosophen – Philosophie der Neuzeit I, Göttingen 1979, S. 74–100.

–, Güter der Polis – Werte der Gesellschaft. Überlegungen zu einem prinzipiellen Wandel, in: Th. Ellwein u. H. Stachowiak (Hrsg.), Werte, Bedürfnisse und sozialer Wandel, Bd. I, München 1982, S. 51 ff.

–, Recht auf Arbeit und Beruf? Sieben philosophisch-politische Thesen, Freiburg/München 1983.

* Baruzzi, A., Freiheit, Recht und Gemeinwohl. Grundfragen einer Rechtsphilosophie, Darmstadt 1990.

–, Die Zukunft der Freiheit, Darmstadt 1993.

Bend, J. G. van der (Hrsg.), Thomas Hobbes. His View of Man. Proceedings of the Hobbes Symposium at the International School of Philosophy in the Netherlands (Leusden, september 1979), Amsterdam 1982.

Bermbach, U., u. Kodalle, K.-M. (Hrsg.), Furcht und Freiheit. Leviathan-Diskussion 300 Jahre nach Thomas Hobbes, Opladen 1982.

Bielefeld, H., Neuzeitliches Freiheitsrecht und politische Gerechtigkeit. Perspektiven der Gesellschaftsvertragstheorien, Würzburg 1990.

Bodin, J., Six livres de la République, in der Übers.: Sechs Bücher über den Staat, Buch I–III, Übers. v. B. Wimmer u. hrsg. v. P. C. Mayer-Tasch, München 1981.

Böckenförde, E.-W. (Hrsg.), Staat und Gesellschaft, Darmstadt 1976.

Brandt, R., Eigentumstheorien von Grotius bis Kant, Stuttgart 1974.

Brown, K. C. (Hrsg.), Hobbes Studies, Oxford 1965.

Buck, A., Machiavelli (Reihe: Erträge der Forschung), Darmstadt 1985.

Carpenter, W. S., The Development of American Political Thought, San Francisco 1980.

* Cassirer, E., Das Problem Jean Jacques Rousseau, Darmstadt 1970.

Cox, R. H., Locke on War and Peace, Oxford 1960.

Cranston, M./Peters, R. S. (Hrsg.), Hobbes and Rousseau. A Collection of Critical Essays, Garden City, New York 1972.

* Descartes, R., Discours de la méthode, dt. Ausgabe: Abhandlung über die Methode des richtigen Vernunftgebrauchs und der wissenschaftlichen Wahrheitsforschung, übers. v. K. Fischer, hrsg. v. H. Glockner, Stuttgart 1961.

* –, Die Prinzipien der Philosophie, Hamburg 1955.

* Diels, H., Die Fragmente der Vorsokratiker, 6. Aufl., hrsg. v. W. Kranz, 3 Bde., Berlin 1951/52.

Djuric, M., Metaphysik des Gesellschaftsvertrages, in: Zeitschrift für Politik 28 (1981) S. 345–357.

Doderer, H. v., Die Dämonen, München 1956.

Dunn, J., The Political Thought of John Locke. An Historical Account of the Argument of the 'Two Treatises of Government', Cambridge 1969, jetzt Cambridge u. a. 1986.

Euchner, W., Naturrecht und Politik bei John Locke, Frankfurt a. M. 1969.

Faul, E., Der moderne Machiavellismus, Köln u. Berlin 1961.

Fetscher, I., Rousseaus politische Philosophie. Zur Geschichte des demokratischen Freiheitsbegriffs, 2., erw. Aufl. Neuwied am Rhein und Berlin 1968.

Forschner, M., Rousseau, Freiburg/München 1977.

* Foucault, M., Les mots et les choses, Paris 1966. (Deutsche Ausgabe: Die Ordnung der Dinge. Eine Archäologie der Humanwissenschaften, Frankfurt a. M. 1971.)

Fourier, Ch., Theorie der vier Bewegungen und der allgemeinen Bestimmung, Frankfurt a. M. 1966.

Gebhardt, J., Die Krise des Amerikanismus. Revolutionäre Ordnung und gesellschaftliches Selbstverständnis in der amerikanischen Republik, Stuttgart 1976.

Gerhardt, V., u. Kaulbach, F., Kant (Reihe: Erträge der Forschung), 2. Aufl. Darmstadt 1989.
Gough, J.W., The Social Contract. A Critical Study of its Development, Oxford 1936, rev. ed. 1957, Reprint Westport/Connecticut 1978.
–, Locke's Political Philosophy. Eight Studies, Oxford 1956.
Grundriß der Geschichte der Philosophie, begründet von Friedrich Ueberweg, völlig neubearbeitete Auflage: Die Philosophie des 17. Jahrhunderts, Bd. 3: England, hrsg. v. Jean-Pierre Schobinger, Basel 1988.
Häberle, P., Verfassungsgerichtsbarkeit als politische Kraft, in: 30 Jahre Bundesrepublik. Tradition und Wandel, hrsg. v. J. Becker, München 1979, S. 53 ff.
Hartmann, K., Politische Philosophie, Freiburg/München 1981.
Hartmann, N., Ethik, Berlin 1926 (4. Aufl. 1962).
* Hegel, G.W.F., Werke in zwanzig Bänden, Theorie-Werkausgabe, Frankfurt a.M. 1969 ff.
–, Briefe von und an Hegel, Bd. I–III, hrsg. v. J. Hoffmeister; Bd. IV 1 + 2, hrsg. v. F. Nicolin, Hamburg 1952–1981.
–, Jenaer Realphilosophie, hrsg. v. J. Hoffmeister, Hamburg 1967.
–, Vernunft in der Geschichte, hrsg. v. J. Hoffmeister, Hamburg 1955.
* Heidegger, M., Nietzsche, 2 Bde., Pfullingen 1961.
* –, Gesamtausgabe, Frankfurt a.M. 1975 ff.
Herodot, Historien, übers. v. A. Horneffer, 4. Aufl. Stuttgart 1971.
Hobbes, Th., Thomae Hobbes Malmesburiensis Opera Philosophica quae Latine Scripsit Omnia, Ed. William Molesworth, 5 Bde., London 1839–1845, Nachdruck Aalen 1961/62.
–, The English Works of Thomas Hobbes of Malmesbury, Ed. William Molesworth, 11 Bde., London 1839–1845, Nachdruck Aalen 1961/62.
–, De corpore, dt. Ausgabe: Vom Körper (Elemente der Philosophie I), ausgew. u. übers. v. M. Frischeisen-Köhler, Hamburg ²1967.
–, De homine. De cive, dt. Ausgabe: Vom Menschen. Vom Bürger (Elemente der Philosophie II u. III), eingel. u. hrsg. v. G. Gawlick, Hamburg ²1966.
* –, Leviathan, hrsg. u. eingel. v. I. Fetscher, übers. v. W. Euchner, Neuwied u. Berlin 1966.
Höffe, O. (Hrsg.), Thomas Hobbes. Anthropologie und Staatsphilosophie, Freiburg/Schweiz 1981.
Hoffmeister, J. (Hrsg.), Dokumente zu Hegels Entwicklung, Stuttgart 1936, 2. Aufl. 1974.
Hofmann, H., Repräsentation. Studien zur Wort- und Begriffsgeschichte von der Antike bis ins 19. Jahrhundert, Berlin 1974.
Hulliung, M., Citizen Machiavelli, Princeton, N.J. 1983.
* Jaspers, K., Nietzsche, Berlin/New York ⁴1980.
Jouvenel, B. de, Les débuts de l'état moderne. Une histoire des idées politiques du XIXᵉ siècle, Paris 1976.
Kant, I., Gesammelte Schriften, hrsg. v. d. Preußischen Akademie der Wissenschaften, Berlin 1900 ff.
–, Werke in sechs Bänden, hrsg. v. W. Weischedel, Darmstadt 1966.

* Kant, I., Grundlegung zur Metaphysik der Sitten, hrsg. v. K. Vorländer, Hamburg 1952.
* –, Kritik der praktischen Vernunft, hrsg. v. K. Vorländer, Hamburg 1967.
* –, Kritik der reinen Vernunft, besorgt v. R. Schmidt, Hamburg 1956.
Kersting, W., Niccolò Machiavelli, München 1988.
–, Machiavelli-Bilder. Zum gegenwärtigen Stand der Machiavelli-Forschung, in: Philosophisches Jahrbuch 94 (1987) S. 162–189.
Kluxen, K., Politik und menschliche Existenz bei Machiavelli. Dargestellt am Begriff der necessità, Stuttgart–Berlin–Köln–Mainz 1967.
Kodalle, K.-M., Thomas Hobbes – Logik der Herrschaft und Vernunft des Friedens, München 1972.
Kölmel, W., Machiavelli und der Machiavellismus. Mit einem Exkurs zu Platinas Schrift „De principe", in: Historisches Jahrbuch der Görres-Gesellschaft, Freiburg/München 1970, S. 376 ff.
König, R., Niccolo Machiavelli. Zur Krisenanalyse einer Zeitenwende, Zürich 1941, Neuaufl. München 1979.
Koselleck, R./Schnur, R. (Hrsg.), Hobbes-Forschungen, Berlin 1969.
Koslowski, P., Gesellschaft und Staat. Ein unvermeidlicher Dualismus, Stuttgart 1982.
Kriele, M., Einführung in die Staatslehre, Hamburg 1975.
Küsters, G.-W., Kants Rechtsphilosophie (Reihe: Erträge der Forschung), Darmstadt 1988.
Kuhn, H., Der Staat, München 1967.
Lee, J.-W., Macht und Vernunft im politischen Denken Machiavellis, Frankfurt a. M./Bern/New York 1987.
Lee, J.-W., Politische Philosophie des Nihilismus. Nietzsches Neubestimmung des Verhältnisses von Politik und Metaphysik, Berlin/New York 1992.
* Leibniz, G. W., Monadologie, neu übers., eingel. und erläutert v. H. Glockner, Stuttgart ^{2}1970.
–, Fünf Schriften zur Logik und Metaphysik, übers. u. hrsg. v. H. Herring, Stuttgart 1966.
Lem, St., Summa technologiae, Frankfurt a. M. 1976.
Levy, L. W., Judgements. Essays on American Constitutional History, New York 1972.
Leyden, W. v., Hobbes and Locke. The Politics of Freedom and Obligation, New York 1982.
Lincoln, A., His Speeches and Writings, hrsg. v. R. P. Basler, Cleveland, N. Y. 1946.
* Locke, J., Essay Concerning Human Understanding, dt. Ausgabe: Über den menschlichen Verstand, Hamburg 1976.
* –, Two Treatises of Government, hrsg. v. P. Laslett, Cambridge 1967.
–, The Second Treatise of Government, dt. Ausgabe: Über die Regierung, hrsg. v. P. C. Mayer-Tasch, Stuttgart 1974.
Lorenzen, P., Lehrbuch der konstruktiven Wissenschaftstheorie, Mannheim/Wien/Zürich 1987.

Lotze, H., Logik, drei Bücher. Vom Denken, vom Untersuchen und vom Erkennen, hrsg. v. G. Misch, Leipzig 1912.
Luhmann, N., Legitimation durch Verfahren, Neuwied 1969.
Machiavelli, N., Opere, Bd. I ff., hrsg. von S. Bertelli, Verona 1968 ff.
*–, Discorsi, übers. u. eingel. von F. v. Oppeln-Bronikowski, neu hrsg v. E. Faul, Köln u. Opladen 1965.
*–, Discorsi. Gedanken über Politik und Staatsführung, übers., erläutert u. eingel. v. R. Zorn, Stuttgart 1966.
*–, Der Fürst, eingel. v. H. Freyer, Stuttgart 1961.
*–, Der Fürst, übers. u. eingel. v. R. Zorn, Stuttgart 1955.
Macpherson, C. B., Die politische Theorie des Besitzindividualismus, Frankfurt a. M. 1968.
Maier, H./Rausch, H./Denzer, H. (Hrsg.), Klassiker des politischen Denkens, Bd. 2: Von Locke bis Max Weber, 6. Aufl. München 1992.
*Marx, K., Das Kapital, Bd. I, mit einem Geleitwort v. K. Korsch, Frankfurt a. M. 1969.
–, Engels, F., Werke (MEW), hrsg. v. Institut für Marxismus-Leninismus beim ZK der SED, Berlin 1956 ff.
Mayer-Tasch, P. C., Die Verfassungen Europas, München ²1975.
–, Hobbes und Rousseau. Durchgesehener Neudruck von „Autonomie und Autorität: Rousseau in den Spuren von Hobbes?“, Aalen 1976.
Meier, Ch., Die Entstehung des Politischen bei den Griechen, Frankfurt a. M. 1980.
*Meinecke, F., Die Idee der Staatsräson in der neueren Geschichte, hrsg. u. eingel. v. Walther Hofer, München ²1960.
*Merleau-Ponty, M., Note sur Machiavel, in: Temps modernes, V, 1949; jetzt in: Ders., Eloge de la philosophie …, Paris 1968.
Mourgeon, J., La science du pouvoir totalitaire dans le Léviathan de Hobbes, in: Annales de la Faculté de Droit de Toulouse, Bd. XI, 1963, S. 218–417.
Müller, M., Erfahrung und Geschichte. Grundzüge einer Philosophie der Freiheit als transzendentale Erfahrung, Freiburg/München 1971.
Müller, S., Phänomenologie und philosophische Theorie der Arbeit, 2 Bde., Freiburg/München 1992/93.
Münkler, H., Machiavelli. Die Begründung des politischen Denkens der Neuzeit aus der Krise der Republik Florenz, Frankfurt a. M. 1982.
Myrdal, G., The Political Element in the Development of Economic Theory, o. O. 1953.
Nietzsche, F., Werke in drei Bänden, hrsg. v. K. Schlechta, München–Wien 1956.
*–, Werke, Kritische Gesamtausgabe (KGA), hrsg. v. G. Colli u. M. Montinari, Berlin 1967 ff.
–, Sämtliche Werke. Kritische Studienausgabe in 15 Bänden, hrsg. v. G. Colli und M. Montinari, Berlin 1980.
Nietzsche-Index, von K. Schlechta, München 1965.
Nonnenmacher, G., Die Ordnung der Gesellschaft. Mangel und Herrschaft in der politischen Philosophie der Neuzeit: Hobbes, Locke, Adam Smith, Rousseau, Weinheim 1989.

Oakeshott, M., Hobbes on Civil Association, Berkeley and Los Angeles 1975.
Ottmann, H., Individuum und Gemeinschaft bei Hegel, Bd. I: Hegel im Spiegel der Interpretation, Berlin 1977.
–, Philosophie und Politik bei Nietzsche, Berlin/New York 1987.
* Pico della Mirandola, De dignitate hominis, lat. u. dt., übers. v. H. Reich, Bad Homburg 1968.
Pitkin, H. F., Fortune Is a Woman. Gender and Politics in the Thought of Niccolò Machiavelli, Berkeley 1984.
* Platon, Werke in 8 Bänden, griechisch u. deutsch, hrsg. v. G. Eigler, Darmstadt 1975 ff.
Pocock, G. A., The Machiavellian Moment: Florentine Political Thought and the Atlantic Tradition, Princeton, N. J. 1975.
Rausch, H., Repräsentation und Repräsentativverfassung. Anmerkungen zur Problematik, München 1979.
Riedel, M., „Bürgerliche Gesellschaft" und „Gesellschaft, Gemeinschaft", in: Geschichtliche Grundbegriffe. Historisches Lexikon zur politisch-sozialen Sprache in Deutschland, hrsg. v. O. Brunner, W. Conze, R. Koselleck, Bd. 2, S. 719 ff. bzw. S. 801 ff.
Röd, W., Geometrischer Geist und Naturrecht, München 1970.
–, Thomas Hobbes, in: ders., Die Philosophie der Neuzeit 1: Von Francis Bacon bis Spinoza (= Geschichte der Philosophie, Hrsg. W. Röd, Bd. VII), München 1978, S. 148–173.
Rombach, H., Substanz, System, Struktur, Bd. I u. II, Freiburg/München 1965/66, [2]1981.
* Rousseau, J. J., Œuvres Complètes, I–IV, hrsg. v. B. Gagnebin u. M. Raymond, Paris 1959–69.
* –, Staat und Gesellschaft (Contrat social), übers. u. komm. v. K. Weigand, München 1968.
* –, Über den Ursprung der Ungleichheit unter den Menschen, hrsg. v. K. Weigand, Hamburg 1955.
–, Frühe Schriften, Leipzig 1970.
* –, Diskurs über die Ungleichheit. Discours sur l'inégalité. Kritische Ausgabe des integralen Textes, neu ediert, übersetzt und kommentiert v. H. Meier, 2., durchgesehene und erweiterte Auflage Paderborn/München/Wien/Zürich 1990.
Schabert, T., Gewalt und Humanität, Freiburg/München 1978.
* Scheler, M., Der Formalismus in der Ethik und die materiale Wertethik (= Gesammelte Werke, Bd. 2), 5. Aufl. Bern/München 1966.
* –, Vom Ewigen im Menschen (= Gesammelte Werke, Bd. 5), Bern/München 1954.
Schelsky, H., Thomas Hobbes – Eine politische Lehre, Berlin 1981.
Schmitt, C., Der Leviathan in der Staatslehre des Thomas Hobbes. Sinn und Fehlschlag eines politischen Symbols, Hamburg 1938, Nachdruck Köln-Lövenich 1982.
Schnur, R. (Hrsg.), Zur Geschichte der Erklärung der Menschenrechte, Darmstadt 1964.

Schwan, A., Humanismen und Christentum, in: Christlicher Glaube in moderner Gesellschaft, Teilband 19, Freiburg/Basel/Wien 1981, S. 5ff.

Schwartländer, J. (Hrsg.), Menschenrechte und Demokratie, Kehl am Rhein/Straßburg 1981.

– (Hrsg.), Menschenrechte. Aspekte ihrer Begründung und Verwirklichung, Tübingen 1978.

Skinner, O., Machiavelli zur Einführung, Hamburg 1988.

–, The Foundations of Modern Political Thought. Vol. I: The Renaissance, Cambridge u. a. 1978.

Spaemann, R., Rousseau – Bürger ohne Vaterland, München 1980.

Starobinski, J., Rousseau. Eine Welt von Widerständen, München/Wien 1988.

Sternberger, D., Drei Wurzeln der Politik, Frankfurt a. M. 1978.

Strauss, L., Hobbes' politische Wissenschaft, Neuwied und Berlin 1965.

–, Thoughts on Machiavelli, Seattle u. London ²1969.

–, Naturrecht und Geschichte, Frankfurt a. M. 1977.

Vaughan, F., The Tradition of Political Hedonism. From Hobbes to J. S. Mill, New York 1982.

Verfassungsausschuß der Ministerpräsidenten-Konferenz der westlichen Besatzungszonen: Bericht über den Verfassungskonvent auf Herrenchiemsee vom 10.–23. Aug. 1948, München 1948.

Vialatoux, J., La cité totalitaire de Hobbes, 2. Aufl. Lyon 1952.

Voegelin, E., Order and History, Bd. I–IV, Baton Rouge 1956–1974.

–, Anamnesis. Zur Theorie der Geschichte und Politik, München 1966.

–, From Enlightenment to Revolution, hrsg. v. J. H. Hallowell, Durham, North Carolina 1975.

Vollrath, E., Die Rekonstruktion der politischen Urteilskraft, Stuttgart 1977.

Vossler, O., Rousseaus Freiheitslehre, Göttingen 1963.

Watkins, J. W. N., Hobbes's System of Ideas. A Study in the Political Significance of Philosophical Theories, London 1965.

Weinacht, P. L., Staat. Studien zur Bedeutungsgeschichte des Wortes von den Anfängen bis ins 19. Jahrhundert, Berlin 1968.

Weiß, U., Das philosophische System von Thomas Hobbes, Stuttgart-Bad Cannstatt 1980.

Willms, B., Die Antwort des Leviathan. Thomas Hobbes' politische Theorie, Neuwied und Berlin 1970.

–, Thomas Hobbes. Das Reich des Leviathan, München/Zürich 1987.

Yolton, J. W. (Hrsg.), John Locke: Problems and Perspectives. A Collection of New Essays, Cambridge 1969.

主な邦訳書文献

（前掲の原文文献に＊印を付した順に配列）

アーレント『人間の条件』志水速雄訳，中央公論社，1973年（現在は，ちくま学芸文庫）
——『革命について』志水速雄訳，中央公論社，1975年
——『精神の生活』（上下）佐藤和夫訳，岩波書店，1994年
——『カント政治哲学の講義』浜田義文監訳，法政大学出版局，1987年
アリストテレス『形而上学』（アリストテレス全集12）出　隆訳，岩波書店，1968年（岩波文庫にも収録）
——『ニコマコス倫理学』（アリストテレス全集13）加藤信朗訳，岩波書店，1973年（高田三郎訳，岩波文庫あり）
——『政治学』（アリストテレス全集15）山本光雄訳，岩波書店，1969年
——『霊魂論』（アリストテレス全集６）山本光雄訳，岩波書店，1968年
ベーコン『ノヴム・オルガヌム』桂寿一訳，岩波文庫，1978年
バルッツィ『法哲学の根本問題』河上・嶺監訳，以文社，1988年
カッシーラー『ジャン＝ジャック・ルソー問題』生松敬三訳，みすず書房，1974年
デカルト『方法序説』落合太郎訳，岩波文庫，1967年
——『哲学原理』桂寿一訳，岩波文庫，1964年
ディールス『ソクラテス以前哲学者断片集』，岩波書店，1996-2000年
フーコー『言葉と物』渡辺一民・佐々木明訳，新潮社，1974年
ヘーゲル『ヘーゲル全集』，岩波書店，1994年-
ハイデガー『ニーチェ』薗田宗人訳，白水社，1976-77年
——『ハイデッガー全集』，創文社，1985年-
ホッブズ『リヴァイアサン』（全４冊）水田洋訳，岩波文庫，1954-85年
ヤスパース『ニーチェ』（ヤスパース選集18,19）草薙正夫訳，理想社，1967年
カント『人倫の形而上学の基礎づけ』（世界の名著32）野田又夫訳，中央公論社，1972年
——『実践理性批判』宇都宮芳明訳，以文社，1990年
——『純粋理性批判』（世界の大思想15）高峯一愚訳，河出書房新社，1974年
ライプニッツ『単子論』河野与一訳，岩波文庫，1951年
ロック『人間知性論』大槻春彦訳，岩波文庫，1972-77年
——『市民政府論』鵜飼信成訳，岩波文庫，1968年
マキアヴェリ『政略論』（世界の名著21）永井三明訳，中央公論社，1979年
——『君主論』（世界の名著21）池田廉訳，中央公論社，1979年（中公文庫にも収録）
マルクス『資本論』岡崎次郎訳，国民文庫，1972-75年

マイネッケ『近代史における国家理性の理念』（世界の名著65）岸田達也訳，中央公論社，1980年
メルロー゠ポンティ「マキアヴェリ覚え書」（『シーニュ』２）滝浦静雄訳，みすず書房，1970年
ニーチェ『ニーチェ全集』，白水社，1979-87年
ピコ・デラ・ミランドラ『人間の尊厳について』大出哲・阿部包・伊藤博明訳，国文社，1985年
プラトン『プラトン全集』，岩波書店，1974-78年
ルソー『ルソー全集』，白水社，1978-84年
——『社会契約論』桑原武夫・前川貞次郎訳，岩波文庫，1954年
——『人間不平等起原論』本田喜代治・平岡昇訳，岩波文庫，1972年
シェーラー『倫理学における形式主義と実質的価値倫理学』（シェーラー著作集１－３）吉沢伝三郎・岡田紀子・小倉志祥訳，白水社，1976-80年
——『人間における永遠なるもの』（シェーラー著作集６，７）小倉貞秀・亀井裕・柏原啓一・岩谷信訳，白水社，1977-78年

《叢書・ウニベルシタス　748》
近代政治哲学入門
2002年11月29日　初版第1刷発行

アルノ・バルッツィ
池上哲司／岩倉正博 訳
発行所　財団法人　法政大学出版局
〒102-0073 東京都千代田区九段北3-2-7
電話03(5214)5540／振替00160-6-95814
製版，印刷　三和印刷／鈴木製本所

Printed in Japan

ISBN4-588-00748-3

著　者

アルノ・バルッツィ (Arno Baruzzi)

1935年生まれ，ミュンヘン大学で65年哲学博士の学位を，72年教授資格を得る．72-75年のあいだにミュンヘン大学私講師，75年アウクスブルク大学に移り，教育学の正教授につく．現在，哲学・社会科学部正教授．邦訳のある著書としては，本書以外に「実践哲学とは何であるか」(『倫理学の根本問題』所収，晃洋書房，1980)『もうひとつ別の生き方』(哲書房，1993)『法哲学の根本問題』(以文社，1998) などがある．

訳　者

池上哲司 (いけがみ　てつじ)

1949年生まれ．京都大学文学部卒業．現在，大谷大学文学部教授．研究テーマは現象学的倫理学．著書：「自分のなかの他人，他人のなかの自分」(『自己と他者』所収，共編著，昭和堂，1994)．「全体主義と個人の倫理」(『岩波講座現代思想』第14巻所収，岩波書店，1994)．「根源的主体性の哲学―西谷啓治―」(『日本の哲学を学ぶ人のために』所収，世界思想社，1998)．

岩倉正博 (いわくら　まさひろ)

1949年生まれ．京都大学法学部卒業．現在，福岡大学法学部教授．研究テーマは国家をめぐる理論的研究．著訳書：「J. ハーバーマス新たな包括的社会理論をめぐって」(『法学セミナー』所収，1986)．ロールズ『公正としての正義』(共訳，木鐸社，1984)．ハーバーマス『コミュニケイション的行為の理論(中)』(共訳，未來社，1986)．

叢書・ウニベルシタス

				（頁）
1	芸術はなぜ必要か	E.フィッシャー／河野徹訳	品切	302
2	空と夢〈運動の想像力にかんする試論〉	G.バシュラール／宇佐見英治訳		442
3	グロテスクなもの	W.カイザー／竹内豊治訳		312
4	塹壕の思想	T.E.ヒューム／長谷川鉱平訳		316
5	言葉の秘密	E.ユンガー／菅谷規矩雄訳		176
6	論理哲学論考	L.ヴィトゲンシュタイン／藤本，坂井訳		350
7	アナキズムの哲学	H.リード／大沢正道訳		318
8	ソクラテスの死	R.グアルディーニ／山村直資訳		366
9	詩学の根本概念	E.シュタイガー／高橋英夫訳		334
10	科学の科学〈科学技術時代の社会〉	M.ゴールドスミス，A.マカイ編／是永純弘訳		346
11	科学の射程	C.F.ヴァイツゼカー／野田，金子訳		274
12	ガリレオをめぐって	オルテガ・イ・ガセット／マタイス，佐々木訳		290
13	幻影と現実〈詩の源泉の研究〉	C.コードウェル／長谷川鉱平訳		410
14	聖と俗〈宗教的なるものの本質について〉	M.エリアーデ／風間敏夫訳		286
15	美と弁証法	G.ルカッチ／良知，池田，小箕訳		372
16	モラルと犯罪	K.クラウス／小松太郎訳		218
17	ハーバート・リード自伝	北條文緒訳		468
18	マルクスとヘーゲル	J.イッポリット／宇津木，田口訳	品切	258
19	プリズム〈文化批判と社会〉	Th.W.アドルノ／竹内，山村，板倉訳		246
20	メランコリア	R.カスナー／塚越敏訳		388
21	キリスト教の苦悶	M.de ウナムーノ／神吉，佐々木訳		202
22	アインシュタイン ゾンマーフェルト往復書簡	A.ヘルマン編／小林，坂口訳	品切	194
23 24	群衆と権力（上・下）	E.カネッティ／岩田行一訳		440 356
25	問いと反問〈芸術論集〉	W.ヴォリンガー／土肥美夫訳		272
26	感覚の分析	E.マッハ／須藤，廣松訳		386
27 28	批判的モデル集（I・II）	Th.W.アドルノ／大久保健治訳	〈品切 品切〉	I 232 II 272
29	欲望の現象学	R.ジラール／古田幸男訳		370
30	芸術の内面への旅	E.ヘラー／河原，杉浦，渡辺訳	品切	284
31	言語起源論	ヘルダー／大阪大学ドイツ近代文学研究会訳		270
32	宗教の自然史	D.ヒューム／福鎌，斎藤訳		144
33	プロメテウス〈ギリシア人の解した人間存在〉	K.ケレーニイ／辻村誠三訳	品切	268
34	人格とアナーキー	E.ムーニエ／山崎，佐藤訳		292
35	哲学の根本問題	E.ブロッホ／竹内豊治訳		194
36	自然と美学〈形体・美・芸術〉	R.カイヨワ／山口三夫訳		112
37 38	歴史論（I・II）	G.マン／加藤，宮野訳	I・品切 II・品切	274 202
39	マルクスの自然概念	A.シュミット／元浜清海訳		316
40	書物の本〈西欧の書物と文化の歴史．書物の美学〉	H.プレッサー／轡田収訳		448
41 42	現代への序説（上・下）	H.ルフェーヴル／宗，古田監訳		220 296
43	約束の地を見つめて	E.フォール／古田幸男訳		320
44	スペクタクルと社会	J.デュビニョー／渡辺淳訳	品切	188
45	芸術と神話	E.グラッシ／榎本久彦訳		266
46	古きものと新しきもの	M.ロベール／城山，島，円子訳		318
47	国家の起源	R.H.ローウィ／古賀英三郎訳		204
48	人間と死	E.モラン／古田幸男訳		448
49	プルーストとシーニュ（増補版）	G.ドゥルーズ／宇波彰訳		252
50	文明の滴定〈科学技術と中国の社会〉	J.ニーダム／橋本敬造訳	品切	452
51	プスタの民	I.ジュラ／加藤二郎訳		382

叢書・ウニベルシタス

				(頁)
52 53	社会学的思考の流れ（I・II）	R.アロン／北川, 平野, 他訳		I・350 II・392
54	ベルクソンの哲学	G.ドゥルーズ／宇波彰訳		142
55	第三帝国の言語LTI〈ある言語学者のノート〉	V.クレムペラー／羽田, 藤平, 赤井, 中村訳		442
56	古代の芸術と祭祀	J.E.ハリスン／星野徹訳		222
57	ブルジョワ精神の起源	B.グレトゥイゼン／野沢協訳		394
58	カントと物自体	E.アディッケス／赤松常弘訳		300
59	哲学的素描	S.K.ランガー／塚本, 星野訳		250
60	レーモン・ルーセル	M.フーコー／豊崎光一訳		268
61	宗教とエロス	W.シューバルト／石川, 平田, 山本訳	品切	398
62	ドイツ悲劇の根源	W.ベンヤミン／川村, 三城訳		316
63	鍛えられた心〈強制収容所における心理と行動〉	B.ベテルハイム／丸山修吉訳		340
64	失われた範列〈人間の自然性〉	E.モラン／古田幸男訳		308
65	キリスト教の起源	K.カウツキー／栗原佑訳		534
66	ブーバーとの対話	W.クラフト／板倉敏之訳		206
67	プロデメの変貌〈フランスのコミューン〉	E.モラン／宇波彰訳		450
68	モンテスキューとルソー	E.デュルケーム／小関, 川喜多訳	品切	312
69	芸術と文明	K.クラーク／河野徹訳		680
70	自然宗教に関する対話	D.ヒューム／福鎌, 斎藤訳		196
上・71 下・72	キリスト教の中の無神論（上・下）	E.ブロッホ／竹内, 高尾訳		上・234 下・304
73	ルカーチとハイデガー	L.ゴルドマン／川俣晃自訳		308
74	断　想　1942—1948	E.カネッティ／岩田行一訳		286
75 76	文明化の過程（上・下）	N.エリアス／吉田, 中村, 波田, 他訳		上・466 下・504
77	ロマンスとリアリズム	C.コードウェル／玉井, 深井, 山本訳		238
78	歴史と構造	A.シュミット／花崎皋平訳		192
79 80	エクリチュールと差異（上・下）	J.デリダ／若桑, 野村, 阪上, 三好, 他訳		上・378 下・296
81	時間と空間	E.マッハ／野家啓一編訳		258
82	マルクス主義と人格の理論	L.セーヴ／大津真作訳		708
83	ジャン=ジャック・ルソー	B.グレトゥイゼン／小池健男訳		394
84	ヨーロッパ精神の危機	P.アザール／野沢協訳		772
85	カフカ〈マイナー文学のために〉	G.ドゥルーズ, F.ガタリ／宇波, 岩田訳		210
86	群衆の心理	H.ブロッホ／入野田, 小崎, 小岸訳	品切	580
87	ミニマ・モラリア	Th.W.アドルノ／三光長治訳		430
88 89	夢と人間社会（上・下）	R.カイヨワ, 他／三好郁郎, 他訳		上・374 下・340
90	自由の構造	C.ベイ／横越英一訳		744
91	1848年〈二月革命の精神史〉	J.カスー／野沢協, 他訳		326
92	自然の統一	C.F.ヴァイツゼカー／斎藤, 河井訳	品切	560
93	現代戯曲の理論	P.ションディ／市村, 丸山訳	品切	250
94	百科全書の起源	F.ヴェントゥーリ／大津真作訳	品切	324
95	推測と反駁〈科学的知識の発展〉	K.R.ポパー／藤本, 石垣, 森訳		816
96	中世の共産主義	K.カウツキー／栗原佑訳		400
97	批評の解剖	N.フライ／海老根, 中村, 出淵, 山内訳		580
98	あるユダヤ人の肖像	A.メンミ／菊地, 白井訳		396
99	分類の未開形態	E.デュルケーム／小関藤一郎訳	品切	232
100	永遠に女性的なるもの	H.ド・リュバック／山崎庸一郎訳		360
101	ギリシア神話の本質	G.S.カーク／吉田, 辻村, 松田訳	品切	390
102	精神分析における象徴界	G.ロゾラート／佐々木孝次訳		508
103	物の体系〈記号の消費〉	J.ボードリヤール／宇波彰訳		280

				(頁)
104	言語芸術作品〔第2版〕	W.カイザー／柴田斎訳	品切	688
105	同時代人の肖像	F.ブライ／池内紀訳		212
106	レオナルド・ダ・ヴィンチ〔第2版〕	K.クラーク／丸山，大河内訳		344
107	宮廷社会	N.エリアス／波田，中埜，吉田訳		480
108	生産の鏡	J.ボードリヤール／宇波，今村訳		184
109	祭祀からロマンスへ	J.L.ウェストン／丸小哲雄訳		290
110	マルクスの欲求理論	A.ヘラー／良知，小箕訳		198
111	大革命前夜のフランス	A.ソブール／山崎耕一訳	品切	422
112	知覚の現象学	メルロ=ポンティ／中島盛夫訳		904
113	旅路の果てに〈アルペイオスの流れ〉	R.カイヨワ／金井裕訳		222
114	孤独の迷宮〈メキシコの文化と歴史〉	O.パス／高山，熊谷訳		320
115	暴力と聖なるもの	R.ジラール／古田幸男訳		618
116	歴史をどう書くか	P.ヴェーヌ／大津真作訳		604
117	記号の経済学批判	J.ボードリヤール／今村，宇波，桜井訳	品切	304
118	フランス紀行〈1787, 1788&1789〉	A.ヤング／宮崎洋訳		432
119	供　犠	M.モース，H.ユベール／小関藤一郎訳		296
120	差異の目録〈歴史を変えるフーコー〉	P.ヴェーヌ／大津真作訳	品切	198
121	宗教とは何か	G.メンシング／田中，下宮訳		442
122	ドストエフスキー	R.ジラール／鈴木晶訳		200
123	さまざまな場所〈死の影の都市をめぐる〉	J.アメリー／池内紀訳		210
124	生　成〈概念をこえる試み〉	M.セール／及川馥訳		272
125	アルバン・ベルク	Th.W.アドルノ／平野嘉彦訳		320
126	映画　あるいは想像上の人間	E.モラン／渡辺淳訳		320
127	人間論〈時間・責任・価値〉	R.インガルデン／武井，赤松訳		294
128	カント〈その生涯と思想〉	A.グリガ／西牟田，浜田訳		464
129	同一性の寓話〈詩的神話学の研究〉	N.フライ／駒沢大学フライ研究会訳		496
130	空間の心理学	A.モル，E.ロメル／渡辺淳訳		326
131	飼いならされた人間と野性的人間	S.モスコヴィッシ／古田幸男訳		336
132	方　法　1.　自然の自然	E.モラン／大津真作訳	品切	658
133	石器時代の経済学	M.サーリンズ／山内昶訳		464
134	世の初めから隠されていること	R.ジラール／小池健男訳		760
135	群衆の時代	S.モスコヴィッシ／古田幸男訳	品切	664
136	シミュラークルとシミュレーション	J.ボードリヤール／竹原あき子訳		234
137	恐怖の権力〈アブジェクシオン〉試論	J.クリステヴァ／枝川昌雄訳		420
138	ボードレールとフロイト	L.ベルサーニ／山縣直子訳		240
139	悪しき造物主	E.M.シオラン／金井裕訳		228
140	終末論と弁証法〈マルクスの社会・政治思想〉	S.アヴィネリ／中村恒矩訳	品切	392
141	経済人類学の現在	F.プイヨン編／山内昶訳		236
142	視覚の瞬間	K.クラーク／北條文緒訳		304
143	罪と罰の彼岸	J.アメリー／池内紀訳		210
144	時間・空間・物質	B.K.ライドレー／中島龍三訳	品切	226
145	離脱の試み〈日常生活への抵抗〉	S.コーエン，N.テイラー／石黒毅訳		321
146	人間怪物論〈人間脱走の哲学の素描〉	U.ホルストマン／加藤二郎訳		206
147	カントの批判哲学	G.ドゥルーズ／中島盛夫訳		160
148	自然と社会のエコロジー	S.モスコヴィッシ／久米，原訳		440
149	壮大への渇仰	L.クローネンバーガー／岸，倉田訳		368
150	奇蹟論・迷信論・自殺論	D.ヒューム／福鎌，斎藤訳		200
151	クルティウスージッド往復書簡	ディークマン編／円子千代訳		376
152	離脱の寓話	M.セール／及川馥訳		178

				(頁)
203	秩序と無秩序	J.-P.デュピュイ／古田幸男訳		324
204	象徴の理論	T.トドロフ／及川馥, 他訳		536
205	資本とその分身	M.ギヨーム／斉藤日出治訳		240
206	干　渉〈ヘルメスII〉	M.セール／豊田彰訳		276
207	自らに手をくだし〈自死について〉	J.アメリー／大河内了義訳		222
208	フランス人とイギリス人	R.フェイバー／北條, 大島訳	品切	304
209	カーニバル〈その歴史的・文化的考察〉	J.カロ・バロッハ／佐々木孝訳	品切	622
210	フッサール現象学	A.F.アグィーレ／川島, 工藤, 林訳		232
211	文明の試練	J.M.カディヒィ／塚本, 秋山, 寺西, 島訳		538
212	内なる光景	J.ポミエ／角山, 池部訳		526
213	人間の原型と現代の文化	A.ゲーレン／池井望訳		422
214	ギリシアの光と神々	K.ケレーニイ／円子修平訳		178
215	初めに愛があった〈精神分析と信仰〉	J.クリステヴァ／枝川昌雄訳		146
216	バロックとロココ	W.v.ニーベルシュッツ／竹内章訳		164
217	誰がモーセを殺したか	S.A.ハンデルマン／山形和美訳		514
218	メランコリーと社会	W.レペニース／岩田, 小竹訳		380
219	意味の論理学	G.ドゥルーズ／岡田, 宇波訳		460
220	新しい文化のために	P.ニザン／木内孝訳		352
221	現代心理論集	P.ブールジェ／平岡, 伊藤訳		362
222	パラジット〈寄食者の論理〉	M.セール／及川, 米山訳		466
223	虐殺された鳩〈暴力と国家〉	H.ラボリ／川中子弘訳		240
224	具象空間の認識論〈反・解釈学〉	F.ダゴニェ／金森修訳		300
225	正常と病理	G.カンギレム／滝沢武久訳		320
226	フランス革命論	J.G.フィヒテ／桝田啓三郎訳		396
227	クロード・レヴィ=ストロース	O.パス／鼓, 木村訳		160
228	バロックの生活	P.ラーンシュタイン／波田節夫訳		520
229	うわさ〈もっとも古いメディア〉増補版	J.-N.カプフェレ／古田幸男訳		394
230	後期資本制社会システム	C.オッフェ／寿福真美編訳		358
231	ガリレオ研究	A.コイレ／菅谷曉訳		482
232	アメリカ	J.ボードリヤール／田中正人訳		220
233	意識ある科学	E.モラン／村上光彦訳		400
234	分子革命〈欲望社会のミクロ分析〉	F.ガタリ／杉村昌昭訳		340
235	火, そして霧の中の信号―ゾラ	M.セール／寺田光徳訳		568
236	煉獄の誕生	J.ル・ゴッフ／渡辺, 内田訳		698
237	サハラの夏	E.フロマンタン／川端康夫訳		336
238	パリの悪魔	P.ガスカール／佐藤和夫訳		256
239 240	自然の人間的歴史（上・下）	S.モスコヴィッシ／大津真作訳		上・494 下・390
241	ドン・キホーテ頌	P.アザール／円子千代訳	品切	348
242	ユートピアへの勇気	G.ピヒト／河井徳治訳		202
243	現代社会とストレス〔原書改訂版〕	H.セリエ／杉, 田多井, 藤井, 竹宮訳		482
244	知識人の終焉	J.-F.リオタール／原田佳彦, 他訳		140
245	オマージュの試み	E.M.シオラン／金井裕訳		154
246	科学の時代における理性	H.-G.ガダマー／本間, 座小田訳		158
247	イタリア人の太古の知恵	G.ヴィーコ／上村忠男訳		190
248	ヨーロッパを考える	E.モラン／林　勝一訳		238
249	労働の現象学	J.-L.プチ／今村, 松島訳		388
250	ポール・ニザン	Y.イシャグプール／川俣晃自訳		356
251	政治的判断力	R.ベイナー／浜田義文監訳		310
252	知覚の本性〈初期論文集〉	メルロ=ポンティ／加賀野井秀一訳		158

				（頁）
253	言語の牢獄	F.ジェームソン／川口喬一訳		292
254	失望と参画の現象学	A.O.ハーシュマン／佐々木,杉田訳		204
255	はかない幸福—ルソー	T.トドロフ／及川馥訳		162
256	大学制度の社会史	H.W.プラール／山本尤訳		408
257 258	ドイツ文学の社会史（上・下）	J.ベルク,他／山本,三島,保坂,鈴木訳		上・766 下・648
259	アランとルソー〈教育哲学試論〉	A.カルネック／安斎,並木訳		304
260	都市・階級・権力	M.カステル／石川淳志監訳		296
261	古代ギリシア人	M.I.フィンレー／山形和美訳	品切	296
262	象徴表現と解釈	T.トドロフ／小林,及川訳		244
263	声の回復〈回想の試み〉	L.マラン／梶野吉郎訳		246
264	反射概念の形成	G.カンギレム／金森修訳		304
265	芸術の手相	G.ピコン／末永照和訳		294
266	エチュード〈初期認識論集〉	G.バシュラール／及川馥訳		166
267	邪な人々の昔の道	R.ジラール／小池健男訳		270
268	〈誠実〉と〈ほんもの〉	L.トリリング／野島秀勝訳		264
269	文の抗争	J.-F.リオタール／陸井四郎,他訳		410
270	フランス革命と芸術	J.スタロバンスキー／井上尭裕訳		286
271	野生人とコンピューター	J.-M.ドムナック／古田幸男訳		228
272	人間と自然界	K.トマス／山内昶,他訳		618
273	資本論をどう読むか	J.ビデ／今村仁司,他訳		450
274	中世の旅	N.オーラー／藤代幸一訳		488
275	変化の言語〈治療コミュニケーションの原理〉	P.ワツラウィック／築島謙三訳		212
276	精神の売春としての政治	T.クンナス／木戸,佐々木訳		258
277	スウィフト政治・宗教論集	J.スウィフト／中野,海保訳		490
278	現実とその分身	C.ロセ／金井裕訳		168
279	中世の高利貸	J.ル・ゴッフ／渡辺香根夫訳		170
280	カルデロンの芸術	M.コメレル／岡部仁訳		270
281	他者の言語〈デリダの日本講演〉	J.デリダ／高橋允昭編訳		406
282	ショーペンハウアー	R.ザフランスキー／山本尤訳		646
283	フロイトと人間の魂	B.ベテルハイム／藤瀬恭子訳		174
284	熱　狂〈カントの歴史批判〉	J.-F.リオタール／中島盛夫訳		210
285	カール・カウツキー 1854-1938	G.P.スティーンソン／時永,河野訳		496
286	形而上学と神の思想	W.パネンベルク／座小田,諸岡訳		186
287	ドイツ零年	E.モラン／古田幸男訳		364
288	物の地獄〈ルネ・ジラールと経済の論理〉	デュムシェル，デュピュイ／織田,富永訳		320
289	ヴィーコ自叙伝	G.ヴィーコ／福鎌忠恕訳	品切	448
290	写真論〈その社会的効用〉	P.ブルデュー／山縣熙,山縣直子訳		438
291	戦争と平和	S.ボク／大沢正道訳		224
292	意味と意味の発展	R.A.ウォルドロン／築島謙三訳		294
293	生態平和とアナーキー	U.リンゼ／内田,杉村訳		270
294	小説の精神	M.クンデラ／金井,浅野訳		208
295	フィヒテ-シェリング往復書簡	W.シュルツ解説／座小田,後藤訳		220
296	出来事と危機の社会学	E.モラン／浜名,福井訳		622
297	宮廷風恋愛の技術	A.カペルラヌス／野島秀勝訳		334
298	野蛮〈科学主義の独裁と文化の危機〉	M.アンリ／山形,望月訳		292
299	宿命の戦略	J.ボードリヤール／竹原あき子訳		260
300	ヨーロッパの日記	G.R.ホッケ／石丸,柴田,信岡訳		1330
301	記号と夢想〈演劇と祝祭についての考察〉	A.シモン／岩瀬孝監修,佐藤,伊藤,他訳		388
302	手と精神	J.ブラン／中村文郎訳		284

叢書・ウニベルシタス

				(頁)
352	倫理・政治的ディスクール	O.ヘッフェ／青木隆嘉訳		312
353	モーツァルト	N.エリアス／青木隆嘉訳		198
354	参加と距離化	N.エリアス／波田,道籏訳		276
355	二十世紀からの脱出	E.モラン／秋枝茂夫訳		384
356	無限の二重化	W.メニングハウス／伊藤秀一訳		350
357	フッサール現象学の直観理論	E.レヴィナス／佐藤,桑野訳		506
358	始まりの現象	E.W.サイード／山形,小林訳		684
359	サテュリコン	H.P.デュル／原研二訳		258
360	芸術と疎外	H.リード／増渕正史訳	品切	262
361	科学的理性批判	K.ヒュブナー／神野,中才,熊谷訳		476
362	科学と懐疑論	J.ワトキンス／中才敏郎訳		354
363	生きものの迷路	A.モール,E.ロメル／古田幸男訳		240
364	意味と力	G.バランディエ／小関藤一郎訳		406
365	十八世紀の文人科学者たち	W.レペニース／小川さくえ訳		182
366	結晶と煙のあいだ	H.アトラン／阪上脩訳		376
367	生への闘争〈闘争本能・性・意識〉	W.J.オング／高柳,橋爪訳		326
368	レンブラントとイタリア・ルネサンス	K.クラーク／尾崎,芳野訳		334
369	権力の批判	A.ホネット／河上倫逸監訳		476
370	失われた美学〈マルクスとアヴァンギャルド〉	M.A.ローズ／長田,池田,長野,長田訳		332
371	ディオニュソス	M.ドゥティエンヌ／及川,吉岡訳		164
372	メディアの理論	F.イングリス／伊藤,磯山訳		380
373	生き残ること	B.ベテルハイム／高尾利数訳		646
374	バイオエシックス	F.ダゴニェ／金森,松浦訳		316
375 376	エディプスの謎（上・下）	N.ビショッフ／藤代,井本,他訳		上・450 下・464
377	重大な疑問〈懐疑的省察録〉	E.シャルガフ／山形,小野,他訳		404
378	中世の食生活〈断食と宴〉	B.A.ヘニッシュ／藤原保明訳	品切	538
379	ポストモダン・シーン	A.クローカー,D.クック／大熊昭信訳		534
380	夢の時〈野生と文明の境界〉	H.P.デュル／岡部,原,須永,荻野訳		674
381	理性よ，さらば	P.ファイヤアーベント／植木哲也訳		454
382	極限に面して	T.トドロフ／宇京賴三訳		376
383	自然の社会化	K.エーダー／寿福真美監訳		474
384	ある反時代的考察	K.レーヴィット／中村啓,永沼更始郎訳		526
385	図書館炎上	W.シヴェルブシュ／福本義憲訳		274
386	騎士の時代	F.v.ラウマー／柳井尚子訳		506
387	モンテスキュー〈その生涯と思想〉	J.スタロバンスキー／古賀英三郎,高橋誠訳		312
388	理解の鋳型〈東西の思想経験〉	J.ニーダム／井上英明訳		510
389	風景画家レンブラント	E.ラルセン／大谷,尾崎訳		208
390	精神分析の系譜	M.アンリ／山形頼洋,他訳		546
391	金《かね》と魔術	H.C.ビンスヴァンガー／清水健次訳		218
392	自然誌の終焉	W.レペニース／山村直資訳		346
393	批判的解釈学	J.B.トンプソン／山本,小川訳		376
394	人間にはいくつの真理が必要か	R.ザフランスキー／山本,藤井訳		232
395	現代芸術の出発	Y.イシャグプール／川俣晃自訳		170
396	青春　ジュール・ヴェルヌ論	M.セール／豊田彰訳		398
397	偉大な世紀のモラル	P.ベニシュー／朝倉,羽賀訳		428
398	諸国民の時に	E.レヴィナス／合田正人訳		348
399 400	バベルの後に（上・下）	G.スタイナー／亀山健吉訳		上・482 下・
401	チュービンゲン哲学入門	E.ブロッホ／花田監修・菅谷,今井,三国訳		422

				(頁)
402	歴史のモラル	T.トドロフ／大谷尚文訳		386
403	不可解な秘密	E.シャルガフ／山本, 内藤訳		260
404	ルソーの世界〈あるいは近代の誕生〉	J.-L.ルセルクル／小林浩訳	品切	378
405	死者の贈り物	D.サルナーヴ／菊地, 白井訳		186
406	神もなく韻律もなく	H.P.デュル／青木隆嘉訳		292
407	外部の消失	A.コドレスク／利沢行夫訳		276
408	狂気の社会史〈狂人たちの物語〉	R.ポーター／目羅公和訳		428
409	続・蜂の寓話	B.マンデヴィル／泉谷治訳		436
410	悪口を習う〈近代初期の文化論集〉	S.グリーンブラット／磯山甚一訳		354
411	危険を冒して書く〈異色作家たちのパリ・インタヴュー〉	J.ワイス／浅野敏夫訳		300
412	理論を讃えて	H.-G.ガダマー／本間, 須田訳		194
413	歴史の島々	M.サーリンズ／山本真鳥訳		306
414	ディルタイ〈精神科学の哲学者〉	R.A.マックリール／大野, 田中, 他訳		578
415	われわれのあいだで	E.レヴィナス／合田, 谷口訳		368
416	ヨーロッパ人とアメリカ人	S.ミラー／池田栄一訳		358
417	シンボルとしての樹木	M.ルルカー／林 捷 訳		276
418	秘めごとの文化史	H.P.デュル／藤代, 津山訳		662
419	眼の中の死〈古代ギリシアにおける他者の像〉	J.-P.ヴェルナン／及川, 吉岡訳		144
420	旅の思想史	E.リード／伊藤誓訳		490
421	病のうちなる治療薬	J.スタロバンスキー／小池, 川那部訳		356
422	祖国地球	E.モラン／菊地昌実訳		234
423	寓意と表象・再現	S.J.グリーンブラット編／船倉正憲訳		384
424	イギリスの大学	V.H.H.グリーン／安原, 成定訳		516
425	未来批判 あるいは世界史に対する嫌悪	E.シャルガフ／山本, 伊藤訳		276
426	見えるものと見えざるもの	メルロ=ポンティ／中島盛夫監訳		618
427	女性と戦争	J.B.エルシュテイン／小林, 廣川訳		486
428	カント入門講義	H.バウムガルトナー／有福孝岳監訳		204
429	ソクラテス裁判	I.F.ストーン／永田康昭訳		470
430	忘我の告白	M.ブーバー／田口義弘訳		348
431 432	時代おくれの人間（上・下）	G.アンダース／青木隆嘉訳		上・432 下・546
433	現象学と形而上学	J.-L.マリオン他編／三上, 重永, 檜垣訳		388
434	祝福から暴力へ	M.ブロック／田辺, 秋津訳		426
435	精神分析と横断性	F.ガタリ／杉村, 毬藻訳		462
436	競争社会をこえて	A.コーン／山本, 真水訳		530
437	ダイアローグの思想	M.ホルクウィスト／伊藤誓訳		370
438	社会学とは何か	N.エリアス／徳安彰訳		250
439	E.T.A.ホフマン	R.ザフランスキー／識名章喜訳		636
440	所有の歴史	J.アタリ／山内昶訳		580
441	男性同盟と母権制神話	N.ゾンバルト／田村和彦訳		516
442	ヘーゲル以後の歴史哲学	H.シュネーデルバッハ／古東哲明訳		282
443	同時代人ベンヤミン	H.マイヤー／岡部仁訳		140
444	アステカ帝国滅亡記	G.ボド, T.トドロフ編／大谷, 菊地訳		662
445	迷宮の岐路	C.カストリアディス／宇京頼三訳		404
446	意識と自然	K.K.チョウ／志水, 山本監訳		422
447	政治的正義	O.ヘッフェ／北尾, 平石, 望月訳		598
448	象徴と社会	K.バーク著, ガスフィールド編／森常治訳		580
449	神・死・時間	E.レヴィナス／合田正人訳		360
450	ローマの祭	G.デュメジル／大橋寿美子訳		446

			（頁）
451	エコロジーの新秩序	L.フェリ／加藤宏幸訳	274
452	想念が社会を創る	C.カストリアディス／江口幹訳	392
453	ウィトゲンシュタイン評伝	B.マクギネス／藤本, 今井, 宇都宮, 髙橋訳	612
454	読みの快楽	R.オールター／山形, 中田, 田中訳	346
455	理性・真理・歴史〈内在的実在論の展開〉	H.パトナム／野本和幸, 他訳	360
456	自然の諸時期	ビュフォン／菅谷暁訳	440
457	クロポトキン伝	ピルーモヴァ／左近毅訳	384
458	征服の修辞学	P.ヒューム／岩尾, 正木, 本橋訳	492
459	初期ギリシア科学	G.E.R.ロイド／山野, 山口訳	246
460	政治と精神分析	G.ドゥルーズ, F.ガタリ／杉村昌昭訳	124
461	自然契約	M.セール／及川, 米山訳	230
462	細分化された世界〈迷宮の岐路III〉	C.カストリアディス／宇京賴三訳	332
463	ユートピア的なもの	L.マラン／梶野吉郎訳	420
464	恋愛礼讃	M.ヴァレンシー／沓掛, 川端訳	496
465	転換期〈ドイツ人とドイツ〉	H.マイヤー／宇京早苗訳	466
466	テクストのぶどう畑で	I.イリイチ／岡部佳世訳	258
467	フロイトを読む	P.ゲイ／坂口, 大島訳	304
468	神々を作る機械	S.モスコヴィッシ／古田幸男訳	750
469	ロマン主義と表現主義	A.K.ウィードマン／大森淳史訳	378
470	宗教論	N.ルーマン／土方昭, 土方透訳	138
471	人格の成層論	E.ロータッカー／北村監訳・大久保, 他訳	278
472	神　罰	C.v.リンネ／小川さくえ訳	432
473	エデンの園の言語	M.オランデール／浜﨑設夫訳	338
474	フランスの自伝〈自伝文学の主題と構造〉	P.ルジュンヌ／小倉孝誠訳	342
475	ハイデガーとヘブライの遺産	M.ザラデル／合田正人訳	390
476	真の存在	G.スタイナー／工藤政司訳	266
477	言語芸術・言語記号・言語の時間	R.ヤコブソン／浅川順子訳	388
478	エクリール	C.ルフォール／宇京賴三訳	420
479	シェイクスピアにおける交渉	S.J.グリーンブラット／酒井正志訳	334
480	世界・テキスト・批評家	E.W.サイード／山形和美訳	584
481	絵画を見るディドロ	J.スタロバンスキー／小西嘉幸訳	148
482	ギボン〈歴史を創る〉	R.ポーター／中野, 海保, 松原訳	272
483	欺瞞の書	E.M.シオラン／金井裕訳	252
484	マルティン・ハイデガー	H.エーベリング／青木隆嘉訳	252
485	カフカとカバラ	K.E.グレーツィンガー／清水健次訳	390
486	近代哲学の精神	H.ハイムゼート／座小田豊, 他訳	448
487	ベアトリーチェの身体	R.P.ハリスン／船倉正憲訳	304
488	技術〈クリティカル・セオリー〉	A.フィーンバーグ／藤本正文訳	510
489	認識論のメタクリティーク	Th.W.アドルノ／古賀, 細見訳	370
490	地獄の歴史	A.K.ターナー／野﨑嘉信訳	456
491	昔話と伝説〈物語文学の二つの基本形式〉	M.リューティ／高木昌史, 万里子訳　品切	362
492	スポーツと文明化〈興奮の探究〉	N.エリアス, E.ダニング／大平章訳	490
493 494	地獄のマキアヴェッリ（I・II）	S.de.グラツィア／田中治男訳	I・352 II・306
495	古代ローマの恋愛詩	P.ヴェーヌ／鎌田博夫訳	352
496	証人〈言葉と科学についての省察〉	E.シャルガフ／山本, 内藤訳	252
497	自由とはなにか	P.ショーニュ／西川, 小田桐訳	472
498	現代世界を読む	M.マフェゾリ／菊地昌実訳	186
499	時間を読む	M.ピカール／寺田光徳訳	266
500	大いなる体系	N.フライ／伊藤誓訳	478

			（頁）
501	音楽のはじめ	C.シュトゥンプ／結城錦一訳	208
502	反ニーチェ	L.フェリー他／遠藤文彦訳	348
503	マルクスの哲学	E.バリバール／杉山吉弘訳	222
504	サルトル，最後の哲学者	A.ルノー／水野浩二訳	296
505	新不平等起源論	A.テスタール／山内昶訳	298
506	敗者の祈禱書	シオラン／金井裕訳	184
507	エリアス・カネッティ	Y.イシャグプール／川俣晃自訳	318
508	第三帝国下の科学	J.オルフ＝ナータン／宇京頼三訳	424
509	正も否も縦横に	H.アトラン／寺田光徳訳	644
510	ユダヤ人とドイツ	E.トラヴェルソ／宇京頼三訳	322
511	政治的風景	M.ヴァルンケ／福本義憲訳	202
512	聖句の彼方	E.レヴィナス／合田正人訳	350
513	古代憧憬と機械信仰	H.ブレーデカンプ／藤代，津山訳	230
514	旅のはじめに	D.トリリング／野島秀勝訳	602
515	ドゥルーズの哲学	M.ハート／田代，井上，浅野，暮沢訳	294
516	民族主義・植民地主義と文学	T.イーグルトン他／増渕，安藤，大友訳	198
517	個人について	P.ヴェーヌ他／大谷尚文訳	194
518	大衆の装飾	S.クラカウアー／船戸，野村訳	350
519 520	シベリアと流刑制度（I・II）	G.ケナン／左近毅訳	I・632 II・642
521	中国とキリスト教	J.ジェルネ／鎌田博夫訳	396
522	実存の発見	E.レヴィナス／佐藤真理人，他訳	480
523	哲学的認識のために	G.-G.グランジェ／植木哲也訳	342
524	ゲーテ時代の生活と日常	P.ラーンシュタイン／上西川原章訳	832
525	ノッツ nOts	M.C.テイラー／浅野敏夫訳	480
526	法の現象学	A.コジェーヴ／今村，堅田訳	768
527	始まりの喪失	B.シュトラウス／青木隆嘉訳	196
528	重　合	ベーネ，ドゥルーズ／江口修訳	170
529	イングランド18世紀の社会	R.ポーター／目羅公和訳	630
530	他者のような自己自身	P.リクール／久米博訳	558
531	鷲と蛇〈シンボルとしての動物〉	M.ルルカー／林捷訳	270
532	マルクス主義と人類学	M.ブロック／山内昶，山内彰訳	256
533	両性具有	M.セール／及川馥訳	218
534	ハイデガー〈ドイツの生んだ巨匠とその時代〉	R.ザフランスキー／山本尤訳	696
535	啓蒙思想の背任	J.-C.ギユボー／菊地，白井訳	218
536	解明　M.セールの世界	M.セール／梶野，竹中訳	334
537	語りは罠	L.マラン／鎌田博夫訳	176
538	歴史のエクリチュール	M.セルトー／佐藤和生訳	542
539	大学とは何か	J.ペリカン／田口孝夫訳	374
540	ローマ　定礎の書	M.セール／高尾謙史訳	472
541	啓示とは何か〈あらゆる啓示批判の試み〉	J.G.フィヒテ／北岡武司訳	252
542	力の場〈思想史と文化批判のあいだ〉	M.ジェイ／今井道夫，他訳	382
543	イメージの哲学	F.ダゴニェ／水野浩二訳	410
544	精神と記号	F.ガタリ／杉村昌昭訳	180
545	時間について	N.エリアス／井本，青木訳	238
546	ルクレティウスのテキストにおける物理学の誕生	M.セール／豊田彰訳	320
547	異端カタリ派の哲学	R.ネッリ／柴田和雄訳	290
548	ドイツ人論	N.エリアス／青木隆嘉訳	576
549	俳　優	J.デュヴィニョー／渡辺淳訳	346

叢書・ウニベルシタス

			(頁)
550	ハイデガーと実践哲学	O.ペゲラー他,編／竹市,下村監訳	584
551	彫　像	M.セール／米山親能訳	366
552	人間的なるものの庭	C.F.v.ヴァイツゼカー／山辺建訳	852
553	思考の図像学	A.フレッチャー／伊藤誓訳	472
554	反動のレトリック	A.O.ハーシュマン／岩崎稔訳	250
555	暴力と差異	A.J.マッケナ／夏目博明訳	354
556	ルイス・キャロル	J.ガッテニョ／鈴木晶訳	462
557	タオスのロレンゾー〈D.H.ロレンス回想〉	M.D.ルーハン／野島秀勝訳	490
558	エル・シッド〈中世スペインの英雄〉	R.フレッチャー／林邦夫訳	414
559	ロゴスとことば	S.プリケット／小野功生訳	486
560 561	盗まれた稲妻〈呪術の社会学〉(上・下)	D.L.オキーフ／谷林眞理子,他訳	上・490 下・656
562	リビドー経済	J.-F.リオタール／杉山,吉谷訳	458
563	ポスト・モダニティの社会学	S.ラッシュ／田中義久監訳	462
564	狂暴なる霊長類	J.A.リヴィングストン／大平章訳	310
565	世紀末社会主義	M.ジェイ／今村,大谷訳	334
566	両性平等論	F.P.de ラ・バール／佐藤和夫,他訳	330
567	暴虐と忘却	R.ボイヤーズ／田部井孝次・世志子訳	524
568	異端の思想	G.アンダース／青木隆嘉訳	518
569	秘密と公開	S.ボク／大沢正道訳	470
570 571	大航海時代の東南アジア（I・II）	A.リード／平野，田中訳	I・430 II・598
572	批判理論の系譜学	N.ボルツ／山本,大貫訳	332
573	メルヘンへの誘い	M.リューティ／高木昌史訳	200
574	性と暴力の文化史	H.P.デュル／藤代,津山訳	768
575	歴史の不測	E.レヴィナス／合田,谷口訳	316
576	理論の意味作用	T.イーグルトン／山形和美訳	196
577	小集団の時代〈大衆社会における個人主義の衰退〉	M.マフェゾリ／古田幸男訳	334
578 579	愛の文化史（上・下）	S.カーン／青木,斎藤訳	上・334 下・384
580	文化の擁護〈1935年パリ国際作家大会〉	ジッド他／相磯,五十嵐,石黒,高橋編訳	752
581	生きられる哲学〈生活世界の現象学と批判理論の思考形式〉	F.フェルマン／堀栄造訳	282
582	十七世紀イギリスの急進主義と文学	C.ヒル／小野，圓月訳	444
583	このようなことが起こり始めたら…	R.ジラール／小池,住谷訳	226
584	記号学の基礎理論	J.ディーリー／大熊昭信訳	286
585	真理と美	S.チャンドラセカール／豊田彰訳	328
586	シオラン対談集	E.M.シオラン／金井裕訳	336
587	時間と社会理論	B.アダム／伊藤,磯山訳	338
588	懐疑的省察ABC〈続・重大な疑問〉	E.シャルガフ／山本,伊藤訳	244
589	第三の知恵	M.セール／及川馥訳	250
590 591	絵画における真理（上・下）	J.デリダ／高橋,阿部訳	上・322 下・390
592	ウィトゲンシュタインと宗教	N.マルカム／黒崎宏訳	256
593	シオラン〈あるいは最後の人間〉	S.ジョドー／金井裕訳	212
594	フランスの悲劇	T.トドロフ／大谷尚文訳	304
595	人間の生の遺産	E.シャルガフ／清水健次,他訳	392
596	聖なる快楽〈性，神話，身体の政治〉	R.アイスラー／浅野敏夫訳	876
597	原子と爆弾とエスキモーキス	C.G.セグレー／野島秀勝訳	408
598	海からの花嫁〈ギリシア神話研究の手引き〉	J.シャーウッドスミス／吉田,佐藤訳	234
599	神に代わる人間	L.フェリー／菊地,白井訳	220
600	パンと競技場〈ギリシア・ローマ時代の政治と都市の社会学的歴史〉	P.ヴェーヌ／鎌田博夫訳	1032

			（頁）
601	ギリシア文学概説	J.ド・ロミイ／細井,秋山訳	486
602	パロールの奪取	M.セルトー／佐藤和生訳	200
603	68年の思想	L.フェリー他／小野潮訳	348
604	ロマン主義のレトリック	P.ド・マン／山形,岩坪訳	470
605	探偵小説あるいはモデルニテ	J.デュボア／鈴木智之訳	380
606 607 608	近代の正統性〔全三冊〕	H.ブルーメンベルク／斎藤,忽那 佐藤,村井訳	I・328 II・390 III・318
609	危険社会〈新しい近代への道〉	U.ベック／東,伊藤訳	502
610	エコロジーの道	E.ゴールドスミス／大熊昭信訳	654
611	人間の領域〈迷宮の岐路II〉	C.カストリアディス／米山親能訳	626
612	戸外で朝食を	H.P.デュル／藤代幸一訳	190
613	世界なき人間	G.アンダース／青木隆嘉訳	366
614	唯物論シェイクスピア	F.ジェイムソン／川口喬一訳	402
615	核時代のヘーゲル哲学	H.クロンバッハ／植木哲也訳	380
616	詩におけるルネ・シャール	P.ヴェーヌ／西永良成訳	832
617	近世の形而上学	H.ハイムゼート／北岡武司訳	506
618	フロベールのエジプト	G.フロベール／斎藤昌三訳	344
619	シンボル・技術・言語	E.カッシーラー／篠木,高野訳	352
620	十七世紀イギリスの民衆と思想	C.ヒル／小野,圓月,箭川訳	520
621	ドイツ政治哲学史	H.リュッベ／今井道夫訳	312
622	最終解決〈民族移動とヨーロッパのユダヤ人殺害〉	G.アリー／山本,三島訳	470
623	中世の人間	J.ル・ゴフ他／鎌田博夫訳	478
624	食べられる言葉	L.マラン／梶野吉郎訳	284
625	ヘーゲル伝〈哲学の英雄時代〉	H.アルトハウス／山本尤訳	690
626	E.モラン自伝	E.モラン／菊地,高砂訳	368
627	見えないものを見る	M.アンリ／青木研二訳	248
628	マーラー〈音楽観相学〉	Th.W.アドルノ／龍村あや子訳	286
629	共同生活	T.トドロフ／大谷尚文訳	236
630	エロイーズとアベラール	M.F.B.ブロッチェリ／白崎容子訳	
631	意味を見失った時代〈迷宮の岐路IV〉	C.カストリアディス／江口幹訳	338
632	火と文明化	J.ハウツブロム／大平章訳	356
633	ダーウィン,マルクス,ヴァーグナー	J.バーザン／野島秀勝訳	526
634	地位と羞恥	S.ネッケル／岡原正幸訳	434
635	無垢の誘惑	P.ブリュックネール／小倉,下澤訳	350
636	ラカンの思想	M.ボルク=ヤコブセン／池田清訳	500
637	羨望の炎〈シェイクスピアと欲望の劇場〉	R.ジラール／小林,田口訳	698
638	暁のフクロウ〈続・精神の現象学〉	A.カトロッフェロ／寿福真美訳	354
639	アーレント=マッカーシー往復書簡	C.ブライトマン編／佐藤佐智子訳	710
640	崇高とは何か	M.ドゥギー他／梅木達郎訳	416
641	世界という実験〈問い, 取り出しの諸カテゴリー, 実践〉	E.ブロッホ／小田智敏訳	400
642	悪　あるいは自由のドラマ	R.ザフランスキー／山本尤訳	322
643	世俗の聖典〈ロマンスの構造〉	N.フライ／中村,真野訳	252
644	歴史と記憶	J.ル・ゴフ／立川孝一訳	400
645	自我の記号論	N.ワイリー／船倉正憲訳	468
646	ニュー・ミメーシス〈シェイクスピアと現実描写〉	A.D.ナトール／山形,山下訳	430
647	歴史家の歩み〈アリエス　1943-1983〉	Ph.アリエス／成瀬,伊藤訳	428
648	啓蒙の民主制理論〈カントとのつながりで〉	I.マウス／浜田,牧野監訳	400
649	仮象小史〈古代からコンピューター時代まで〉	N.ボルツ／山本尤訳	200

叢書・ウニベルシタス

			(頁)
700	マリア〈処女・母親・女主人〉	K.シュライナー／内藤道雄訳	678
701	マルセル・デュシャン〈絵画唯名論〉	T.ド・デューヴ／鎌田博夫訳	350
702	サハラ〈ジル・ドゥルーズの美学〉	M.ビュイダン／阿部宏慈訳	260
703	ギュスターヴ・フロベール	A.チボーデ／戸田吉信訳	470
704	報酬主義をこえて	A.コーン／田中英史訳	604
705	ファシズム時代のシオニズム	L.ブレンナー／芝健介訳	480
706	方　法　4. 観念	E.モラン／大津真作訳	446
707	われわれと他者	T.トドロフ／小野, 江口訳	658
708	モラルと超モラル	A.ゲーレン／秋澤雅男訳	
709	肉食タブーの世界史	F.J.シムーンズ／山内昶監訳	682
710	三つの文化〈仏・英・独の比較文化学〉	W.レペニース／松家, 吉村, 森訳	548
711	他性と超越	E.レヴィナス／合田, 松丸訳	200
712	詩と対話	H.-G.ガダマー／巻田悦郎訳	302
713	共産主義から資本主義へ	M.アンリ／野村直正訳	242
714	ミハイル・バフチン 対話の原理	T.トドロフ／大谷尚文訳	408
715	肖像と回想	P.ガスカール／佐藤和生訳	232
716	恥〈社会関係の精神分析〉	S.ティスロン／大谷, 津島訳	286
717	庭園の牧神	P.バルロスキー／尾崎彰宏訳	270
718	パンドラの匣	D.&E.パノフスキー／尾崎彰宏, 他訳	294
719	言説の諸ジャンル	T.トドロフ／小林文生訳	466
720	文学との離別	R.バウムガルト／清水健次・威能子訳	406
721	フレーゲの哲学	A.ケニー／野本和幸, 他訳	308
722	ビバ リベルタ！〈オペラの中の政治〉	A.アーブラスター／田中, 西崎訳	478
723	ユリシーズ グラモフォン	J.デリダ／合田, 中 訳	210
724	ニーチェ〈その思考の伝記〉	R.ザフランスキー／山本尤訳	440
725	古代悪魔学〈サタンと闘争神話〉	N.フォーサイス／野呂有子監訳	844
726	力に満ちた言葉	N.フライ／山形和美訳	466
727	産業資本主義の法と政治	I.マウス／河上倫逸監訳	496
728	ヴァーグナーとインドの精神世界	C.スネソン／吉水千鶴子訳	270
729	民間伝承と創作文学	M.リューティ／高木昌史訳	430
730	マキアヴェッリ〈転換期の危機分析〉	R.ケーニヒ／小川, 片岡訳	382
731	近代とは何か〈その隠されたアジェンダ〉	S.トゥールミン／藤村, 新井訳	398
732	深い謎〈ヘーゲル, ニーチェとユダヤ人〉	Y.ヨベル／青木隆嘉訳	360
733	挑発する肉体	H.P.デュル／藤代, 津山訳	702
734	フーコーと狂気	F.グロ／菊地昌実訳	164
735	生命の認識	G.カンギレム／杉山吉弘訳	330
736	転倒させる快楽〈バフチン, 文化批評, 映画〉	R.スタム／浅野敏夫訳	494
737	カール・シュミットとユダヤ人	R.グロス／山本尤訳	486
738	個人の時代	A.ルノー／水野浩二訳	438
739	導入としての現象学	H.F.フルダ／久保, 高山訳	470
740	認識の分析	E.マッハ／廣松渉編訳	182
741	脱構築とプラグマティズム	C.ムフ編／青木隆嘉訳	186
742	人類学への挑戦	R.フォックス／南塚隆夫訳	
743	宗教の社会学	B.ウィルソン／中野, 栗原訳	270
744	非人間的なもの	J.-F.リオタール／篠原, 上村, 平芳訳	
745	異端者シオラン	P.ボロン／金井裕訳	334
746	歴史と日常〈ポール・ヴェーヌ自伝〉	P.ヴェーヌ／鎌田博夫訳	268
747	天使の伝説	M.セール／及川馥訳	262
748	近代政治哲学入門	A.バルッツィ／池上, 岩倉訳	